캐런 바라드와의 대화

캐런 바라드와의 대화

행위적 실재론 실천

초판 1쇄 발행	2024년 11월 11일
엮은이	카린 머리스, 비비안 보잘렉
옮긴이	전방욱
펴낸곳	이상북스
펴낸이	김영미
출판등록	제313-2009-7호(2009년 1월 13일)
주소	10546 경기도 고양시 덕양구 향기로 30, 106-1004
전화번호	02-6082-2562
팩스	02-3144-2562
이메일	klaff@hanmail.net

ISBN 979-11-94144-03-8 93100

* 책값은 뒤표지에 표기되어 있습니다.

* 파본은 구입하신 서점에서 교환해 드립니다.

* 이 책의 전부 또는 일부 내용을 재사용하려면 반드시 저작권자의 사전 동의를 받아야 합니다.

캐런 바라드와의 대화
행위적 실재론 실천

In Conversation with

KAREN

Doings of

BARAD

Agential Realism

카린 머리스, 비비안 보잘렉 엮음
전방욱 옮김

이상
북스

캐런 바라드의 짜릿한 연구 방문과 비/지속적인 급진적 대화에 바침

차례

일러두기

1. 원서의 강조 부분은 '고딕체'로 표시했고, 중요한 개념이나 혼동하기 쉬운 용어는 나올 때마다 원어를 병기했다.

2. 책 제목은《 》, 잡지·보고서·드라마·영화 제목은 〈 〉, 신문기사·논문·시·그림·노래 제목 등은 " ", 그 외 세미나 및 회의 주제 등은 ' '로 표기했다.

3. 본문에 나오는 도서 중 국내 출간된 경우 원제를 병기하지 않고 한국어판 제목으로 표기했다.

4. 각주는 모두 필자의 것이며, 각 글의 참고문헌은 책 뒤에 수록했다.

5. 외래어 표기는 국립국어원 표기법을 기본으로 따랐지만, 현재 더 널리 통용되는 표기는 예외로 했다.

20세기 후반에 이르러 역사적 유물론의 영향력은 급속도로 위축되기 시작했다. 대신 논의의 지형을 차지한 것은 언어학적 전회에서 파생된 포스트구조주의, 기호학, 문화이론, 구성주의이론, 담론분석, 포스트모더니즘 등이었다. 물질이 방법론적으로 배제되면서 물질성이라는 개념은 기호와 권력, 정신이 논의되는 자리마다 유령처럼 그 주위를 맴돌게 되었다. 달리 말해서 우리는 물질의 필요성을 강박적으로 요구하면서도 물질을 호명하는 방법을 알지 못했다. 바로 이런 교착 상태를 타개하기 위해 신유물론은 1990년대 질 들뢰즈, 브뤼노 라투르, 캉탱 메이야수의 저작에서 영감을 받아 포괄적인 개념으로 묶일 수 있는 새로운 이론으로 등장했다.

신유물론은 우주와 그 안에 있는 모든 인간과 비인간 신체를 이루는 물질로의 회귀를 요구하고 다른 모든 물질적 실체들 사이에서 인간의 지위와 서로 간의 상호작용을 재정의하려는 다른 학문 분야와 협력함으로써 새롭고 계몽적인 방식으로 물질을 취급한다. 그것은 종래에 인간의 자질과 능력이라고 생각되었던 행위성을 물질의 속성이라고 함으로써 생물이든 무생물이든 가장 작은 입자에서 시작해 가장 큰 물체에 이르기까지 우주를 이해하기 위한 새로운 통찰력을 제공하고 새로운 질문을 제기한다.

신유물론은 포스트휴머니즘, 에코페미니즘, 인류세와 같은 다른 많은 이론을 포괄한다. 또 물리학, 인류학, 고고학, 미디어 예술, 생물학, 사회학, 여성학, 지리학, 기술 연구 및 철학에서 집중적으로 도출되는 학제 간 이론이다. 그 대표적 흐름으로 스피노자의 일원론 철학을 바탕으로 하는 질 들뢰즈와 펠릭스 가타리로 대표되고 이 계보를 잇는 제인 베넷의 생기적 유물론, 존재를 구성하는 모든 대상에서 물러나 사유하려는 그레이엄 하먼의 객체지향 존재론, 과학기술연구에서 가장 널리 적용되어 온 비인간 행위자를 인정하는 브뤼노 라투르의 행위자-네트워크 이론, 내부-작용적인 행위적 절단으로 물질의 존재론적 비결정성으로부터 현상이 생산된다는 캐런 바라드의 행위적 실재론 등이 거론된다.

캐런 바라드는 대표적인 신유물론 이론가다. 바라드는 뉴욕주립대학교 스토니부룩 캠퍼스에서 1984년 양자물리학으로 학위를 받았지만 이후 대학원생 시절부터 관심을 가져온 페미니스트 이론, 과학 연구 등 학제간 분야를 연구했고, 현재 캘리포니아대학교 산타크루즈 캠퍼스에서 페미니즘 연구, 철학, 의식사 교수로 있다.

바라드는 양자물리학을 바탕으로 자신만의 독특한 신유물론 이론을 개척한 것으로 널리 알려져 있다. 그는 닐스 보어의 철학-물리학에서 인식론적 불확정성 대신 존재론적 비결정성을 새롭게 읽어내고, 인간중심적 한계를 극복하려 한다. 바라드의 행위적 실재론은 보어의 한계를 넘어, 그러나 한편으로는 보어를 이어 바라드가 지속하려는 물리학적 존재론의 탐구라고 할 수 있다. 물질과 담론은 본래 이분법적으로 서로 분리된 것이 아니라, 얽혀 있다. 얽혀 있는 존재론적 단위는 사물이 아니라 세계의 역동적인 위상학적 재구성/얽힘/관계성/재분절인 현상이다. 함께-따로 분리하는 행위적 절단을 제정하는 특정한 내부-작용을 통해서 현상의 인과적으로 관련된 구성 요소의 경계와 속성이 존재론적으로 결정된다. 실재는 고정된 본질이 아니라 내부-작용의 지속적인 역동성이다. 세계는 내부-작용을 통해 생성된 특정한 인과 구조를 통한 물질되기의 역동적 과정이다.

바라드는 도나 해러웨이를 뒤이어 무엇인가를 원본에 최대한 가깝게 유지하는 재현에 관심을 둔 반사의 방법론 대신 세계에서 차이를 만들고 차이를 이해하기 위한 회절적 방법론을 제안한다. 회절 현상은 세계의 변화무쌍하고 우발적인 존재의 얽힌 구조를 드러낸다. 바라드는 특히 서로를 통해 서로 다른 이론과 학문을 읽는다고 말한다. 어떤 텍스트를 다른 텍스트의 단순한 참조 프레임으로 사용하는 대신 차이가 나타날 때 이런 차이가 어떻게 만들어지고, 무엇이 배제되고, 이 배제가 왜 중요한지를 조명하는 데 도움이 되는 방식으로 서로를 통해 읽는 것이다.

이 책에서는 캐런 바라드의 행위적 실재론과 남아프리카공화국의 교육학, 식민 역사, 인종문제, 폭력문제, 환경문제, 건축학 등 여러 가지 주제를 회절적으로 읽는다. 이를 통해 다양한 발견, 시간, 장소를 조합하여 새로운 의미를 생산하고 현재 다수의 시공간에서 여전히 일어나고 있는 일들을 파악할 수 있는 통찰력을 얻을 수 있으리라 기대한다.

바라드의 논문이나 저작은 드문 편이지만, 인용지수는 이에 비해 높은 편이다. 특히 초기 신유물론 연구의 주요 저작으로 꼽히는《우주와 중간에서 만나기: 양자물리학, 물질과 의미의 얽힘》은 2017년 현재 4,400번 이상 인용되었다. 구글 스콜라에 캐런 바라드의 이름을 넣어보면 검색 수가 3만 건에 이를 정도로 매우 많다. 이처럼 캐런 바라드의 연구는 학계에 상당한 영향력을 미치고 있으며 이 영향력은 매년 증가하고 있다.

최근 국내에서도 캐런 바라드의 연구는 신유물론을 소개하는 번역서나 저서를 통해 부분적으로 소개되고 있으나 주저인《우주와 중간에서 만나기》는 아직 번역되지 못하고 있다. 또 캐런 바라드의 이론을 응용한 연구물이나 번역서는 더욱 적은 편이다. 이런 상황에서 이 책의 번역을 통해 우리 학계에 잘 알려지지 않았고 양자물리학에 기반하여 어렵게만 느껴지는 캐런 바라드의 행위적 실재론을 실천적으로 다룬 내용을 연구자에게 소개하는 데 도움이 되었으면 한다.

저작권 문제 때문에 출간은 불발되고 말았지만, 수유너머파랑의 박준영 선생님과 함께《우주와 중간에서 만나기》를 함께 번역하고 공부한 것은 많은 도움이 되었기에 이 자리를 빌어 특히 감사드린다. 신유물론연구회와 오이코스인문연구소에서 함께 공부하고 있는 분들께도 고마움을 표하고 싶다.

2024년 10월

전방욱

역자 서문

카린 머리스(Karin Murris)

핀란드 오울루대학교 유아교육학과 교수이자 남아프리카공화국 케이프타운대학교 교육학 및 철학 명예교수다. 교사 교육자이자 학문 철학과 포스트질적 연구 패러다임에 기반을 두고 포스트휴머니즘 아동 연구, 교육철학, 윤리 및 민주적 교육학에 주된 관심을 두고 있다. '아동을 위한 책임 있는 기술 혁신'RITEC(2022-2023), '고등교육 집합체에서의 포스트질적 연구'(2021-2023), '아동, 기술 및 놀이'(2019-2020), '유아기 담론의 탈식민화: 고등교육에서의 비판적 포스트휴머니즘'(2016-2019) 등 다양한 프로젝트의 연구 책임자다. 저서로는 《교육자로서의 캐런 바라드: 행위적 실재론과 교육》*Karen Barad as Educator: Agential Realism and Education*(2022), 《포스트휴먼 아동》*The Posthuman Child*(2016), 《문해력, 문학과 학습: 교실을 다르게 읽기》*Literacies, Literature and Learning: Reading Classrooms Differently*(공저, 2018) 등이 있다. 《루틀리지 국제 아동철학 핸드북》*Routledge International Handbook of Philosophy for Children*(2017)의 공동 편집자이며, '루틀리지 포스트질적·신유물론적·비판적 포스트휴머니즘 연구 시리즈'의 편집장이다.

비비안 보잘렉(Vivienne Bozalek)

남아프라키공화국 로즈대학교 고등교육 연구, 교육 및 학습 센터 명예교수이자 웨스턴케이프대학교 여성 및 젠더학과 명예교수다. 주요 연구 분야 및 출판물로는 돌봄의 정치윤리와 사회정의, 포스트휴머니즘과 페미니스트 신유물론, 고등교육에서의 혁신적인 교육적 실천, 비판적 가족 연구, 포스트질적 및 참여적 방법론 등을 포괄한다. 학술지 〈교육과 학습의 비판적 연구〉*Critical Studies in Teaching and Learning* 편집장이며, 가장 최근에는 《사회적으로 정의로운 교육학: 고등교육의 포스트휴머니스트, 페미니스트, 유물론적 관점》*Socially Just Pedagogies: Posthumanist, Feminist and Materialist Perspectives in Higher Education* (2019), 《고등교육 재구성을 위한 포스트휴먼 및 정치적 돌봄 윤리》 *Posthuman and Political Care Ethics for Reconfiguring Higher Education*(2021), 《포스트-인간 중심적 사회사업: 비판적 포스트휴먼과 새로운 유물론적 관점》 *Post-antropocentric Social Work Critical Posthuman and New Materialist Perspectives*(2021) 등 여러 권의 루틀리지 저서를 공동 편집했다.

월터 코한(Walter Kohan)

파리대학교와 브리티시컬럼비아대학교에서 박사후과정을 마쳤다. 브라질 리우데자네이루주립대학교 교육철학 전임교수이며, 브라질 국립연구위원회CNPq와 브라질 리우데자네이루주 연구지원재단FAPERJ의 선임 연구원으로도 활동하고 있다. 리우데자네이루주립대학교www.filoeduc.org 철학 및 아동학 연구센터 소장이며 이탈리아, 프랑스, 아르헨티나, 멕시코, 칠레의 여러 대학에서 방문 교수로 재직하고 있다. 〈아동과 철학〉*Childhood and Philosophy, www.e-publicacoes. uerj.br/index.php/childhood*의 공동 편집자다. 스페인어, 이탈리아어, 포르투갈어, 영어, 프랑스어로 100편 이상의 동료 심사 논문, 챕터 및 저서를 출간했다. 주요 영어 저서로는 《철학 및 아동기: 비판적 관점과 긍정적 실천》*Philosophy and Childhood: Critical Perspectives and Affirmative Practices* (2014), 《아동기, 교육 및 철학: 오래된 관계를 위한 새로운 아이디어》*Childhood, Education and Philosophy: New Ideas for an Old Relationship* (2015), 《파울로 프레이리, 철학적 전기》*Paulo Freire, a Philosophical Biography* (2021) 등이 있다.

로즈-앤 레이놀즈(Rose-Anne Reynolds)

케이프타운대학교UCT에서 교육학 박사 학위를 받았고, 현재 케이프타운대학교 교육학부에서 유아교육 강사로 재직 중이다. 로즈-앤의 학제 간 박사 학위 논문 제목은 "남아프리카 공립 초등학교에서 아동들과 함께하는 철학의 포스트휴먼적 재구성"이다. 연구 관심 분야는 아동과 함께하는 철학P4wC, 아동 및 아동기 철학, 탐구 교육학, 유아교육, 장애 연구를 포함한 포스트질적 연구 및 포용 교육 등이다. 아동과 함께하는 철학 레벨 1 트레이너이며 남아프리카 P4wC 네트워크를 조정하고 있다. 로즈-앤의 출판물 중 일부는 다음 웹 주소에서 확인할 수 있다. www.education.uct.ac.za/rose-anne-reynolds

테레사 M. 지오르자(Theresa M. Giorza)

남아프리카 요하네스버그에 있는 위트워터스랜드대학교 교육학부에서 기초학 강사로 활동하고 있다. 테레사는 예술 분야에서의 풍부한 경험과 전문성을 조기 교육에 대한 관심과 결합한다. 모든 수준과 연령을 대상으로 하는 그녀의 수업에서 중요한 요소는 아동과 함께하는 철학P4wC으로, 종종 미술 작품과 그림 동화책을 사용하며, '말'과 '세계'를 통해 학습을 고무하고 향상시키는 이야기와 이미지의 힘을 강조한다. 테레사의 연구는 문해력과 보다 광범위한 학습의 기초와 동기를 확립하기 위해 창의적이고 복합적인 탐구 기반의 교육적 접근 방식에 중점을 두고 있다. 2018년에 박사 학위를 취득했으며, 스프링거에서 《식민 시대의 손상된 장소에서의 학습: 요하네스버그 유치원의 포스트휴머니즘 교육학》 *Learning with Damaged Colonial Places: Posthumanist Pedagogies from a Joburg Preschool*이라는 제목의 단행본을 출간했다. 불평등과 생태학살에 시달리는 세계에서 교육과 지식 생산을 정치적·윤리적 선택과 분리하기를 거부하는 페미니스트 신유물론 학자들로 구성된 국제 공동체의 일원으로 활동 중이다.

조안 피어스(Joanne Peers)

핀란드 오울루대학교에서 박사 과정을 밟고 있으며, 신체·물·시간·기억·공간에 대한 사고를 통해 교육의 관계성을 추구한다. 남반구의 정의와 행동주의에 대한 관심은 바다, 환경, 교육에 대한 물과 관련된 방식으로 이어진다. 케이프타운 창의교육센터에서 교육학 리더이자 강사로 활동하고 있다. 고등교육 분야에서 일하면서 케이프타운의 자원이 부족한 학교와 협력자 역할을 수행하는 그녀의 독특한 위치는 교육 이론과 실제에 대한 폭넓은 세계관을 가능하게 한다. 최근에는 '아동, 기술, 놀이' 연구 프로젝트의 연구원으로 활동하면서 남아프리카공화국의 아동, 교사, 가족, 지역사회와 함께 교육의 또 다른 연결고리를 만들었다. 조안은 반려동물(개 및 기타 동물)과 삶을 나누고 있으며, 다른 사람들과 함께 어머니이자 공동체의 일원으로서 보살핌을 받고 있다.

애드리엔 반 이든-워튼(Adrienne van Eeden-Wharton)

예술가이자 연구자로서 복잡하고 얽힌 다종다양한 관계를 재/스토리화하는 방법을 찾는 데 열정을 쏟고 있다. 애드리엔은 남아프리카공화국 국가남극프로그램SANAP 일환으로 남아프리카공화국 프리토리아대학교에서 국립연구재단NRF의 지원을 받아 '남극, 아프리카 그리고 예술' 프로젝트의 박사후 연구원으로 연구하고 있다.

시디크 모탈라(Siddique Motala)

케이프타운대학교 토목공학과 선임강사다. 그의 연구는 포스트휴머니즘, GIS, 증강현실, 도시 인프라, 시공간 매핑 및 엔지니어링 교육의 혁신 사례에 중점을 두고 있다. 현재 그는 케이프타운에서 강제 철거를 당한 역사적 장소인 6구역을 산책할 수 있는 증강현실 경험을 개발하는 데 주력하고 있다. 2017년 CHE/HELTASA

국가 교육 및 학습 우수상을 받았다.

베로니카 미첼(Veronica Mitchell)

남아프리카공화국 웨스턴케이프대학교 여성 및 젠더학과 연구원이자 케이프타운대학교 산과 교수로 재직하고 있다. 물리치료사로서의 배경과 인권 교육에 대한 경험을 바탕으로 의학 커리큘럼과 그것이 학생들의 성장에 미치는 영향을 탐구하는 데 관심을 갖게 되었다. 베로니카는 공익을 위한 지식 공유의 일환으로 오픈 교육 리소스OER 제작을 장려하고 있다. 연구 블로그, 저술한 웹사이트, 지널 기사 등 다양한 출판물이 있다.

카이 우드 마(Kai Wood Mah), 패트릭 린 리버스(Patrick Lynn Rivers)

몬트리올에 본사를 둔 디자인 연구 기관 Afieldwww.afield.ca의 공동 디렉터로서 현대 글로벌 사회 문제에 대한 비교학문적 관점을 제시한다. 카이 우드 마는 디자인 역사학자이자 퀘벡건축가협회OAQ 공인 건축가이자 교수다. 정치이론과 비교정치학을 전공한 패트릭 린 리버스는 사회과학자이자 교수다. 둘은 2022년 달하우지건축출판사에서 출간한 《건축과 정치의 상황적 실천》*Situated Practices in Architecture & Politics*의 공동 저자이며, 국제 저널에 다수의 책 챕터와 동료 심사를 거친 논문을 발표했다.

나이키 로마노(Nike Romano)

케이프페닌슐라공과대학교에서 예술과 디자인의 역사와 이

론을 강의하는 시각예술가다. 최근 위트레흐트대학교와 웨스턴케이프대학교에서 교육학 박사 학위를 받았다. 나이키의 연구 관심 분야는 연구 창작과 예술사 및 디자인 교육학이 학계를 다르게 운영하는 방법을 제시하는 정서적 역할에 중점을 두고 있다.

팔레트의 색상 엿보기

: ° ' " 함께/따로 속도를 늦추다

카린 머리스, 비비안 보잘렉

이 선집은 캐런 바라드와 함께 이틀 동안 진행된 연구 세미나를 다양한 관점에서 다룬다. 이 행사는 2017년 6월 10일부터 11일까지 케이프타운의 한 컨퍼런스센터에서 '퀴어이론에서 양자물리학을 거쳐 차이의 문제까지'From Queer Theory through Quantum Physics to Questions of Difference라는 주제로 열렸다. 캐런 바라드는 캘리포니아 산타크루즈대학교의 페미니스트 연구, 철학, 의식사 석좌교수로 미국의 퀴어이론가이자 양자물리학자이며, 특히 행위적 실재론 이론으로 널리 알려져 있다. 이 이론은 고등교육의 여러 학문 분야에서 빠르게 주목받고 있다(Juelskjær, Plauborg & Adrian, 2021에서 행위적 실재론의 영향에 대한 예시를 참조할 수 있다). 행위적 실재론은 서구 형이상학, 이분법적 논리, 종교 신화의 인식론, 존재론, 윤리와 철학적 접근을 복잡하게 재구성하며 이와 결별하는 방식으로 접근한다. 그러나 학문적 철학에 대한 배경지식이 부족한 학자들에게는 행위적 실재론에서 영감을 받은 연구가 어렵고 접근하기 힘들 수 있다.

이 책은 두 가지 방법으로 이 문제를 해결한다. 첫째, 각 장에서 비공식적 대화를 통해 행위적 실재론에 쉽게 접근할 수 있는 방법을 제공한다. 둘째, 대학원생이 집필한 많은 부분을 포함시켜, 다양한 맥락과 학문적 배경에서 행위적 실재론이 어떻게 사용될 수 있는지를 보여준다. 따라서 이 책은 신진 학자들과 기성 학자들에게 이러한 연구 세미나가 그들의 연구와 사고에 어떤 지속적인 영향을 미칠 수 있는지 이해할 기회를 제공한다.

이 책은 또 대안적인 교수법과 연구 행사를 조직하는 방식에 영감을 주기 위해 쓰였다. 이는 그 철학에 더 부합하는 방식으로, 포스트휴머니즘을 실천하는 연구 행사를 조직하는 것을 목표로 한다.

캐런 바라드는 이 연구 세미나에서 중요한 역할을 맡아 캘리포니아에서 웨스턴케이프까지 이동해 당시 최신 연구 주제인 공간 및 시간 회절에 관한 논문 두 편을 발표했다. 신진 연구자들도 캐런의 학문과 관련된 자신의 연구를 발표할 기회를 가졌다. 이 세미나는 캐런 바라드가 회원으로 활동하는 '유아기 담론의 탈식민화'Decolonising Early Childhood Discourses, www.decolonizingchildhood.org/team-4 프로젝트가 주최했다. 또한 남아프리카공화국 국립연구재단(NRF, 보조금 번호 98992)과 케이프타운대학교의 남아프리카 환경인문학센터 프로젝트의 레슬리 그린이 이 행사를 후원했다. 세미나에는 두 프로젝트의 대학원생들뿐만 아니라 다른 NRF 지원 프로젝트인 '고등교육의 재구성: 다른 방식으로 학문을 수행하기'Reconfiguring Higher Education: Doing Academia Differently(보조금번호 120845)에 참여하는 비비안 보잘렉의 학생들, 특히 케이프타운에 위치한 고등교육 기관인 웨스턴케이프대학교University of the Western Cape에서 온 흑인 또는 불우한 배경의 학생들도 참석했다. 이 행사에는 총 23명의 참가자가 참여했다.

이 책은 캐런과 다른 참가자들 사이에 오갔던 대화 중 일부를 기록하고 있으며, 참가자들이 자신의 발표를 되돌아보고[1] 캐런의 연구가 연구 활동에 어떤 영향을 미쳤는지 성찰할 수 있는 포럼을 제공한다. 한 장에서는 필자가 캐런과 대화를 나누면서 당시 날씨가 얼마나 춥고 습하며 겨울 같았는지를 언급한다. 일부 참가자들은 이틀간의 연구 세미나 동안 하룻밤을 묵었고, 많은 대화가 아침과 저녁 식사 시간, 그리고 캐런을 행사장과 케이프타운 공항으로 데려다주는 차 안에서 이루어졌다. 당시 캐런은 여전히 심각한 발목 부상에서 회복 중이었는데, 이는 유엘스케르, 플라우보르크, 애드리엔(2021)에서 묘사된 바 있다. 그 때문에 원래 노르트훅 해변에

---

1 캐런 바라드는 반사와 회절이라는 시각적 은유를 통해 '되돌아가기'(returning)와 '되-돌아가기'(re-turning)의 차이를 설명한다. '되돌아가기'는 반사와 관련이 있으며, 이는 빛이 거울에 부딪힌 후 원래의 출발 지점으로 되돌아가는 현상을 의미한다. 반면 '되-돌아가기'는 회절과 관련이 있다(Barad, 2014, 184-185쪽). 여기서 '되돌아가기'는 과거의 단선적 시간으로 시간을 거슬러 올라가는 것을 의미하는 반면, '되-돌아가기'는 연구에서 과거와의 단순한 회귀가 아니라 이미 현재와 얽혀 있는 세계와의 지속적이고 복잡한 관계를 포함한다. 즉 '되-돌아가기'는 단순히 과거로의 회귀가 아니라 현재와의 끊임없는 상호작용과 얽힘을 의미한다.

서 긴 산책을 하며 대화를 나누려던 계획은 무산되었지만, 사실 캐런은 어차피 함께하지 못했을 것이다. "검은 피가 중요하다 장"의 필자들이 주장하듯, '대화'라는 개념은 캐런의 연구 방문의 콘/텍스트[2]에 적절하게 적용될 수 있다. '대화'con-versation라는 단어는 라틴어 *'con'*(함께)과 *'versare'*(원을 그리다, 함께 생활하다)에서 유래했으며, 그들은 "대화가 더 개방적이고 시적인 느낌을 준다"고 말한다("검은 피가 중요하다 장" 참조).

이 책《캐런 바라드와의 대화》는 바라드의 학문이 남반구의 기성 연구자와 신진 연구자 모두에게 어떤 영향을 미쳤으며, 현재도 그 영향을 미치고 있는지를 설명한다. 바라드의 연구는 정치, 윤리, 존재론, 인식론 간의 구분을 거부하는 명확한 윤리적·정치적 성격을 띠고 있기 때문에, 특히 남아프리카공화국 학자들에게 큰 반향을 불러일으켰다.

이 책은 신진 학자와 기성 학자 모두가 자신의 연구 프로젝트에서 바라드의 행위적 실재론을 어떻게 적용했는지를 보여주는 다양한 사례를 제공하므로, 자신의 학문에서 이 철학을 추구하고자 하는 사람들에게 중요한 관심사가 될 것으로 기대된다. 또 이 책은 '시간적·공간적 회절', '허공', '행위적 절단', '얽힘', '탈/식민

---

2 포워드 슬래시(/)는 데카르트적 이분법의 절단이 아니라 '함께-분리'에 대한 존재론적 약속을 나타낸다. 예를 들어, '콘/텍스트'에서 슬래시는 '텍스트'에 의미를 부여하는 것이 배경에 있는 '맥락'이 아니라는 점을 강조한다. 슬래시는 서구의 전통적 이분법을 넘어서려는 포스트휴머니즘적 의지를 표현하지만, 이 목표를 단번에 달성할 수는 없음을 의미한다. 이는 다가올-정의를 위한 지속적이고 반복적인 노력을 필요로 한다. 이와 관련된 자세한 내용은 "밤하늘 장"의 각주 4를 참조하라.

화'[3]와 같은 복잡하고 논쟁적인 개념에 대한 새로운 통찰을 독자들이 쉽게 이해하고 영향을 받을 수 있는 방식으로 제시한다. 캐런 바라드와 참가자들 간의 대화는 여러 장에서 언급되고 포함되며, 사회과학과 자연과학, 창의적 예술, 인문학, 기술, 환경 인문학 등 다양한 학문 분야를 횡단하면서 캐런이 소개한 핵심 개념에 대한 깊은 통찰을 제공한다. 각 장은 책 시리즈 웹사이트에 업로드된 유튜브 링크, 대본, 사진 등을 참조하도록 안내한다.

이 책의 주요 목표는 다음과 같다

1. 2017년 케이프타운에서 열린 캐런 바라드의 연구 세미나가 참가자들의 연구 프로젝트, 글쓰기, 그림 그리기 실천에 어떤 지속적인 영향을 미쳤는지를 엿볼 수 있다. 특히 이 장에서는 시간적·공간적 회절 방법론이 학제 간 연구와 탈/식민화 교육의 맥락에서 어떻게 근본적 변화를 이끌어내는지를 보여준다.

2. '느림의 방법론'[4]을 사용하여 행사의 비디오 녹화를 다시 돌려봄으로써 물질-담론적 실천의 중첩과 퇴비화[5] 과정을 추

---

3 각주 2를 참조하라. '/'는 '탈식민화'와 같은 개념에 포함된 단선적 시간성을 파괴한다.

4 느린 학문에 대한 자세한 내용은 다음 부분, '케이프타운에서 함께-따로 느려지기'와 "밤하늘 장"을 참조하라.

5 Haraway(2016)와 Hamilton & Neimais(2018)의 페미니스트 연구에서 영감을 받아, 저자들은 방법론적 퇴비화(com-posting)의 실천과 은유를 사용한다. 퇴비화는 유기물 찌꺼기를 새 토양에 뿌려서 재생과 발아를 촉진하는 정동적 노동의 한 방식이다. 이는 단순히 물리적 작업이 아니라 세심한 주의를 기울여 새로운 생명을 창출하는 과정이다. 퇴비화는 학문 간, 학문 분야 간, 그리고 학문 제도 안팎의 초학제적 연구를 촉진하는 역할을 한다. 이런 접

적할 수 있게 해준다.

3. 포스트휴머니즘 연구 행사가 포스트휴머니즘 교육학의 이론과 실천에 어떻게 영감을 주는지, 그리고 이러한 연구 행사가 그 안에서 어떻게 다르게 작동하는지를 탐구한다.

4. 예술, 자료, 철학적 탐구 커뮤니티와 같은 '행사-로서의-연구'에 참여하는 방법을 탐구하고 기록한다. 이러한 물질적-담론적 실천은 전통적인 연구 행사, 교육 전략, 그리고 인간-중심의 관찰, 설문조사, 인터뷰, 기존의 질의답변 세션과 같은 사전 계획된 연구 도구에 대한 대안을 제시한다.

5. 이 행사를 통해 생성된 캐런 바라드의 행위적 실재론 철학의 핵심 아이디어에 대해 풍부하고 비공식적인 대화의 일부를 공개한다.

6. 장기적인 독서 그룹이 일회성 행사를 어떻게 지원하고 강화하는지를 공유하며, 바라드의 사상을 접할 수 있는 평등한 공동 공간을 지속적으로 제공함으로써 이론과 실천을 끊임없이 횡단하는 방법을 나누고자 한다.

이 책은 연구에서 아이디어와 실천이 물질화되는 방식, 즉 중요성을 띠게 되는 과정에서 공간, 시간, 장소의 중요성에 대한 신선한 통찰을 제시한다. 코로나19 팬데믹으로 인해 줌 미팅이 제도적으로 필수화된 상황에서, 대면으로 진행되는 라이브 연구 행사

근은 현재의 세계를 단일한 관점이나 부분에 집중하는 것이 아니라 생물학적·물리적·사회문화적·경제적 복잡성을 모두 고려하여 이해하는 데 목적이 있다.

서론

에서의 정동적 힘은 특히 중요한 의미를 지닌다. 특히 이번 연구 행사의 비/경계는 세션 자체가 발표와 제한된 공간에 국한되지 않고, 식사 중, 산책 중, 주방에서 이루어지는 대화로 자연스럽게 이어지는 다원적 형태를 띤다는 점을 보여준다. 행사 전후에 진행된 독서 그룹[6]의 역할은 연구를 다른 방식으로 진행할 수 있는 추가적인 영감을 제공한다. 이러한 느리고, 공동체적이며, 질문을 기반으로 하는 독서 그룹에서는 지도자와 학생이 함께 동등한 입장에서 독서에 몰두하고, 어려움을 겪으며 학문적 씨름을 이어간다.

이 책의 형식과 스타일은 교육과 연구에 자신의 아이디어를 적용하고자 하는 독자들이 캐런 바라드의 행위적 실재론 철학에 더 쉽게 접근할 수 있도록 돕는다. 독자들은 일반적인 텍스트와 공식 발표에서 흔히 접할 수 없는, 보다 비공식적인 대화 유형을 접할 수 있다. 이 책은 신진 학자와 기성 학자 간의 협업을 통해 그러한 사건이 어떻게 지속적인 영향/정동을 미칠 수 있는지, 즉 반 이든-워튼이 "울트라마린 장"에서 표현한 것처럼 그들의 연구와 사고에 '여파'를 가져올 수 있는지를 보여줄 기회를 제공한다.

케이프타운에서 함께-따로 느려지기

캐런 바라드의 최근 전기를 낭독하며 캐런 바라드를 소개한

---

6   www.decolonizingchildhood.org/reading-group을 참조하라.

[그림 G.1] 예술 작품 카피본, 잡지 사진, 카툰. 카린 머리스의 라미네이트 이미지 컬렉션.

[그림 G.2] 포토카드, 테이블보, 편지, 오래된 커피 향, 나무, 크리스티 스톤, 주디 크라우더, 로즈-앤 레이놀즈, 아드리엔 반 이든-와튼, 프레젠테이션을 촬영한 연구 조교 시에라즈 프란시스와 함께한 캐런 바라드.

후 카린 머리스는 모든 참가자에게 몇 가지 이미지가 담긴 포토카드(일부는 뒷면에 글귀가 적혀 있음)[7] 중에서 하나를 고르도록 제안한다.

7   카린은 수십 년 동안 다양한 용도로 수집한 라미네이트 카드를 보유하고 있다. 이 카드는 교육 및 비즈니스 분야에서 다양한 청중과 함께 활용되었다.

[그림 G.3] 캐런 바라드의 '연결 만들기.'

이 사진들은 회의실 뒤쪽 엉덩이 높이의 테이블에 펼쳐져 있다([그림 G.1]).

비/공식적인 지침은 다음과 같다: 자신과 이론 또는 자신이 이 자리에 있는 이유를 표현하는 이미지를 선택해 연결한다.

캐런은 바다 위에 떠 있는 보트 이미지가 포함된 카드를 포함한 여러 장의 카드를 집어든다([그림 G.2]). 카드 뒷면에는 '희망'이라는 단어와 함께 왼쪽 상단 모서리에 '연결 만들기'라는 작은 글씨가 적혀 있다([그림 G.3]).

캐런은 이 포토카드를 왜 골랐는지 설명한다.

글쎄요, 제가 고른 사진을 보여주고 싶어요. 사실 파도 때문은 아니에요. 저를 사로잡은 것 중 하나는 뒷면에 '연결 만들기'라고 적혀 있다는 점이었어요. 이 이미지가 마음에 든 이유는 바람과 우리가 평소에 볼 수 없는 것들 때문이기도 해요. 바람은 파도와 매우 밀접하게 내부-작용하기 때문이죠. 큰 돛을 달고 서핑을 해본 사람이라면, 바람이 투명하기도 하고 불투명하기도 하다는 것을 알고 있을 거예요. 제가 2014년에 발표한 첫 번째 논문 "회절을 회절하기: 함께-따로 절단하기"Diffracting Diffraction: Cutting together-apart("밤하늘 장" [그림 NS.1]의 QR코드 참조)를 소개하고 싶어요. 이 강연을 다른 곳에서 한 번만 한 적이 있는데, 사실은 글로리아 안살두아Gloria Anzaldúa의 사망 10주기를 기념하는 UCSC8[8]에서 열린 매우 특별한 컨퍼런스에 참석하기 위해서였어요. 저는 글로리아를 만날 수 있는 특권을 누렸고, 제게 큰 의미가 있는 발표를 어떻게 하면 제대로 할 수 있을까 고민했어요. 그래서 이번 자리에서는 우리가 보지 못하는 것들을 기리기 위해, 모든 분이 자신의 조상이나 자신에게 정말 중요한 사람들을 이 대화에 초대하도록 권유하고 싶어요. 글로리아가 비극적으로 사망했을 때, 저는 산타크루즈에서 박사 학위 과정을 밟고 있었는데, 그때 처음 이 강연을 했어요. 글로리아는 너무 일찍 우리를 떠났지만, 다른 형태로 여전히 우리와 함께하고 있어요. 그리고 이 주제는 사실 패트릭의 도움을 받아 진행할 예정이에요. (패트릭

---

8 캘리포니아대학교 산타크루즈 캠퍼스.

리버스Patrick Rivers는 행사 대표이자 리서치 그룹 멤버이며 "오렌지 장"
의 공동 저자죠. 그는 스페인어를 구사하며, 논문을 통해 회절된 글로리아
의 말을 큰 소리로 읽어주기로 자원했어요.)

UCSC에서 열린 컨퍼런스에서 이 작업을 처음 했을 때, 이 대학
의 구술 사학자이자 글로리아 안살두아의 큐레이터이기도 한 아
이린 레티Irene Retty라는 절친한 친구를 만났는데, 정말 특별한 경
험이었어요. 저는 글로리아가 제게 준 돌을 가져와 제 책상 위에
항상 올려놓았고, 회절격자도 함께 가져갔어요. 그 두 가지가 발
표를 준비하는 데 있어 저의 가이드 역할을 했어요.

어쨌든 이 실천(포토카드를 이용한 소개)이 지금 여러분과 함께하
는 이 특별한 방식으로 제게 얼마나 큰 도움이 되었는지 말로 다
표현할 수가 없어요. 그래서 정말 감사드려요. 이렇게 함께 천천
히 시간을 보내는 것이 아주 중요하다고 생각해요. 그리고 패트
릭이 동의해 줘서 정말 고맙습니다. 아까 패트릭과 학생들에게
'보더랜드'Borderlands를 어떻게 가르쳐왔는지에 대해 잠깐 이야기
를 나눴는데, 정말 특별한 시간이었어요. 잠시 후에 시작하겠습
니다.

'사건'

바라드는 2007년 저서 《우주와 중간에서 만나기》Meeting the
Universe Halfway에서 관계적 존재론이란 객체든 주체든 간에 존재가

독립적이고 자립적인 존재라는 생각을 포기해야 한다는 것을 의미한다고 썼다.

> 존재는 개별적인 문제가 아니다. 개체는 상호작용 이전에 독립적으로 존재하는 것이 아니라 얽힌 내부-관계를 통해 그리고 그 일부로서 출현한다. 즉 출현은 공간과 시간이라는 외부 척도에 따라 일회적으로 발생하는 사건이나 과정이 아니다. 오히려 시간과 공간은 물질과 의미처럼 내부-작용을 통해 존재하게 되며, 반복적으로 재구성된다. 이로 인해 창조와 갱신, 시작과 돌아옴, 연속과 불연속, 여기와 저기, 과거와 미래를 절대적인 의미에서 구분할 수 없게 된다. (Barad, 2007, ix, 편자의 강조)

바라드는 들뢰즈적 글쓰기에서 중요한 개념인 '사건'을 피하는 경향이 있는데, 이는 '사건'이 되기와 차이를 만드는 과정을 의미하기 때문이다. 이 책에서 우리가 집중하는 '사건(행사)', 즉 케이프타운 근처에서 열린 연구 세미나 "퀴어이론에서 양자물리학을 거쳐 차이의 문제까지"는 결코 끝나지 않았고, 여전히 진행 중이며 재현을 통해 완전히 포착할 수 없다. '사건'이 '일어난' 장소인 몽키밸리 컨퍼런스센터 또한 고정된 위치를 갖지 않는다(위치는 [그림 G.4]와 GPS 좌표 34°05'48"S, 18°21'31"E '내부'에서 촬영한 사진 [그림 G.5] 참조). 《캐런 바라드와의 대화》에서는 칼크베이의 코브 코티지에서 열린 글쓰기 수련회에서 연구 세미나 기간에 공동 제작한 비디오를 다시 돌려보는 작업을 실행한다. 이 비디오들도 '사건'과 마찬가지로

[그림 G.4] 몽키밸리 컨퍼런스센터. GPS 좌표 34°05'48"S, 18°21'31"E 및 칼크베이의 코브 코티지. 34°07'44"S, 18°26'20"E(Siddique Motala의 Google Earth 지도).

[그림 G.5] 몽키밸리 컨퍼런스센터에서 캐런 바라드, 패트릭 리버스, 카이 우드 마, 미셸 프레센드(사진: 비비안 보잘렉).

관계적으로 얽혀 있다([그림 G.4], GPS 좌표 34°07′44″S, 18°26′20″E[9]).

바라드는 "공간과 물질은 단순히 공간과 시간에서 특정한 위치를 점유하는 것이 아니라 공간, 시간, 물질은 반복적으로 생성되고 수행된다"(Barad, 2007, 393쪽)고 말한다. 도나 해러웨이의 영향력 있는 '위치성'situatedness 개념을 통해 바라드는 해러웨이가 "장소를 고정된 위치로 간주하지 않는다(하지만 해러웨이를 인용하는 많은 독자가 '위치'라는 개념을 자신의 정체성을 나타내는 일련의 축을 따라 자신의 사회적 위치를 지정하는 것과 혼동한다)"고 제안한다(Barad, 2007, 470-471쪽, 주 45). 실제로 장소는 특정하지만 고정되어 있지 않은 특정성을 가질 수 있다. 예를 들어, 이메일 주소는 인터넷상에서 특성성을 갖지만 그 특정성은 고정되지 않은 것이다. 세미나를 통해 우리는 '여기'와 '지금', '그곳'과 '그때'가 서로를 통해 다른 공간과 시간성을 어떻게 스며들게 하는지를 배우(지 못하)기도 했다. 우리가 '전에' 읽었던 것들이 우리의 마음몸에 미치는 완전한 영향은 여전히 일어나고 있으며, 이는 계속해서 형성되고 있다. 이러한 학습과 비학습 과정은 단순히 학문적인 것에 그치지 않고, "공간과 시간, 문화와 역사에서 특정한 좌표를 점유하지 않는"(Barad, 2007, 376쪽) 젠더화된 신체로 살아가는 방식에 깊이 스며들어 있다.

바라드의 회절적 읽기는 비판적 접근법이라기보다는, 파도가 바다에서 장애물을 만나거나 '중첩'으로 알려진 방식으로 서로 겹

---

9 좌표 °′″는 도 분 초를 표현한다. 시간과 더 분명하게 연결된다. 조언해 준 시디크 모탈라에게 감사드린다.

치고 결합하며 간섭하듯, 아이디어를 병합하여 '새로운'[10] 통찰력을 만들어내는 긍정적인 페미니즘 방법론이다(Barad, 2007, 79쪽). 회절은 또한 시간과 장소가 서로를 통해 회절하는 것을 포함한다: "경계는 고정되지 않는다"(Barad, 2014, 179쪽). 바라드의 교육 및 연구 방법론 자체가 간섭(회절) 패턴이며, 이는 양자장 이론QFT과 페미니즘 사회정의 이론을 회절적으로 읽음으로써 만들어졌다. 이는 단순히 다른 학문의 이론을 일반적인 학문적 방식으로 참조하는 것과는 존재론적으로 매우 다른 접근이다. 일반적으로는 문헌을 '본문'과 일정한 존재론적 거리를 두고 읽으며, 비교, 대조, 병치 또는 유사점과 주제를 찾는 방식으로 연구를 진행한다고 가정한다(Murris & Bozalek, 2019, 879쪽). 그러나 비평과 달리 방법론으로서의 회절은 행위적 분리 가능성이라는 개념을 통해 가능해지며, 이는 다음 절에서 자세히 설명된다.

행위적 분리 가능성

캐런은 베로니카 미첼("적갈색 장"의 공동 필자)의 질문에 답하면서, 행위적 분리 가능성이 2014년 논문 "회절을 회절하기"의 핵심 개념이라고 설명한다. 행위적 분리 가능성은 '위치', '장소', '중요성', '시간성'과 같은 연구(및 삶)의 중요한 개념들을 재구성한다. 상

---

10   행위적 실재론에서 '새로운' 개념을 다룬 "밤하늘 장" 끝부분을 참조하라.

식적인 관점에서는 신체가 기하학적으로 서로 분리된 것으로 간주된다. 그러나 행위적 실재론은 신체가 공간(공간 회절)과 시간(시간 회절)에서 어떻게 위치하며 서로 관계하는지를 재구성한다. '위상학적 다양체'로서 물체는 정렬, 억제, 폐쇄에 저항한다. 바라드에 따르면, "기하학적으로 볼 때 멀리 떨어져 있는 것처럼 보이는 두 점도… (★★)[11]… 공간과 시간 모두에서 다양체의 특정 연결성을 고려할 때 서로 근접한 것으로 이해될 수 있다"(Barad, 2007, 436, 78쪽). 또 바라드는 신체의 흔적은 결코 지워질 수 없으며, 신체는 죽은 자나 아직 태어나지 않은 자로부터 결코 분리될 수 없다고 말한다(2010, 266쪽).

> 재구성은 신체의 흔적을 지우지 않으며, 오히려 이러한 재구성의 물질적 효과, 즉 기억/재-성원화는 세계의 육체에 기록된다. 이미 죽은 사람들과 아직 태어나지 않은 사람들에 대한 우리의 빚은 우리가 누구인가와 분리될 수 없다. 만약 우리가 차별화를 절대적 분리가 아니라 오히려 연결과 헌신을 위한 물질적 행위로 인식한다면 어떻게 될까?

행위적 분리 가능성이라는 개념은 절대적 분리 가능성이나 절대적 외부란 존재하지 않으며(Barad, 2014), 오직 현상 내부의 외부성만이 존재한다는 존재론적 사실을 설명한다(Barad, 2007, 236쪽).[12] 이

---

11 "밤하늘 장"도 참조하라.

12 바라드(2019, 42쪽)는 각 '자아'나 '개인'이 이미 "다른 모든 것들과의 가상적 내부-작용의

개념은 아이디어의 소유권, 우리가 함께 생각하고 글을 쓰는 방식 등 학문적 실천의 윤리와 정치에 깊은 변화를 일으킨다. 또한 우리가 함께-따로 생각하고 글을 쓰는 장소도 이 변화에 포함된다. 몽키밸리 컨퍼런스센터와 코브 코티지는 물리적 봉쇄와 폐쇄에 저항하는 위상학적 다양체로서, [그림 G.4]에서 시각적으로 서로 멀리 떨어진 곳으로 (재)표현되어 있지만, 이 둘은 이미 관계가 존재하는 개별적으로 결정된 개체가 아니다("밤하늘 장" 참조). 비브(비비안) 보잘렉이 캔디스 쿠비Candace Kuby와 함께 회절적으로 쓴 것처럼 (2022, 82쪽; 편자의 강조):

> 실체가 결정적으로 구별되고, 경계가 있으며, 속성이 있는 것으로 공동 구성되는 것은 오직 특정한 행위적 절단을 제정하는 행위적 내부-작용을 통해서만 가능하다. 이는 이미 구별되고 불연속적인 존재론적 주체와 객체를 가정하는 데카르트적 절단과는 다르다. 따라서 우리가 경계가 있는 객체로 간주하는 것은 실제로 얽혀 있는 현상의 일부이며, 이는 기존의 관계항이 없는, 존재론적으로 원시적인 관계를 나타낸다. 행위적 절단은 현상의 고유한 존재론적 불확정성을 일시적으로 결정짓기 위해 국소적인

가능한 모든 역사"로 구성되어 있다고 주장한다. 따라서 모든 신체는 그 피부에 의해 경계지어지지 않는다. 바라드는 자크 데리다의 영향을 받아 차이를 행위적 실재론의 내부-작용적 관계성을 위한 존재론적 출발점으로 제안한다. 이 출발점은 자아 외부의 어떤 것을 가정하며, 차이는 정체성이 없는 상태로 존재한다. 데리다의 '타자' 개념에 따르면, '타자'는 항상 우리 안에 이미 존재해 있으며, 이는 인간에게만 국한되지 않는다: "'타자'는 항상 이미 우리 안에 있다"(Barad, 2019, 43-44쪽).

해결을 제정하는 것이다(Barad, 2007). 이 절단은 근본적인 분리 가능성이 아니라 한 번의 움직임으로 함께/따로 절단하는 행위적 분리 가능성이다.

예를 들어, 최근 포스트휴머니스트 동료들과 함께 새로운 포스트질적 연구 서적 시리즈를 위한 회절적 글쓰기를 하면서 '함께/따로 절단'이라는 개념이 함께-따로 속도를 늦추는 교육학과 '함께-따로 글쓰기'에 영감을 주었다(Murris, 2022, xxiii).

함께 글쓰기는 정체성에 기반한 이분법적 권력 구조를 회절적으로 파괴하는 방식으로 번성한다. 이는 텍스트와 함께 사고하고 텍스트를 통해 사고하는 과정으로, 발생적이고 개방적이며 비/결정적인 과정이다. 우리는 인간을 존재론적 실체가 아닌 (인간이 만든) 정치적 범주로 간주한다. 함께-따로 글쓰기는 말과 사물, 자연과 문화가 모두 얽혀 있는, 재현할 수 없는 관계적이고 비/재현적인 실천이다. 이 과정에는 큰 그림이나 지도, 개요를 제시할 가능성이 없다. 함께-따로 글쓰기는 각 필자가 비인간을 포함한 '타자'가 응답할 수 있도록 하는 응답-능력의 방식이다. 이는 우리 '자신'의 아동기 '자아'뿐만 아니라 더 이상 존재하지 않는 사람들에 대한 불의를 되돌리려는 초개인적 약속이기도 하다.

함께-따로 글을 쓴다는 개념은 학술적 글쓰기의 진정성, 소유권, 독창성에 대해 중요한 질문을 던진다. 이 경우 회절 자체에 방

서론

법론으로서의 '소유권'을 부여할 수 있을까? 또한 시공간적 위치는 산타크루즈로, 바라드가 회절적 방법론에 대해 충분한 공로를 인정받지 못했다고 느꼈던 동료들과의 구체적인 연결성을 갖는다.

> 유색인종 여성들의 엄청난 노동과 끈기 덕분에, 차이에 대한 질문은 동일성과 공유된 공통성에 기반한 보편적 자매애Universal Sisterhood의 장벽을 뚫고 나아가, 페미니스트 이론화에서 생명줄은 아니더라도 필수적인 요소가 되었다. (Barad, 2014, 169쪽)

세계가 항상 변화하고 되어가는 방식에 대한 (실재론적) 설명이자 방법론으로서의 회절은, 우리 '자신의' 역사, 학문적 실천, 그리고 학문적 '사건'에 대해 다르게 생각하는 데 도움을 준다. 회절은 양자 얽힘, 즉 모든 이진법을 근본적으로 뒤흔드는 "매 순간이 무한한 다양체"에 관한 것이다(Barad, 2014, 169쪽).

수행의 교육학

독자들이 이 선집을 이해하는 데 도움이 되도록, 우리는 이론과 실천이 마치 '동일한' 자전거의 페달처럼 항상 움직이는 행사 기간에 채택된 다양한 교육 방식을 계속 이어간다. 캐런 바라드는 두 편의 논문을 발표했는데, 그중 하나는 이미 출판된 논문(Barad, 2014)이고, 다른 하나는 이후 다른 부제목으로 출판되었다(Barad, 2017, 2018). 첫 번째 논문인 "회절을 회절하기: 함께-따로 절단하기" 발표 후에는 질의답변Q&A 세션이 이어졌다. 두 번째 논문인 "시간 교란하기와 무의 생태학: 허공에서 삶과 죽음의 불/가능성에 관하여"Troubling Time/s and Ecologies of Nothingness: On the Im/Possibilities of Living and Dying in the Void[13]는 철학적 탐구 커뮤니티(예: Rollins, Gregory, Haynes & Murris, 2017)에 영감을 주었고, 예술-기반의 내부-개입을 통한 개념의 초양식적 탐구로 이어졌다("검은 피가 중요하다 장" 참조). 이 접근 방식은 레지오 에밀리아 접근법으로 잘 알려진 레지오 에밀리아Reggio Emilia의 유아교육 접근법에서 영감을 얻었다(Malaguzzi, 1998).

이런 경험들은 예를 들어, 우리가 학회에서 '자신의' 논문을 소리 내어 읽는 것의 중요성에 대해 다시 생각하게 만들었다. 처음에는 캐런이 약간 짧은 버전의 논문을 건네주었을 때 실망했지만, 곧 우리는 그 낭독이 바라드적 '수행'이며, 되-돌아가기이며, 따라서 '새로운'[14] 텍스트라는 것을 깨달았다. 이 수행의 교육학은 캐런이 패트릭 리버스와의 회절적 협업을 통해,[15] 텍스트의 여러 부분을 소리 내어 읽은 내용을 재구성한 것이다("밤하늘 장" [그림 NS.1]에 접속). 다음과 같은 부분이 떠오른다.

---

13 예를 들어, "시간 교란하기와 무의 생태학: 돌아가기, 다시/기억하기, 헤아릴 수 없는 것과 마주하기"라는 제목으로 발표된 연구가 "시간 교란하기와 무의 생태학: 허공에서 삶과 죽음의 불/가능성에 관하여"라는 제목으로 출판되었다(2018).

14 각주 9번을 참조하라.

15 패트릭 리버스는 세미나 참자가로 스페인어를 구사한다. 그는 "오렌지 장"의 공동 저자다.

회절에 대한 페미니스트 이론의 중요한 순간으로 과거를 되-돌리는 것부터 시작하겠다. 마치 연속된 점들의 전체 선에서 무한히 작은 시간적 조각이나 순간을 뽑아내는 것처럼, 우리는 한 순간을 확대하여 그 안에 깃든 무한성을 살펴보기 위해 1980년대 말/1990년대 초 캘리포니아 산타크루즈의 시공간 좌표로 지정할 수 있는 더 두터운 시공간적 물질화의 '순간'으로 되-돌아간다.

'행사' 기간 수행된 이 첫 번째 논문은 트린 민-하(Trinh Minh-ha)와 글로리아 안살두아의 텍스트 구절을 통해 회절된다. 이 수행적 실천은 '새로운' 아이디어가 어떻게 물질화되는지를 잘 보여주는데, 이는 대서양이라는 공간과, 그 대서양과 함께 생각하는 사람들의 특정 구성의 구체성 때문이다. 파도 위를 서핑하듯 회절적인 '장르'의 글쓰기는 기존의 일반적 존재론에서 벗어나 우리가 역사에서 '순간'을 읽는 단선적인 방식에 문제를 제기한다.

> 이 순간은 논문 전체에 분산되고 회절되며, 다른 모든 순간과 마찬가지로 이 순간 역시 회절된 응축체로, 결코 닫히지 않고 끝나지 않는 무한한 순간-장소-사물의 실타래인 중첩과 얽힘으로 이루어져 있다. (Barad, 2014, 169쪽)

연구 세미나의 교육학은 세미나에서 논의되고 참여하는 철학과 이미 얽혀 있으며, 이 책의 다양한 필자들은 포스트휴머니즘 교수학습에 대한 그들의 학문을 '행사'로 가져와 함께 탐구한다. 결국 '우리'가 이 더 두꺼운 시공간물질화의 '순간'으로 되-돌아가는 것은 몽키밸리 컨퍼런스센터와 코브 코티지([그림 G.4]라는 시공간 좌표뿐만 아니라, 기술에 의해 가능해진 끝없이 펼쳐지거나 접히는 되-돌아가는 실천의 다른 많은 시공간 좌표에 의해 지정된다.

이 책 필자들은 이러한 물질적-담론적 관행이 학습과 지식 생산에 어떤 차이를 가져오는지를 탐구한다. '물질적'과 '담론적' 사이의 하이픈은 이 둘이 서로 없이는 존재할 수 없는 친밀한 관계성을 설명하는 데 중요한 의미를 지닌다. 앞서 언급했듯이, 두 번째 논문을 읽으면서 철학적 탐구가 촉발되었다. "검은 피가 중요하다" 장에서 필자들은 세미나의 일부로 탐구 교육학 커뮤니티를 채택한 철학적 이유를 탐구한다. 월터 코한, 로즈-앤 레이놀즈, 카린 머리스는 몽키밸리 컨퍼런스센터와 같은 교육 공간에서 아동과 같은 질문이 어떻게 다르게 작동하는지를 보여준다. 이들이 제안하는 질문의 교육학은 우리가 묻는 질문과 우리에게 던져진 질문을 시작점으로 삼아 '타자'가 대안적인 이야기를 통해 응답할 수 있도록 한다. 일반적으로 첫 번째 논문 발표 후 통상적인 질의답변 세션을 갖는 것과는 달리, 탐구 커뮤니티는 두 번째 논문을 읽고 난 후 다르게 작동한다. 질문의 교육학은 세미나가 진행되는 동안 인간 및 인간-이외의 신체와 함께/그리고 이들 내에서 움직임과 밀접하게 얽혀 새로운 개념과 아이디어(초양식적인 것으로 표현되기도 함)를 생성한다. 필자들은 질의답변 세션을 특징짓는 비즈니스, 소비주의, 자기 홍보의 개별화 논리를 파괴하는 방식으로서, '질문과 응답' 사이의 방법이 아닌 애정 어린 (필로) 관계성으로서 아동과 같은 질문이 어떤 차이를 만드는지를 자세히 탐구한다. 다음 절에서는 각 장의 익명의 동료 검토자들을 포함해, 다른 장들을 소개한다.

팔레트의 다른 색상 엿보기

모든 필자는 장chapter에 숫자를 매기는 대신 색상을 지정해 달라는 요청을 받았다. 필자들이 선택한 색이 제목에 사용되었으며, 이는 번호 매기기와 숫자가 선형적 독서 습관을 만들어내는 방식을 진지하면서도 유쾌하게 파괴하려는 시도다. 각 장은 어떤 순서로든 읽을 수 있지만, 우리의 순서('행위적 절단')는 무작위가 아니며, 이 장들이 항상 이미 서로 관련되어 있음을 확인시켜 준다. (세미나 중 캐런과의 대화에서 살펴본 바와 같이) 시간적 회절이 그 이후 우리의 연구 실천에 어떤 영향을 미쳤는지에 관해 쓴 장에 이어 철학적 교육자들은 이 행사 동안 제정된 교육학에 참여한다("검은 피가 중요하다 장"). 이 장에 이어 유아 및 초등 교육에 중점을 둔 고등교육 학자들의 이야기를 들어보도록 하겠다.

로즈-앤 레이놀즈는 '포스트' 아파르트헤이트 남아프리카공화국에서 아동기에 그네를 타는 '자신'의 사진을 분석하며, 시공간과 땅을 넘나드는 여행의 정치성을 조명한다("붉은색 장"). 세미나에서 소개된 하야시 쿄코의 '뜀뛰기 탐방' 기법에서 영감을 받은 로즈-

앤은 '포스트아파르트헤이트' 시대의 아동과 성인의 삶을 추적한다. 그녀는 인간과 비인간 존재들의 물질-담론적 얽힘에 주목하며, 성장 과정에서 아동기의 폭력적 경험들이 어떻게 여전히 그녀에게 영향을 미치는지를 그림, 기억, 날짜 및 숫자를 통해 고통스럽게 묘사한다.

"붉은 황토색 장"에서 테레사 지오르자는 요하네스버그 도심의 한 유치원과 공원에서 5세 아동들과 함께 박사 연구 프로젝트를 다시 시작한다. 아동들이 나무의 '엉덩이'와 노출된 부분을 발견하며 보인 반응에 놀란 테레사는 자신의 벌거벗음을 물질적이고 담론적으로 함축한 그림과 사진을 통해 자신의 취약성과 급진적 행동주의를 표현한다. 로즈-앤의 글에서와 마찬가지로, 테레사는 광산업과 체벌, 전쟁의 폭력과 얽혀 있는 공공 공원, 인근 교도소, 유치원을 배경으로 '뜀뛰기 탐방' 기법을 제정한다. 테레사의 회절적인 그림과 사진은 매우 섬뜩하며, 아동들과 수감자들이 감시, 강압, 굴욕이라는 식민지 시대의 물질적 담론적 대우를 받는 모습을 생생하게 담아낸다. (예비) 학교 교육의 수행적이고 생산적인 잔인성은 "먹고, 자고, 배변하고, 말하고, 말하지 않고, 앉고, 앉지 않고, 움직이고, 가만히 있는 것"을 의미한다. 옷 입음과 벌거벗음은 문화와 자연의 이분법을 구현하며, 이러한 식민주의의 산물은 아동과 원주민을 '자연'과 '야생'으로, 수치심과 겸손에 '면역'된 존재로 취급한다.

조안 피어스는 교육학 박사 연구에서 환경에 더 가까이 다가가면서, 물과 누출의 관계성을 실험한다. 이는 인간, 덜 인간적인 존재, 비인간들과의 관계, 그리고 학문적 글쓰기와 '연구 현장'이라는 개념을 포함하여 학계의 경계에 대한 문제제기를 담고 있다. "청록색 장"에서는 이러한 문제제기를 바탕으로 더 학제적인 연구가 이어진다. 애드리엔 반 이든-워튼의 글("울트라마린 장")은 그녀의 박사 학위 논문인 "소금-물-신체: 상실의 아틀라스"를 바탕으로, 현재 진행 중인 신작 "물/통나무"Water/Log 작업을 통해 연안대의 삶과 죽음에 대해 깊이 있는 탐구를 이어간다. 그녀의 글은 시간성을 윤리적-정치적 문제로 다루며, 시간성과 정의, 공모와 불안정성, 머무름, 함께 있음, 증언/함께함wit(h)ness, 애도에 대해 바라드의 세미나와 지속적으로 대화한다. 그녀는 깨어 있고 더 정의로운 지구의 미래를 향한 열망을 표현하며, 생존 가능성 이후의 삶, 내세, 죽음 이후의 삶과 죽음들과 함께 살아가는 삶, 그리고 밤샘 작업에 관심을 가지고 있다. 이 장에서는 긴급하고 위급한 상황, 유령 같은 집합체와 시기적절하지 않은 귀환, 치명적인 얽힘과 쉴 수 없는 유골에 대해 느리고 인내심을 가지고 작업하는 것의 중요성을 제안한다.

시디크 모탈라와 베로니카 미첼의 "적갈색 장"은 지형정보학과 산과학obstetrics 연구에서 붉은 흙과 태반의 생명을 주는 혈액 색을 반영한다. 양자물리학에 대한 캐런 바라드의 관심사에서 영감을 받은 이들은 평가와 같은 교수학습 과정에서 각자의 학문이 내포하는 폭력성을 추적하며, 스토리텔링과 산과적 폭력에 대한 반복적이고 협력적 숙고를 통해 이런 과정이 어떻게 다르게 진행될 수 있는지를 보여준다. 이 장에서는 지형정보학을 전공하는 학생과 산과학을 전공하는 학생의 작업에 초점을 맞추어, 유령학 hauntologies을 통해 이분법에 문제를 제기하고 시공간을 퀴어화하는 두 가지 교육적 실천 사례를 제시한다.

카이 우드 마와 패트릭 린 리버스의 "오렌지 장"에서는 회절적이고 체화된 드로잉이 역사 보존에 사용되는 주요 도구인 건축 드로잉의 권력을 문제 삼을 수 있는지를 탐구한다. 케이프타운에서 열린 세미나에서 캐런 바라드의 사상으로 되돌아가며 필자들은 디자이너와 다양한 문제 사이의 내부-관계가 얼마나 중요한지 보여준다. 이 장은 에티오피아의 도시 랄리벨라에 있는 바위로 깎아 만든 교회 중 하나를 복원하는 프로젝트에 사용된 역사적 보존 실천에 대한 조사를 중심으로 다룬다. 마와 리버스는 재현이 제도적 권력을 내재화하는 데 기여하므로, 제도권 건축은 재현에만 그칠 수 있지만, 회절적 드로잉은 지리를 중첩하고 인간과 인간 이상의 존재 간의 관계를 가시화함으로써 행위적 절단을 만들어낼 수 있다고 제안한다.

나이키 로마노의 "무지갯빛 장"에서는 사고가 체화되고 물질적이며 인간 이상의 활동으로 나타나는 과정을 탐구한다. 이 장은 바느질, 꿰매기, 실 꿰기, 수선 등의 제작 과정이 공과대학교에서 패션 역사와 이론을 재구성하기 위한 교육적 실천으로 어떻게 적용될 수 있는지를 실험적으로 분석한다. 로마노는 대나무 자수 틀 안에 단단히 고정된 바늘, 면, 그리고 느슨하게 짠 모슬린 배경천 조각을 활용하여 개방적 사고 과정을 채택한다. 이를 통해 이러한 재료의 물성과 그 가르침에 주목하며, 실이 아이디어, 개념, 질문

서론

및 학습의 연루성 측면에서 필자를 어디로 이끄는지, 그리고 바느질의 물질적 조건이 이론화에 필수적인 것으로 어떻게 재구성될 수 있는지를 설명한다. 필자는 반복적인 바느질의 되-돌아가기 과정을 통해 나타난 이 도구를 패션 역사와 실천의 텍스타일에 행위적 절단을 가하는 실천으로서 'th/reading'이라고 명명하며, 페미니즘과 식민지 역사에 대한 새로운 시각을 제시한다. 이 장은 물질적 제작 과정이 사고의 체화와 개념화에 어떻게 기여할 수 있는지를 탐구하며, 바느질의 물질적 조건이 교육적 실천과 이론화에서 어떻게 핵심적 역할을 하는지를 조명한다.

'마지막' 장에서는 색상을 혼합하는 대신 색상을 통해 회절하는 색채 팔레트를 다시 탐구한다. 각 장에서는 색상이 어떻게 작용하는지와 색상이 어떻게 서로 다른 미래를 만들어내는지를 분명히 설명한다. 이 책을 순서대로 읽는 대신 마지막 장을 먼저 읽어보는 것도 좋다. 그리고 자신에게 가장 큰 영향을 미치거나 관심을 끄는 색부터 시작하는 것도 추천한다. 어떤 색이 흥미롭거나 수수께끼 같거나 싫은지에 따라 읽는 순서를 조절해 보자.

책의 각 장에 대한 소개는 익명의 동료 검토자들을 언급하는 점에서 독특하다. 많은 여성이 자주 겪는 것처럼, 학문적 실천의 뒤편에서 이루어지는 이러한 노력은 종종 눈에 띄지 않고 인정받지 않지만, 우리가 하는 일에 매우 중요한 역할을 한다. "감사의 글"에서는 검토자들의 이름을 명시하고 감사를 표했지만, 여기에서는 각 장에 대한 검토자들의 감사와 인상 깊었던 부분을 세심하게 소개한다. 이 논평들이 스스로를 잘 대변할 수 있도록 했다.

이 서론에 이어지는 장은 "시간 회절: 캐런 바라드와의 대화에서 '새로운' 짜릿한 통찰력의 별자리***"이다.

> 이 책은 놀랍도록 풍부하고 사려 깊으며 자극적이다. 바라드의 연구와 세미나가 남아프리카공화국에서 학문과 교육학에 어떻게 중요한 영향을 미쳤는지에 대한 풍부한 사례를 제공한다. 바라드의 철학에 대한 깊은 참여와 학자 커뮤니티가 다양한 학제적 접근을 통해 어떻게 바라드의 철학을 받아들이고 세계를 정치적으로 변화시키려는 의지를 가지고 있는지를 목격하는 것은 매우 인상적이다. 이 책이 인쇄본으로 출판되기를 기대한다.
>
> 이 책은 야생 바다 수영, 느린 학문, 걷기, 독서, 글쓰기 등 여러 실천에서 이론적 지향을 제시한다. 그러나 필자들의 출판물을 본문에서 간략하게 인용하는 긴 목록 때문에 읽는 데 다소 답답함을 느낄 수 있다.

"인간과 비인간 신체를 '질의답변'에서 '질문의 교육학'으로 이동":

> 필자들은 바라드의 접근 방식이 교육(연구든 교육적 실천이든, 이분법적 구분을 고수한다면 이 장의 구조 자체가 해체되는 경향이 있지만)과 그것이 암시하는 움직임/제스처/행동에 대한 대안적 개념을 만드는 데 어떻게 도움이 될 수 있는지를 성공적으로 보여주었다. 또한 이 장은 전형적인 학회 형식(질의답변 세션)이 어떻게 변형

되는지를 묘사하고, 이러한 변형에 관련된 많은 물질성을 강조한다는 점에서 포스트휴머니즘 교육학을 연구 행사에 적용하는 데 영감을 줄 수 있다. 이 과정에서 질문/답변, 아는 것/모르는 것, 말하기/침묵, 외부/내부, 사고 활동/물질적 환경, 장소(에 머무름)/항해 등 많은 이분법들에 문제가 제기된다. 이 장의 스타일은 우아하고 읽기 쉬우며 진술하고 매력적이지만, (뿌리 깊은 반대에 굴하지 않는) 엄격함을 유지한다.

([나는] 텍스트의 비유를 참조하여) 이 장은 철학적 사고에서 어떤 종류의 관광이 아니라 아동과 같은 탐구의 항해(미셸 세르를 통해…, 또 '교육학'이라는 단어 자체에 새겨진 여정)로 우리를 초대한다.

"신성한 실천으로 기억하기re-membering":

이 장은 매우 강력하다. 특히 필자가 학문적인 것과 개인적인 것 사이를 오가며 이 두 가지 존재 방식을 거의 구분하지 않는 점이 마음에 든다. 필자가 글로 표현하는 방식도 매우 인상적이다. 예를 들어, 필자는 "나는 이 기억들을 되돌아보지 않고 현재로 떨어뜨리지 않으며, 이미 여기에 있지만 사라지고, 이미 과거지만 달라졌다"라고 쓴다. 또 "숫자 선은 그 자체로 되기의 개념이다"라고 표현한다. 이 두 인용문은 필자의 궁극적 목표가 무엇인지, 어쩌면 모든 것을 말해 준다. 필자가 사용한 사진, [그림 R.1]에 애슐리 크리엘의 이미지를 포토샵으로 합성한 [그림 R.2]도 매우 마음에 든다.

"시간에 표시하기, 신체에 표시하기":

이 장을 검토할 수 있는 기회를 주셔서 감사하다. 이 장은 잘 쓰여졌으며 신중하게 고려되었다. 필자는 폭력, 징계, 투옥, 노동, 수탈주의, 그리고 자신의 '비무죄성'이라는 복잡한 상태를 탐구하며, 이러한 시대의 복잡성과 긴장감을 효과적으로 표현하고 있다. 장 전체에 걸쳐 자아/타자, 성인/아동, 교사/학습자, 자연/문화, 공적/사적, 과거/현재의 이분법을 문제 삼는다. 필자는 감동적으로 다음과 같이 설명한다. "이 이야기는 점점 더 이 공간, 이 시간, 이 물질과 함께 세계를 만들어가는 교육학에 대한 나 자신의 학습에 관한 이야기다. 이 나무와 이 흉터에 대한 새로운 생각을 따라가려면 사적인 것과 공적인 것, 안과 밖, 인간과 나무의 경계를 이동시키는 협상이 필요하다. 그것은 폭력과 굴욕의 흔적이다." 이 장은 식민주의적이고 인종차별적인 훈육과 통제의 유산, 그리고 '진보'를 위한 질서와 정돈의 측면에서 이분법을 다룬다.

나는 이 장이 이미지와 경험을 바라보고, 함께 머무르며, 끌어내는 방식을 다루는 것에 매료되었다.

"관계적 연구자: 세계되기 실천":

필자는 "시간, 공간, 영성, 동물, 가족, 연구"와 같은 개념이 현대 교육 연구에 더 깊게 통합되기를 바란다. 연구는 개인을 넘어서서 행동의 가능성을 탐구하며, 이는 '누출' 연구 실천을 새롭게 상상할 수 있게 한다. 누출된 교정 사항들을 자동 교정의 오류로 간주하기보다는 학문적 지형에서 관계의 징후로 받아들이고, 이를 감성적으로 연구에 녹여내는 방식을 채택한다. 이렇게 누출되는 '선'을 통해 작업하면서, 연구 잠재력을 새롭게 생성하는 방법을 제시한다. 필자는 누출되는 것이 무언가를 분해하는 것으로 설명되며, 이런 움직임이 교육 연구를 열어주고, 변화시키며, 불안정하게 만든다고 말한다. 이러한 선(누출이나 분해)을 연구 잠재력으로 생각함으로써, 연구가 세계를 창조하는 실천이 될 수 있는 가능성을 제시한다. 이 연구는 인간 중심의 예외주의를 넘어 사고의 행위성을 통해 존재하며, 전통적인 학문 기관 내의 헤게모니적 연구 방식에서 벗어나 새로운 방식으로 연구를 제안한다. 여기서 '함께-되기'의 잠재력을 통해 연구가 기능할 수 있는 방법을 제시하며, '되고 있는 것'과 함께 세계를 형성하는 과정을 탐구한다.

"여파, 내세, 잔상에 대하여":

이 장은 아름다운 의식의 흐름과 예술적 글쓰기를 보여준다. 철학, 시각 예술, 역사, 생태학 등이 최근 박사 학위 논문을 참조하며 사건을 창출하는 이 텍스트에서 모두 교차한다. 글쓰기 스타일은 평소와 다르며 독자에게 연구 환경에서 간과되기 쉬운 세부 사항을 독특하고 일관되게 안내한다. 독자는 다양한 문장 구성과 생생한 이미지의 흐름에 몰입하면서 때로는 마치 파도에 휩쓸리는 듯한 느낌을 받았다. 이 장에 내포된 강렬한 윤리적·존재론적·인식론적 작업은 분명히 다른 사람들에게 영감을 줄 것이다. 숨겨진 유령들과 깊은 윤리적·정치적 함의를 지닌 연결을 드러낸다. 필자는 물질의 얽힘과 시간을 통해 물질화되는 것에 깊이 관여하며, 바다를 통한 집단적 지식의 창조를 텍스트와 이미지를 통해 아름답게 설명한다. 나는 텍스트와 사진의 멋진 이미지뿐만 아니라 파도와 물질과의 감각적 경험에도 감동을 받았다.

"공학 및 의학 교육을 위한 제스처: 우리와 바라드의 만남을 그리다":

이 장에서 필자들은 바라드의 작업과의 공명에 초점을 맞추고 있다. 필자들은 자신의 학문적·제도적 맥락에서 침묵과 폭력에 매몰된 측면을 탐구하며, 바라드의 작업이 이러한 문제를 어떻게 드러내는지에 주목한다. 당시 박사 과정 연구원이었던 두 필자는 세미나에서 "지속적인 영감"을 얻었고, 이 발표를 통해 공학(지리학)과 의학(산과) 교육 분야에서의 작업이 "과학의 일반적 경계를 무너뜨리고 예술과 과학이 교차하는 중간 공간으로 이동하여 윤리와 사회정의에 대한 질문을 자극한다"는 공동의 인식을 가지게 되었다. 바라드의 반응은 필자1에게 "이야기를 지도와 연결하는 실험적인 수업 방식에서 미래에 대한 긍정적 제스처를 가능하게 하는 자신감"을 불러일으켰고, 필자2에게는 "교육 중에 관찰된 여러 학대 행위와 관련된 학생들의 이야기가 미치는 영향에 대해 계속 고민"하도록 동기를 부여했다. '바라드와의 만남'은 필자들이 교실에서 반대 서사를 위한 공간을 만들도록 격려한 중요한 경험이었다. 이 장에서 제시되는 연구와 교육적 실천은 남아프리카의 특정 고등교육 맥락에 자리 잡고 있지만, 다양한 분야에 걸쳐 세심하게 고려된 정의와 용감한 작업은 지리적 위치와 관계없이 독자들에게 영감을 줄 것이다.

"회절적 드로잉":

필자들은 바라드의 행위적 실재론과 회절 이론을 통해 물리학, 퀴어이론, 정치학의 통합적 관점을 배운다. 이들은 세미나가 새로운 작업과 회절 방법론에 미친 영향을 인정하며, 윤리적이고 정치적인 중심에서 관계적이고 대응 가능한 연구 방향을 제시한다. 이 장의 첫 질문인 "주인의 집을 해체하는 것"은 탈/식민화와 정의의 문제를 지식 생산의 최전선에 놓는다. 필자들은 연구 방법론으로서 회절의 적절성을 고려하며, 데리다의 해체와 회절을 구분한다. 회절은 연구자가 "관여하여" "다른 이야기를 들음으로써" "다른 사고 방식을 열고" "관계를 두텁게" 하는 방법론으로서 유용하다고 본다.

건축 분야에서 일하는 필자는 에티오피아 랄리벨라의 보존 프로젝트에서 인간, 미생물, 지형정보학 등의 요소가 자연/문화 이분법에 문제를 제기하는 방식을 탐구한다. 영적 접근과 과학적 접근이 얽히면서 '정상적인' 건축 실천에 문제를 일으킨다. 이 장은 이러한 고민을 바탕으로 탄생했으며, 보존 프로젝트에서 인간과 비인간 요소의 내부-작용을 가시화한다. 불안정한 지층, 물, 이끼와 미생물, 인간의 사용이 유적지에 영향을 미치는 요인으로 작용한다. 필자는 회절적 드로잉의 이론과 실천을 사용하여 보이는 것과 보이지 않는 것, 인간과 비인간, 건축과 지형학, 정신과 과학을 통합하는 포스트휴머니즘 건축 접근법을 제안한다.

"배경천을 통해 읽기: 패션 이론 강좌 함께-따로 읽기":

필자는 박사 과정을 시작할 때 몽키밸리 워크숍에서 바라드의 이론을 처음 접한 경험을 추적한다. 이 세미나를 계기로 다른 온라인 세미나를 통해 바라드의 연구를 계속 탐구하게 되었고, 발표 중 바라드 뒤에 투영된 이미지에 대해 논의하기도 했다. 필자가 만든 신조어 'th/reading'(바느질하기/읽기)은 물질담론에서 '함께-생각하기'thinking-with를 재정립한다. 바느질하기와 읽기는 고등교육에서 패션 디자인 과정을 재구성하는 필자의 이론 실천에서 뗄 수 없는 부분이다. 필자는 천과 옷으로 사고하고 글을 쓰면서 발생하는 영향과 효과를 엄격하게 설명하며, 교육과 연구를 새롭게 상상한다. 이 장은 생각하는 것(읽기와 이론 만들기)과 실천하는 것(바느질하기와 글쓰기) 사이를 끊임없이 오가며, 대안적인 초학제적이고 비-재현적인 예술 기반 연구와 글쓰기 실천을 제안한다. 다양한 교수법(세미나, 박물관 방문, 동료와의 대화, 물질적 실천 등)을 통해 사고의 중요성을 인식하는 필자의 능력은 연구 행사에 개방적인 접근을 제시하며, 사고와 실행, 걷기와 방문, 온라인 및 장소 기반 교육학을 연구에 통합하는 데 영감을 준다.

시간 회절

: 캐런 바라드와의 대화에서
'새로운' 짜릿한 통찰의 별자리***

비비안 보잘렉, 카린 머리스

별자리

이 장에서 색상을 선택하는 일은 어렵지 않았다. 캐런 바라드
는 별자리가 별의 특정 물질적 구성의 이미지라고 제안한다. "이
미지는 정지 상태의 변증법이다"(Barad, 2017b, 34쪽). 별자리의 이미지
는 **"과거에 있었던 것이 현재와 순식간에 결합하여 별자리를 형성한
다"**(Barad, 2017b, 34쪽, 필자의 강조). 어두운 밤하늘의[1] 별은 우리와 같은
거리에 있지 않다. 바라드는 연대기적 시간을 해체하는 논거를 제

---

1   모든 밤하늘이 어두운 것은 아니다. 예를 들어 북부 핀란드에서는 여름에 해가 지지 않
     는다.

시한다.[2]

> 빛의 속도는 상수이기 때문에, 우리는 더 멀리 있는 물체를 볼 때 더 깊은 과거를 들여다보고 있다. 예를 들어, 가장 가까운 별인 태양을 볼 때 우리는 8분 전의 모습을 보고 있는 것이다. 즉 과거에 일어난 일을 현재 보고 있는 것이다. 별자리를 바라볼 때, 우리는 현재에 여러 다른 과거를 목격하며, 그 중 일부는 다른 것보다 더 먼 과거를 목격한다. 따라서 별자리는 과거 사건의 특정 배열을 보여주는 것이며, 이는 다양한 시간성의 구성, 즉 '존재하고 있는 별자리'의 이미지를 의미한다. (Barad, 2017b, 34쪽)

중요한 점은 번개가 공간의 순간을 가로지르는 것이 아니라 시간을 가로지르며 짜릿한 통찰을 만들어낸다는 것이다. 바라드 (2015, 387쪽)는 번개를 하늘에서 땅으로 이어지는 연속적 경로가 아니라, "다양한 형태의 결합과 비/연결된 동맹을 가상적으로 탐색하는 잘못된 방황"인 충전된 갈망으로 설명한다. 다시 말해, 우리가 '시간을 거슬러 올라간다'고 할 때 과거로 도약하는 것이 아니다. 흥미롭게도 바라드의 행위적 실재론은 선형적 시간을 거부하지 않으며, '선'은 서로 얽힌 다양체를[3] 의미한다. 2017년 6월 케이

---

2 발터 벤야민에게 파괴는 건설 가능성의 조건이다. 정치적 행위로서 역사의 연속성을 해체할 때 그 과정에서 "역사의 연속성을 물질적으로 해체/파괴[de(con)struction]하는 것"(Barad, 2017b, 23쪽)이 번뜩이고 결정화된다. 이런 해체는 "과거의 에너지를 현재로, 그리고 그 반대"(Barad, 2017b, 23쪽)로 가져온다.

3 캐런은 2017년 케이프타운에서 열린 세미나에서 질문에 답하며 이렇게 말했다. 바라드

[그림 NS.1] 캐런 바라드의 논문 "회절을 회절하기: 함께-따로 절단하기"(2014)

프타운 노르트훅의 한 컨퍼런스 리조트에서 열린 세미나에서 이 통찰이 번개처럼 다가왔다(이 텍스트[Barad, 2017b]는 아직 출판되지 않았음에도 불구하고). 우리는 바라드의 논문(2014) "회절을 회절하기: 함께-따로 절단하기"에 익숙했지만, 시간 회절이라는 불안정하고 매우 문제가 많은 개념은 어떤 의미에서 우리에게 '새로운' 것이었다(아래 참조). 물론 이 개념은 이미 이전 글들에서도 '존재'했다(예: Barad, 2007, 2010, 2015 참조).

는 시간의 선형성에 대한 현재의 개념을 구제할 수 있지만, "내부로부터의 근본적인 재작업"이 필요하며, 이를 더 나은 시간 개념으로 대체할 수도 없고 대체해서도 안 된다고 주장한다. 문제는 하나의 시간성(예: 선형)을 다른 시간성(예: 원형)으로 대체하는 것이 아니라, "시간의 해체, 보편적 시간의 해체, 순간들이 하나씩 존재하고, 모든 곳에서 동일하며, 순차적으로 서로를 대체한다는 개념의 해체"(Barad, 2018, 223쪽)다. 바라드는 '새로운' 시간성과 '오래된' 시간성은 이미 서로 연결되어 있어 분리될 수 없다고 지적하며, 하나를 다른 하나로 대체하는 것은 아이러니하게도 진보 논리의 함정에 빠지는 것과 같다고 말한다 (Barad, 2018, 221쪽).

밤하늘 장

이 장에서는 시공간에 따라 분산되고/회절된 순간으로 돌아간다. 세미나가 열린 곳에서 멀지 않은 칼크베이의 어촌 마을에서 인도양을 통해 회절된 대서양이 우리의 글과 얽혀 있다(서론의 [그림 G.4] 참조). 이 세미나는 주관적 경험뿐만 아니라 세계가 반복적으로 세계되기 한다는 의미에서 결코 끝나지 않을 것이다.

이 장에서는 세미나의 방법론적 영향, 특히 시간 회절이 우리 학문에 어떻게 영감을 주었는지를 탐구한다. 회절적 아이디어를 제정한 사례를 통해 이를 살펴보며, 회절적 읽기가 학문적 비판성과는 다른 점을 강조한다. 텍스트/작품/접근법/관점을 관계적으로 읽으며 창의적이고 예상치 못한 자극을 찾아내고 강화하는 것이 중요하다. 비평의 재구성은 고등교육에서 특히 중요하다. 예를 들어, 우리는 공동 저술한 논문에서 회절을 관계적이고 페미니즘적인 학문적 참여로 다루었다(Murris & Bozalek, 2019a). 서지 하인Serge Hein의 근거 없는 비판에 대한 반응은 바라드와 질 들뢰즈의 관계적 존재론이 텍스트를 읽는 대안적 학문적 실천으로서 어떻게 서로에게 말하는지 회절적으로 탐구할 기회를 제공한다. 또 텍스트의 얽힌 관계성을 드러내는 응답-기능한 읽기의 다른 사례도 참조한다. 이어서 교육과 삶 전반에서 회절적 방법론을 채택하기 위한 일련의 화이트헤드적 '명제'를 공식화한다(Murris & Bozalek, 2019). 우리는 세미나에서 캐런이 수행한 논문이 후속 글쓰기, 특히 대학원생들과의 공동 저술에 어떻게 영감을 주었는지 살펴본다. 이 별자리는 세미나와 바라드의 글에서 발산하며, 친숙하면서도 낯선 패턴의 배열을 제공한다는 점에서 이 장의 작업과 특히 관련이 있다.

시간 회절은 과거, 현재, 미래가 어떻게 불가분의 관계로 얽혀 있는지, 식민주의와 아파르트헤이트의 유령이 남아프리카공화국의 모든 측면에 어떻게 스며들어 있는지 이해하는 데 도움을 준다. 이 장에서는 남아프리카공화국의 맥락에서 교육, 방법론, 연구 관행 및 학문에서 시간 회절과의 교류에 중점을 둔다.

비브는 회절에 대한 관심을 느린 학문, 연구, 교육적 실천, 정의와 돌봄 윤리, 유령학, 그리고 행위적 실재론에 대한 글쓰기에 연결 지어 추적한다. 카린은 유아기 발달 이론, 탈/식민화 교육 연구, 비디오 촬영에 대한 포스트질적 접근법, 교실, 연구 현장, 그림책, 사진 등 '텍스트'를 읽는 방법과 관련하여 시간 회절에 대한 관심을 추적한다.

이 장은 시간 회절을 통해 드러난 '새로운 것'과 이 방법론이 연구 프로젝트, 글쓰기, 지도에서 여전히 우리를 괴롭히는 방식에 대해 숙고하면서 마무리된다. 대학원생 및 동료 들과 함께 글을 쓰는 과정에서, 학생들은 자신에게 떠오른 아이디어를 활용했다. 그들은 두꺼운 현재 속에서 과거와 미래의 별자리를 형성하기 위해 논문, 박사후 연구, 출판물, 그리고 이 모음집의 일부 장을 사용했다(Mitchell, Motala, Peers, Reynolds, Romano 및 van Eeden-Wharton 참조).

비브의 추적

세미나 둘째 날 캐런의 강연을 들으면서 비/결정성 개념과 이

것이 행위적 실재론에 얼마나 중요한지 이해하기 시작했다. 유령학이 그때와 지금, 존재와 부재, 있음과 없음을 포함하는 비/결정적 관계를 전제로 한다는 것을 깨달았다. 이후 웹 세미나가 끝난 다음 해, 나는 '유령 존재론' 개념을 바탕으로 생각하기 시작했고, 세미나의 전율적인 통찰을 활용해 혼란스럽고 비/정향적인[4] '시간 회절 이야기'를 만들어 컨퍼런스에서 내 작업을 발표하기 시작했다(Bozalek, 2018; Bozalek & Newfield, 2019; Bozalek & Zembylas, 2017, 2018; Bozalek et al, 2016a, 2016b, 2018b, 2019, 2021c; Hoosain & Bozalek, 2019; Newfield & Bozalek, 2016; Murris & Bozalek, 2019a; Murris, Babamia & Bozalek, 2019; Zembylas, Bozalek & Motala, 2019 참조).

이 논문들은 불/연속적 시간대가 서로를 관통하고 스며들며 서로를 재/형성하고 서로의 내부에서 살아 있는 방식을 보여준다(Barad, 2017a). 시간, 공간, 물질은 단순히 되돌아가는 것이 아니라 되-돌아감으로써 문제를 일으키고 혼란을 야기한다. 바라드의 발표에서 전자가 한 에너지 준위에서 다른 준위로 점프하는 양자 도약 방식을 설명하며 '유령 물질'로 묘사된 그림을 통해 나는 유령학이 어떻게 작동하는지 이해할 수 있었다(Barad, 2017a, 33쪽). 이 시각적·언어적 수행을 통해 불/연속적 움직임이 무엇을 의미하는지,

---

4 나는 '시간 교란하기'(나중에 Barad, 2018b로 출간)에 대한 발표에서 바라드가 글에서 사용하는 슬래시(/)가 실제로 수행하는 작업을 훨씬 더 완벽하게 파악할 수 있었다. 슬래시는 이분법을 능동적으로 재구성하는 역할을 한다. 바라드(2010, 245쪽)는 이를 다르게 얽히기 또는 '함께/따로 자르기'라고 부르는데, 이는 둘로 나누는 이분법 개념을 문제 삼고 두 상태가 공존하는 비결정성의 상태를 가정하는 것이다. 이미 언급한 바와 같이 데리다(2019)의 유령학 역시 그때와 지금, 존재와 부재, 있음과 없음을 사이의 이러한 비/결정적 관계를 전제로 한다.

그리고 그것이 공간 회절에서 여기/저기임을 더 완전히 이해할 수 있었다. 비슷하게, 시간 회절도 지금과 그때가 아니라 지금/그때이며, 물질의 어떤 사실이 아니라 비결정성을 나타낸다.

캐런과 대화를 나누면서 시간의 중첩이 어떻게 작동하는지 더 명확히 이해할 수 있었다. 《우주와 중간에서 만나기》(Barad, 2007)에서 공간 회절과 중첩, 즉 파동이 겹쳐서 같은 위치를 차지하는 원리를 이해했지만, 시간 회절과 중첩이 어떻게 일어나는지에 대해서는 잘 몰랐다. 바라드는 전자가 "상태의 중첩, 즉 전자가 주어진 시간에 한곳에만 있는 것이 아니라 존재론적으로 (유령학적으로) 비/결정적 위치를 가지며 동시에 여러 곳에서 물질적 유령 같은 비/존재를 나타낸다"(Barad, 2017b, 33쪽)고 설명한다. 주어진 입자가 어제, 오늘, 내일 등 여러 시공간에 존재할 수 있는 시간적 비결정성의 물질성을 이해하는 것은 박사 과정 학생들과 동료들이 유령학을 연구하고 시간 회절에 관한 글을 쓰는 데 매우 중요한 일이었다.

과거는 결코 단순히 지나간 것이 아니며, 미래에도 계속 영향을 미친다는 사실을 생생히 깨달았다. 이 깨달음은 식민주의와 아파르트헤이트가 바다의 시간적·공간적 구성에서 계속 진행되고 있다는 책, 학술 논문, 유튜브 게시물에서도 확인할 수 있다(Shefer & Bozalek, 2022). 셰퍼와 보잘렉(Shefer & Bozalek)의 논문 "탈식민 페미니즘적 다가올-정의 실현 학문을 위한 야외 수영 방법론"Wild Swimming Methodologies for Decolonial Feminist Justice-to-come Scholarship은 바다와 수영을 야생 방법론과 슬로우 학문의 형태로 다룬다(Bozalek, 2017, 2021). 이 책

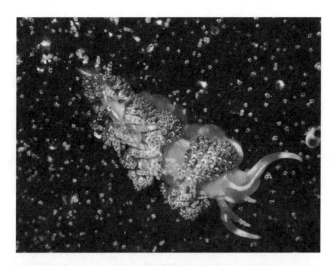

[그림 NS. 2] 학계의 새로운 상상력을 위한 4색 갯민숭달팽이와 함께-생각하기.

[그림 NS. 3] 6지구(출처: Zembylas, Bozalek & Motala, 2021; Motala & Bozalek, 2021).

은 유령학을 활용하여 다양한 존재와 변형의 방식을 지향하는 학
문적 실천의 가능성에 관해 탐구한다. 남아프리카의 (포스트)아파

르트헤이트 시대 고등교육의 식민지적·가부장적·신자유주의적 논리를 비판하며, 고등교육 기관에 내재된 피지배와 폭력의 물질적 역사와 그 공간에 들어온 사람들의 삶을 둘러싼 침묵에 의문을 제기한다. 바다 수영과 같은 체화된 실천은 바다와 생물들과 함께 창의적으로 사고하는 강력한 방법을 제공하며, 도래할 정의를 위한 새로운 학문적 상상을 열어준다. 수영-글쓰기-함께 생각하기, 4색 갯민숭달팽이([그림 NS.2] 참조)와 같은 소셜 미디어 이미지는 느린 학문의 일환으로 공유된다.

"유령학 교육학: GIS로 커리큘럼 탈식민화하기"(Zembylas, Bozalek & Motala, 2021)에서는 남아프리카공화국의 아파르트헤이트와 식민적 과거의 유령을 고려해 고등교육 커리큘럼에서 유령학 교육을 어떻게 제정할 수 있는지에 대해 자세히 설명한다. 이 글에서는 지리 정보 시스템GIS 매핑과 분석을 통해 과거와 현재의 부재와 존재, 그리고 그것들이 사람들의 삶과 땅에 미치는 영향을 밝혀내는 방법에 중점을 둔다. 남아프리카공화국 공과대학교의 공학교육 상황 속에서 이 장은 GIS를 활용해 스토리텔링 개입 형태로 행동주의의 미시적 사례를 보여주며, 지금까지 가려져 있던 과거의 불의를 생생하게 드러낼 수 있음을 설명한다. 케이프타운 6지구의 아파르트헤이트 폭력에 관한 이야기를 GIS 렌즈를 통해 전달함으로써, 강제 철거와 폭력적 강제 퇴거의 영향력과 물질성을 비선형적 시간, 비/결정성, 불/연속성과 같은 교육학적 개념을 통해 과거와 현재의 유령에 대해 다룰 수 있도록 재통합한다.

포스트휴먼 문해력에 관한 편집된 선집의 한 장에서, 뉴필드

Newfield와 보잘렉(2018)은 남아프리카 한 마을 학교의 중등학교 문해력 프로젝트를 언급하기 위해 테부와Thebuwa를 사용한다. 이 장에서는 남아프리카 마을 학교의 문해 교실에 '테부와 유령학'을 적용하는 간략한 이야기를 담고 있지만, 민주주의가 도래한 지 20년이 지난 지금까지도 계속되는 아파르트헤이트의 식민 역사와 교육 역사를 설명한다. 과거가 현재와 미래에 흔적을 남기는 이러한 '유령'은 정치적·교육적 측면에서 존재하는 잠재적 조건과 공간의 일부다. 여기에는 반투Bantu 교육(백인 아동을 위한 기독교 국민 교육과 구별되는 남아프리카공화국 아파르트헤이트의 흑인 아동을 위한 교육)과 현재 남아프리카공화국에서 진행되는 탈식민화를 위한 고등교육 캠페인이 포함된다.

'침묵에서 말하기까지'는 2002년 소웨토의 중등학교 영어 수업에서 학생들이 겪은 경험을 묘사한다. 처음에는 침묵하던 학생들이 영어를 비롯한 다양한 언어와 양식으로 목소리를 내기까지의 과정을 담았다. 학생들이 제본과 시집의 제목으로 합성 토착어인 '테부와'를 선택한 이유는 이 단어가 이시쇼사어('thetha'), 시츠송가어('bulabula'), 세페디어('buwa')의 '말하다'를 결합한 단어이기 때문이다.

이전 박사 과정 학생들과 나는 식민주의, 수용, 착취, 강제 추방 및 노예 제도에서 사회복지가 어떻게 연루되었는지를 조사했다. 이는 과거 흔적을 안고 살아가야 하는 얽힌 책임과 이것이 현재와 미래를 어떻게 계속 형성하고 있는지를 인식하는 방식이었다(Bozalek & Hölscher, 2021, 2022; Hoosain & Bozalek, 2021). 예를 들어, 2021년

[그림 NS. 4] 테부와 헝겊(사진: 데니스 뉴필드).

에 출간된 고등교육 유령학에 관한 책(Bozalek 외, 2021)에 실린 보잘렉과 횔셔(Hölscher)의 장은 두 필자가 코로나19 팬데믹 기간 유령학, 응답-능력, 비무죄성에 대해 서로에게 던진 다양한 질문에 대한 답변으로 대화 형식 글의 일부로 구성되었다. 이 장은 온라인 글쓰기 소프트웨어를 사용해 서로 다른 지정학적 위치와 시간대에서 몇 달에 걸쳐 함께/따로 글을 쓰면서 발전해 나갔다.

보잘렉과 횔셔(2021)는 회절적 글쓰기를 통해 코로나바이러스 팬데믹으로 인해 시간의 파열이 고등교육의 '진보'와 '성공'에 대한 집착을 어떻게 재평가하게 했는지를 살펴본다. 이들은 팬데믹을 통해 인간의 삶이 심각하게 위협받고 있다는 사실을 깨달았으며, 이를 통해 모든 인간 및 비/인간-이상의 생명에 대한 책임감과 응답-능력을 새롭게 인식하게 되었다.

후사인(Hoosain)과 보잘렉(2021)은 "포스트인간중심주의 사회사업 장"에서 노예제와 강제 추방 등 아파르트헤이트와 식민지 유산의 폭력이 오늘날 어떻게 영향을 미치고 있는지를 보여준다. 이 장에서는 비/결정성과 불/연속성이 식민주의와 아파르트헤이트의 제도화된 인종차별을 통해 남아프리카공화국의 세대 간 트라우마를 이해하는 데 어떻게 도움이 되는지 설명한다. 연구는 케이프타운에서 노예 후손이자 아파르트헤이트 집단지구법으로 인해 강제로 쫓겨난 3세대 가족을 대상으로 진행되었다. 연구 결과, 박탈당한 슬픔, 침묵, 제도적 인종차별과 수치심에 대한 사회화가 가족 내에서 역사적 트라우마가 전승되는 주요 메커니즘임을 확인할수 있었다. 이 장에서는 과거가 단순히 뒤에 남겨지지 않고 현재와 미래로 퍼지는 유령학에 사회사업이 어떻게 대응할 수 있는지에 관해 논의한다.

이 논문과 장은 "계속해서 출몰하는 유령에 주의를 기울이고, 대화하고, 함께 지내면서 과거의 불평등과 불의를 재-검토하고, 다가올-정의가 어떤 형태로 나타날지 생각할 필요성"에 대해 이야기한다(Hoosain & Bozalek, 2021, 184쪽). 다가올-정의는 결코 끝나지 않을 지속적인 윤리적 응답을 의미한다.

동료 및 박사 과정 학생들과 함께한 출판물에서는 "현재에 존재하는 여러 가지 다른 과거"(Barad, 2017a, 34쪽)가 어떻게 이론적인 지향으로 작용하는지 살펴본다. 이 논의는 야외 바다 수영(Bozalek, 2022; Romano, Shefer & Bozalek, 2021; Shefer & Bozalek, 2022), 걷기(Motala & Bozalek, 2022; Romano, Bozalek & Mitchell, 2019), 읽기 및 쓰기와 같은 교육적 실천(Bozalek, 2022; Bozalek et al., 2021a; Newfield & Bozalek, 2018; Romano, Shefer & Bozalek, 2021) 및 느린 학문(Bozalek, 2017, 2021) 등 다양한 실천에서 어떻게 나타나는지를 다룬다.

카린의 추적

캐런 바라드의 세미나는 나의 교육, 지도, 그리고 동료 및 대학원생들과 함께/따로 학술적 글쓰기에 큰 변화를 가져왔다. 다양한 얽힌 실타래를 추적하면서 iii[5]는 바라드의 현상[6] 사용이 유령의 자아를 지칭하는 방식과 특정 연령을 인간에게 귀속시키는 정치에 어떤 변화를 가져오는지 깊이 이해할 수 있었다. "시간 교란하기" 논문을 진행한 후, 월터 코한의 질문에 대한 답변으로 캐런은 학교와 부모가 아동들에게 시간순으로 생각하도록 훈련하는 데 약 12세까지 시간이 걸린다고 지적했다. 따라서 크로노스를 배우기 어려운 것은 놀라운 일이 아니다.

캐런과의 대화와 토론 덕분에 나는 브랜든 레이놀즈Brandan

---

5 'iii'가 개별화된 주체를 현상으로 재구성하는 방식은 아래를 참조하라.

6 서구 철학의 오랜 논쟁에 대해 바라드는 "실재는 현상-내부-사물이나 현상-배후-사물이 아니라 현상-내부의-사물로 구성된다"고 주장한다(Barad, 2007, 392-393쪽). 즉 사물, 주체, 객체가 아니라 현상이 존재의 기본 단위이자 모든 종류 데이터의 객관적 참조항이다(Barad, 2007, 333-335쪽). 결국 현상은 자연과 문화를 구분하는 이분법과 같이 현상을 생성하는 데 도움이 되는 장치와 분리될 수 없으며, 이는 연구에서 항상 이미 작용하고 있다.

Reynolds와 함께 애니메이션 만화를 그리면서, 글을 쓰고 그림을 그리는 과정에서 현상으로서의 아동을 통해 모든 연령대의 인간을 회절시키려는 열정을 가지게 되었다(Murris & Reynolds, 2018).[7] 'iii'라는 신조어를 통해 자아를 재구성하는 것은 인간을 개별 주체나 대상이 아니라 역동적 현상, 즉 별자리로 보는 것과 관련이 있다(Barad, 2007). 'iii'는 일부러 회색 잉크로 써서 자아 또는 주체를 시간의 연속성을 깨뜨리는 무한한 내부-작용적[8] 현상으로 표현했다. 현상으로서의 'iii'는 "다른 공간과 시간에 걸쳐 '확장'되며" 변화에 열려 있으며(Barad, 2007, 383쪽), 과거 에너지를 현재로, 현재 에너지를 과거로 가져온다(Barad, 2017b, 21-23쪽).

바라드는 거미불가사리, 가오리, 퀴어 원자, 허공, 별자리, 결정체, 가상 입자와 같은 서사적 캐릭터를 등장시켜 독립적이고 경계가 있는 존재, 즉 '가족'과 '친족'에 대한 편협한 개념에 문제를 제기한다(Giorza & Murris, 2021; Murris, 2021a; Murris, Reynolds & Peers, 2018). 또 (아동) 행위성 및 발달 이론에 대한 지배적 개념을 뒤흔든다(Murris, 2020b, 2022b). 세미나에서 'iii'는 인간 이외의 캐릭터가 행위적 실재론에서 어떻게 작동하는지에 대한 영향을 받았다. 바라드의 첫 번째 논문인 "회절을 회절하기"(2014)를 읽은 후 비브는 질문과 의견을 나누는 자리를 열었다.

---

7   www.youtube.com/watch?v=ikN-LGhBawQ를 참조하라.
8   내부-작용은 "추정된 분리 가능성에서 분리 불가능성(관계적 존재론)으로의 변화뿐만 아니라 인과관계를 근본적으로 다르게 이해하는 것이며 정의의 문제를 생각하는 함의를 갖는 인식론적 틀을 수반한다"(Barad, 2017a, p. G119, 17쪽)고 설명한다.

비브: 감사합니다, 캐런. 이 작품을 자주 읽고 또 읽었지만, 직접 듣는 것은 정말 다릅니다. 매우 감동적이었어요. 그리고 글로리아 안살두아 파트를 맡아준 패트릭 리버스에게도 고마워요.

캐런: 정말 아름다워요.

비브: 네, 아주 아름답죠. 제가 이 세션의 좌장을 맡아달라는 요청을 받았지만, 철학적 질문 그룹으로 들어가기 전에 지금 이 자리에서는 캐런의 발표에 응답하는 것이 좋을 것 같습니다. 질문이나 의견이 있거나 추가 설명이 필요한 분이 계신가요? 다 함께 참여해 주세요.

카린: 텍스트의 사소한 부분일 수 있지만, 좀 더 잘 이해하고 싶은 내용이 있을 수 있습니다. 묻기 위한 질문은 나중에 하시고, 지금은 텍스트에 대해 조금 더 알고 싶고 그 의미가 무엇인지 알고 싶은 질문을 해주시면 좋겠습니다.

시디크 모탈라: 그냥 일반적인 질문일 수도 있지만, 수행해 주셔서 정말 감사합니다. 논문이 수행되는 방식이 정말 색다른 느낌입니다. 궁금한 것은 이 이론이 스토리텔링 측면이 강한데, 당신이 선택한 캐릭터들이 어떻게 결정되는지 알고 싶습니다. 지난 몇 년 동안 당신의 모든 작품을 읽으면서 가오리, 거미불가사리, 글로리아 안살두아, 트린 민-하 같은 캐릭터들이 어떻게 서로 어울리는지 느꼈습니다. 이런 캐릭터들은 어떻게 선택되고 등장하나요?

캐런: 정말 좋은 질문입니다.

(바라드가 생각에 잠긴다.)

제가 그 질문에 대한 답을 명확하게 말할 수 있을지 모르겠습니다. 글로리아 안살두아와의 텍스트가 어떤 식으로든 저를 선택한 것 같아요, 그렇게 말할 수 있다면요. 예를 들어 거미불가사리와는 완전히 다릅니다. 제 말은... 그 이야기를 제대로 전달하자면 그야말로 인생을 변화시키는 사건이었습니다. 지극히 개인적인 일이었고 저희는 양자 물리와 글로리아 안살두아가 쓴 논문에 바로 빠져들었죠. 매우 소중하고 성스러운 일이었는데, 저는 거미불가사리를 통해서는 그런 경험을 하지 못했습니다. 거미불가사리는 세계와 앎의 일부가 되는 느낌으로 저를 사로잡았고, 앎의 존재론에 관해 이야기할 때 뇌와 데카르트적 주체가 방해가 되지 않는다는 것을 알 수 있었습니다. 인식론에 관한 질문이 시작되기 전에 항상 이미. 그래서 그것은 그것을 느끼는 것이 아니라 거미불가사리와 함께 있어서 완전히 다른 곳에서 시작할 수 있는 것입니다. 그래서 거기에서 완전히 다른 의미의 바다에 존재한다는 것, 즉 덜 느껴지지는 않지만 다른 느낌으로 거미불가사리와 접촉하고 있다는 것이었습니다. 이것이 질문자의 질문에 대한 답이 될지 모르겠습니다. 좋은 질문입니다. 좀 더 생각해 봐야 할 것 같습니다.

바라드의 이러한 캐릭터들은 교육의 결함 모델에 맞서 싸운다(Murris & Babamia, 2018). 예를 들어, '투시력 있는' 스스로 침을 놓는

가오리, 조산사와 임신한 인체가 서로의 수행 실천을 회절하는 것 (Murris, 2017), 왜가리(Murris, 2018), 달팽이(Murris, Peers & Woodward, 2022), 허공(Murris, Crowther & Stanley, 2018),[9] 별자리와 결정(Haynes & Murris, 2019) 과의 회절적 참여는 교육과 학습을 재구성하는 데 영감을 준다. 은 유가 아닌 상동성의 유희적 사용은 학계에서 동료 및 학생들과 긴밀히 협력하여 교육자의 역할을 새롭게 상상할 수 있는 신선하고 이례적인 기회를 제공한다. 이를 통해 대학 강의실 안팎에서 행위적 실재론의 철학이 살아 숨 쉬고 있다. 세미나 이후 컨퍼런스 발표, 저서, 논문을 통해 시간 회절이 과거와 미래 사이의 지워짐에 어떻게 저항하는지에 대해 더 많이 알게 되었다. 시간 회절은 특히 아동기 연구에 있어 생성적이다. 아동/기는 '우리'가 뒤에 남겨놓은 것이 아니라, iii 또한(그리고 당신도) 아동이다. 포스트휴머니스트들은 규범적 인간이 백인, 남성, 비장애, 이성애자라는 연구 가정을 비판한다. 그러나 시간 회절은 담론에서 언급되는 '인간'이 성인 인간이라는 방식과 관련된 성인 중심주의, 또는 심지어 '아동 혐오'[10](Murris, 2021a)에 대한 통찰을 제공한다. 아동기 논리는 식민 논리이며, 이를 통해 아프리카 대륙 전체를 개발이 필요한 아동으로 취급할 수 있다. 아동에 대한 침묵 강요와 구조적 억압을 뒷받침하는 동일한 논리가 정착민 식민 국가의 원주민에게도 유사하

---

9 아래 및 [그림 NS.6]을 참조하라.

10 Toby Rollo(2018, 16쪽, 2쪽)는 '아동 혐오'(아동을 불완전한 인간으로 간주하는 고대 개념)가 식민적 우월성(완전한 인간성에 대한 식민적 부정)과 존재론적 '타자' 개념을 가능하게 한 내부 논리라고 주장한다. '아동 혐오'는 '비임상적 의미에서 아동과 아동기에 대한 반감'을 의미한다(Rollo, 2018, 16쪽, 2번).

게 적용된다.

아동/기에 대한 철학적 가정은 여성과 유색인종에 대한 편견과 유사하다. 이러한 잘못된 (식민지적이고 인종화된) 우월감과 이와 관련된 폭력(예: 체벌)에 대한 인식은 정책 및 커리큘럼 개발에서 인권 담론의 인본주의적 지향과 유아기에 대한 역량 접근 방식에 문제를 일으키는 아동/기에 대한 포스트/발달 개념을 낳았다(Murris, 2019; Murris, Smalley & Allan, 2020; Murris et al., 2021). 놀랍게도 포스트휴머니스트조차도 '인간'이라는 개념에서 나이가 어떻게 배제되고 이미 '주어진' 것으로 작용하는지에 대해 침묵한다(Jokinen & Murris, 2020; Murris, 2021b). 나이는 또한 누가 그리고 무엇이 역할할 수 있는지에 대한 규범적 결정을 형성한다(Haynes & Murris, 2019). 아동이라는 개념은 복잡하며 시공간에서 연대기적이고 육체적인 아동을 의미할 뿐만 아니라 그 정반대 개념, 즉 성인으로 인해 존재하는 추상적 개념이기도 하다. 아동이라는 개념이 "계속 숨을 쉬기" 위해서는 지속적으로 개방되고 통기되어야 한다는 것을 배웠다(Barad, Barad & Gandorfer, 2021, 31쪽). '존재'와 '시간'을 포함한 각 개념의 구성 자체에 유령이 도입된다(Schrader, 2012).

세미나에서 영감을 얻은 다른 논문들은 나이를 '텍스트'로 간주하는 물질적 담론적 경계를 설정하는 방법에 초점을 맞추었다(Murris & Haynes, 2018). 예를 들어, '버려진' 동물원(Murris, 2020a), 수족관과 '외계인' 나무가 있는 공원(Murris, Reynolds & Peers, 2018), 그리고 '행성 문해력'이라는 개념을 생성하는 동료 학생들의 폭력적 죽음으로 괴로워하는 해변으로의 현장학습(Murris & Somerville, 2021)을 통해 고등교육에서 '안'과 '밖', '지금'과 '그때'의 개념을 혼란스럽게 할 수 있다.

바라드가 설명한 대로, 되-돌아가는 것(회절)은 "우리를 관통하는 시공간의 얽힌 문제들, 우리가 왔지만 결코 도착하지도 않고 떠나지도 않는 장소와 시간 들에 대해 책임감/응답-능력을 갖고 응답하는 것"(Barad, 2014, 184쪽)을 의미한다. 회절은 학생들이 수업에서 생성한 개념(예: '정리', '생사', '가족')을 현장학습에 가져와 고등교육에서 어떻게 다시 그리고 다르게 작동하는지를 탐구할 수 있도록 한다. 시간 회절은 교육에서 연대기적 시간을 파괴하고(Murris & Kohan, 2020) "아동을 넘어" 움직임으로써(Murris & Muller, 2018) 교육자에게 달팽이와 같은 속도로 "가르치지 않고 가르치기"(Murris & Borcherds, 2019)를 가르치며(Murris, Peers & Woodward, 2022) 교사 중심의 권위 개념에 문제를 제기한다(Haynes & Murris, 2019). 이 방법론은 교육 연구에서 일상적으로 사용되는 기술을 포함하여 측정하는 인간과 장치가 항상 이미 현상의 일부이기 때문에 아동 또는 성인 인간을 지우지 않고 작동한다(Murris & Osgood, 2022). 이런 방식으로 이 세미나는 비디오그래피와 아동기 탈식민화에 관한 특별호(Murris & Menning, 2019)와 책 한 권(Menning, Murris & Wargo, 2021)에서처럼 연구에서 영상과 음향을 재조명하는 데에도 도움이 되었다.

시간 회절은 '교실', '연구 현장'(Murris & Haynes, 2018) 및 사진(Murris, 2022)을 분석할 때 중요한 차이를 만든다. 예를 들어, 이 책의 필자 중 일부(Kohan, Mah, Peers, Rivers, Reynolds)와 공동 집필한 책(Murris & Crowther, with Stanley, 2018)의 한 장에서는 교실을 비어 있지 않은 허

[그림 NS.5] 최근 동료 학생들의 살인 사건으로 충격을 받은 채 클리프턴 해변을 정리하는 학생 교사들.

공으로 탐구한다. 세미나에서 캐런이 발표한 논문 "시간 교란하기"(Barad, 2018)에서 영감을 받아 우리는 케이프타운 사립학교 2학년 교실이라는 연구 현장에서 인간의 감각으로 느끼거나 듣거나 보지 못하는, 우리가 놓치고 있는 것이 무엇인지 궁금해한다. 학교가 세워진 땅(피부)은 그곳에 있으면서 동시에 그곳에 없는 아파르트헤이트 역사와 얽혀 있어 이분법적 논리를 파괴하고 존재의 형이상학/물리학을 문제 삼는다. 바라드(2012, 5쪽)는 인간이 표현하는 것(예: 말, 제스처)뿐만 아니라 '거기'에 없지만 여전히 표현될 가능성이 있는 것(가상)에도 귀를 기울이는 특별한 종류의 경청을 제안한다. 우리가 알아차리지 못하는 것은 무엇일까? 우리가 알아차리지 못하는 것조차 알아차리지 못하고 있을까?

이 장(Murris & Crowther, with Stanley, 2018)에는 '느린 폭력'(Nixon, 2011)

[그림 NS.6] 케이프 얼룩말을 통해 본 케이프타운 한 초등학교의 시간 회절.

으로 채워진 허공을 시각화하려는 장난스럽고 진지한 시도로서 케이프 얼룩말을 통해 회절된 학교 주변 지역 지도([그림 NS.6])의 스크린샷이 포함되어 있다. 우리는 뉴턴의 공간과 시간 개념에 너무 익숙해져 있기 때문에 이런 아이디어는 지금 우리에게 거의 의미가 없다.

이 세미나는 과거, 현재, 미래가 서로 내부에 있는 이 "이상한 위상학"(Barad & Gandorfer, 2021, 23쪽)을 명확하게 표현하는 데 도움이 되었고, 학교라는 장소에서 연령주의, 능력주의, 인종주의, 착취, 정착민-식민 논리를 조용히 분쇄했다. iii는 바라드가 논문 "시간 교란하기와 무의 생태학"에서 말한 것에 충격을 받았다. 무無 혹은 허공과 마주한다는 것은 추상적으로 단번에 답할 수 없는, 신체로 반복해서 물어야 하는 질문이다.

시간 회절은 아동기를 탈/식민화하는 정치적 행동주의에 계속해서 영감을 주고 있으며(Haynes & Murris, 2021; Murris & Reynolds, 2018), 남아프리카공화국에서 내 대학원생들의 학문 작업에도 영향을 미치고 있다(Chambers, 2021; Crowther, 2021; Giorza, 2018, 2021; Meiring, 2018; Peers, 2018; Reynolds, 2021; Thompson, 2020). '/'는 성인-아동 이분법[11]과 '탈식민화'와 같은 개념에 포함된 단선적 시간성을 문제 삼아 아동의 애니미즘 철학화와 연령을 초월한 교육의 여지를 만든다(Haynes & Murris, 2019; Murris, 2021a, b). "유럽인들이 애니미즘에서 다신교를 거쳐 일신교로, 그리고 과학의 최고 단계로 발전하여 자연 상태에서 문명의 상태로 상승한 것과 달리"(Franke, 2018, 39쪽), 애니미즘은 '원시적' 또는 '미개한'(즉 '아동, 야만인, 정신이상자'와 혼합된) 것으로 연관되는 경향이 있다.

바라드의 공간적·시간적 회절에서 영감을 받은 iii는 서구의 존재론을 넘어 모든 생명체에 대한 존중을 포함하는 비인간 중심적 애니미즘 개념을 연구해 왔다. 그러나 최근에야 회절 '그 자체'가 시대를 초월한 아동과 같은 교육학이자 방법론이라는 사실을 깨달았다(Murris, 2022). 또한 최근 자크 데리다와의 인터뷰에서 영감을 얻어, 언어는 철학적 비학습의 한 형태로서 성인의 구성에서 벗어나야 한다고 주장할 수 있다. 이런 의미에서 "해체란 아동과 같은 것"이며 "아동기의 천재성"을 표현하는 것이다(Derrida, 2019, 153쪽). 탈/식민화 교육은 성인들이 어렸을 때 배운 서구 교육의 이분법적 논리를 깨고, 성인들이 '왔지만 결코 떠나지 않았던' 아동으

---

11 각주 7번을 참조하라.

로 돌아가 아동으로부터, 그리고 아동들과 함께 중요한 질문을 던지는 것을 포함한다.[12]

별자리와 '새로운 것'

위의 추적에서 우리는 세미나 기간에 영감을 준 것들과 시간 회절에 대한 물질적·담론적 아이디어가 우리를 어디로 이끌었는지 살펴보았다. 또 학생들과 동료들의 영향도 분석했다. 세미나로 돌아가서, 시간 회절과 관련하여 현재의 '두꺼운 현재'에서 어떤 통찰이 떠오르는지 고민해 보았다. 학자이자 교육자로서 흥미롭고 도전적이었던 한 가지 측면은 '새로운 것'에 대한 질문이었다. 현재의 '두꺼운 현재'에서 '코로나 시대'의 유령학이 이 결정성을 전면에 내세웠다. 그 어떤 것도 미리 결정될 수 없다. 시간 회절은 과거와 미래를 현재로, 또는 그 반대로 가져옴으로써 세미나 '이후'의 학문에 도움이 되었다. '지금'을 제대로 재구성할 수 있는 잠재력은 놀랍도록 생성적이고 정치적으로 중요한 의미를 지닌다. "현재 순간의 두꺼운 지금"은 벤야민이 '지금-시간'Jetztzeit이라고 부르는 것이다(Barad, 2017b, 21쪽). 코로나타임은 또한 인종주의적·계급주의적·지정학적·생태학적·체계적 폭력의 유령학적 영향에 주목하게 했다(Bozalek, 2021; Bozalek & Pease, 2021; Bozalek 외, 2020).

12　바라드(2014, 184쪽)의 앞선 인용문을 참조하라.

카린: 제가 출판한 연구를 돌아보며 세미나의 영향과 '행사' 전, 중, 후에 캐런과 나눈 대화를 추적하는 것은 매우 어려웠어요. 캐런이 지적했듯이, 각 출판물은 시간적으로 열려 있으며 대화는 계속됩니다(Barad & Gandorfer, 2021, 133쪽). 다양한 가닥을 제대로 파악하고 '새로운 것'을 정확히 찾아내는 것은 불/가능하더라도 쉽지 않았습니다. 비브도 이런 경험을 하셨나요?

비브: 네, 그렇습니다. 바라드가 시간 회절에 관한 논문에서 언급했듯이, 새로운 것은 비결정적입니다. 즉 새것과 낡은 것은 서로 공존하며, 여러 시간성 속에서 서로 분리할 수 없이 얽혀 있습니다(Barad, 2018). 이것은 또한 우리가 낡은 것을 버리고 새로운 것을 시작하지 않는다는 것을 의미합니다. 낡은 것과 새로운 것은 항상 이미 연관되어 있기 때문입니다. 예를 들어, 신유물론은 마르크스주의 이론에 빚을 지고 있습니다. 바라드가 주엘스키에르와 슈벤네센(Juelskjær & Schwennesen, 2012, 13쪽)과의 인터뷰에서 말했듯이, "회절은 방법론으로서나 물리적 현상으로서나 새로운 것의 시간성을 낡은 것과의 연속성에서의 단절로 간주하지 않습니다." 세미나에서 캐런이 설명한 것처럼, 시간 회절은 여러 시간성의 예시를 통해 '새로운 것'이 '낡은 것'을 대체한다는 개념에 심오한 혼란을 일으켰습니다. 이는 반복적으로 존재하게 되는 시공간에 대한 심오한 경험이며, 우리에게는 계속해서 두꺼운/지금으로 출현하는 것입니다.

세미나로의 반복적 귀환은 닫힌 것이 아니라 열려 있으며, '우리'를 위한 '새로운' 아이디어를 계속해서 생성할 것이다. 그러나 바라드는 이 새로운 것은

> 찾을 수도 없고 소유할 수도 없음을 다시금 상기시킨다. 과거도 미래도 결코 닫혀 있지 않다. 새로운 것은 시간 속에서 생성되는 것이 아니라 새로운 시간성, 새로운 가능성의 활동적 생성이며, 여기서 '새로운 것'은 아직 오지 않은 것의 흔적이다... (c)는 복제권을 소유하는 것을 나타내는 것이 아니라 차이를 생산하는 데 수반되는 책임(누구를 위해 어떤 대가를 치를 것인가?)을 나타낸다.
> (Barad, 2007, 383쪽)

세미나 전, 중간, 후에 통찰의 별자리가 계속 번쩍이며 밤하늘을 환하게 밝힌다. 밤하늘에 나타나는 복잡하고 정교한 패턴은 우리의 협력이 연대기적 시간에 대해 다르게 생각할 수 있는 잠재력을 어떻게 제공하는지, 그리고 이것이 대응 가능한 연구와 교육학에 왜 중요한지를 알려준다.

밤하늘 장

인간과 비인간을 '질의답변'에서 '질문의 교육학'으로 이동시키기

월터 코한, 로즈-앤 레이놀즈, 카린 머리스

연구 세미나 2일차 2017년 6월 11일.

캐런 바라드가 2017년에 발표한 논문 "시간 교란하기와 무의 생태학: 허공 속에서 삶과 죽음의 불/가능성에 관하여"는 논문 수행[1] 후 철학적 탐구 커뮤니티 세션의 영상과 사진으로 되돌아간다. 월터는 논문 발표 후 바로 질의답변Q&A 세션으로 넘어가는 대신 세미나를 위해 테이블과 의자를 말발굽 모양으로 배치한 형태에서 원형으로 의자를 배치해 달라고 요청했다([그림 BB.1] 참조). 이 원형 배치는 테이블과 의자 배열을 파괴하고 다른 방식의 움직임을

---

1 캐런 바라드가 논문을 소리 내어 읽는 것이 어떻게 수행되는지 "밤하늘 장"을 참조하라.

가능하게 한다. 세미나 공동-진행자로서, 우리는 사건에 대한 반복적 되-돌아가기와 철학적 탐구 공동체Community of Philosophical Enquiry, CoE와 아동을 위한 철학Philosophy for Children, P4C 교육학에 영감을 받은 학문적 교육적 실천을 통해 회절한다. P4C의 CoE 정신은 학교 교실뿐만 아니라 고등교육, 세미나, 워크숍, 컨퍼런스 등에서 교육과 연구에 영감을 준다. 일반적으로 컨퍼런스 발표 후 이루어지는 정형화된 1:1 교환에 저항하며, CoE에서 제시된 텍스트를 이해하는 것은 공유와 탐구의 과정이다(Murris & Haynes, 2018). 이는 생각과 말뿐만 아니라 움직임과 신체를 포함하며, 협력적 질문을 이론과 실천의 핵심으로 삼는다(Murris, 2016).

여기에는 더 많은 것이 있다. 1:1 교환은 학문적 대화에서 특정 정치를 재현한다. 일반적으로 강의를 듣는 한 사람이 모르는 것을 질문하고, 다른 사람이 그에 대해 답하는 구조가 형성된다. 이런 이중적인 일방적 관계는 대화를 빈곤하게 만든다. 또 각 참가자가 지식, 사고, 자신, 타인, 진리와 맺는 관계를 제한하게 된다. 이는 지식-권력의 위치를 고정하고 '전문가', '심오한', '진부한', '미성숙한', '피상적인' 등의 범주에 따라 교육적 주체화를 방해하는 경향이 있다. 때로는 질문-응답 관계의 정치성이 더욱 의심스러울 수 있다. 질문이 알고자 하는 욕구가 아니라 영역을 표시하거나 위장된 도전으로 제기될 수 있기 때문이다. CoE는 이러한 권력-지식의 불균형을 해소하는 데 도움을 준다. CoE에서는 질문이 최소한 잠정적 긍정이나 알지 못하는 척하는 것이 필요하며, 답변은 긍정 또는 아는 척을 요구하지 않는다.

[그림 BB.1] 웨스턴케이프 노르트훅에 위치한 몽키밸리 컨퍼런스센터(리조트의 허가를 받아 리조트 웹사이트에서 가져옴).

가르치는 것은 단순히 답변하는 것에 그치지 않거나 답변하는 것이 주된 목적이 아니다. 배움도 질문하는 것만으로는 충분하지 않다. 가르침은 보다 개방적이고 다양한 인식론적 입장을 취하며, 수평적이고 측면적이며 다방향적 방식으로 함께 생각하는 것이다. 대학과 학교에서 이 권리가 보호되지 않더라도, 모든 사람은 질문하고 답할 권리가 있다. 이는 누가 답변하고 누가 질문하는가 뿐만 아니라, 우리가 우리의 질문과 답변, 그리고 타자의 질문과 답변을 어떻게 관계 맺는가에 관한 문제이기도 하다. 가르친다는 것은 다른 사람들과 함께 생각하는 것이며, 인간과 인간 이외의 존재가 대화에 참여하는 것을 포함한다.

사고는 신체에 국한되지 않는다. 그럼에도 불구하고 사고는 항상 이미 "있음과 있지 않음의 근간을 불안정하게 하는 정체성의 안/하기를 포함하는… 내면의 타자"를 포함하는 일련의 초개인적 움직임이다(Barad, 2019, 532쪽). 우리는 바라드의 비판적 포스트휴머니즘이 컨퍼런스, 워크숍, 연구 세미나, 웨비나뿐만 아니라 모든 교육 단계에서 새로운 교육학을 요구한다고 주장한다. 우리는 포스트휴머니즘적·신유물론적·포스트질적 연구자들이 주최하는 행사에서 여전히 관행처럼 굳어진 질의답변 모델에 문제를 제기한다. 외부에서 강요하지 않더라도 이론, 아이디어, 철학이 동일한 습관에 도전하는 동안 교육적 관행이 어떻게 지속되는지 궁금하다.

이와 대조적으로 이번 세미나에서는 우리의 비/정상적 교육학 관행에 따라 철학적(지혜의 사랑-사랑의 지혜) 아마추어-비전문가적 차원의 가르침, 즉 지식의 소유와 전달이 아니라 지식에 대한 사랑의 관계로서의 가르침으로 돌아가고자 한다. 그러나 프레이리Freire가 《페다고지》(그린비, 2009) 끝부분에서 말했듯이 자본주의에서 사랑한다는 것은, 즉 비즈니스와 소비주의, 자기 홍보의 논리를 넘어 사랑한다는 것은 매우 어려운 일이다(Freire, 2005). 전문화에 저항하고 우리가 '성장'하고 더 '성숙'해지며, 그와 함께 '우리'(어른)가 '우리 것'으로 만든 논리를 배우지 않으려는 지속적 노력이 필요하다. 질문과 답변과 관련해 우리 입장에 의문을 제기하는 것은 세계를 알고, 세계와 함께 생각하며, 세계와의 관계에 의문을 제기하는 사랑의 길일 수 있다.

질문의 교육학

일종의 긴장과 모순이 교육자가 공간에서 생활하는 방식을 괴롭힌다. 우리는 공간에 거주할 때 우리가 생각하고 기록하는 것을 잊어버리곤 한다. 숨겨져 있고 침묵하며 잊혀져 더 이상 생각하거나 기록되지 않는 무언가가 있다. 또 우리가 생각하는 동안에는 우리 생각에서 잊히거나 숨겨진 것을 잊어버리기 쉽다. 우리는 자신의 '머릿속'[2]에서 일어나는 일에 너무 얽매여 있어 우리가 알지 못하는 일이 일어나고 있을지도 모른다. 또 무슨 일이 일어나고 있을까? 우리는 스스로에게 "우리가 '다른 사람'이 반응할 수 있도록 할 때, 들려줘야 할 '다른' 이야기는 무엇일까?"라고 묻는다.

이 장에서는 '아동과 같은 질문의 교육학' 실천을 통해 이러한 질문을 다시 한번 상기하고자re-minding 한다. 이는 무엇을 의미하며, 더 정확히 말하면 어떻게 작동할까? 이 글에서는 세미나의 비디오 녹화에서 영감을 받아 우리가 질문과 어떻게 관계를 맺는지, 질문이 어떤 관계를 조성하는지, 그리고 CoE에서 답변하기보다 질문하기에 어떻게 더 관여하는지 철학적으로 살펴본다. 몇 가지 초기 설명이 필요할 수도 있다. '아동과 같다'는 것은 '아동기에서 영감을 받았다'는 뜻이다. 아동기는 자연화되거나 본질화된 것이 아니라 물질적·담론적으로 구성된 역사적이고 논쟁 가능한 개념이

---

2   우리는 '머리'라는 단어를 인용부호 안에 넣어 그 단어를 아이러니하게 사용했음을 나타낸다. 바라드(2007, 21쪽)가 지적했듯이 "우리는 사람들 뇌의 '어딘가'에 결정적으로 의도하는 마음 상태가 존재한다고 생각하는데 익숙하다."

다. 그렇다면 이러한 영감과 연결되는 질문은 나이로서의 아동기가 아닌 물질화된 시간으로서의 아동기가 질문의 교육학 측면에서 영감을 주는 것은 무엇일까? '아동과 같은 질문'은 어떤 의미에서 교육학의 해체적(파괴적) 에너지를 키울 수 있을까(Barad, 2017b; Derrida in Cixous & Derrida, 2019; Haynes & Murris, 2021; Murris, 2022)? '아동과 같은 질문'은 방법이나 프로그램으로 이해되는 것이 아니라 진리의 논리가 아닌 경험의 논리, 즉 교육 환경에 서식하는 방식으로 이해된다. 어떤 질문이 '옳은' 질문인지 판단할 때, '옳음'이 정의가 아닌 진실을 가리킨다면 이 질문 자체(질문이 '옳은' 질문인지 여부)는 '옳은' 질문이 아니다. 바라드가 우리에게 고려하도록 자극하는 것은 후자다. 질문은 단순한 언어적 진술이나 담론이 아니라 물질적이거나 물질적-담론적[3]이기도 하다. 그것은 삶과 죽음의 가능성을 포함한다. 세미나 세션 초반에 캐런 바라드가 낭독한 글이다(필자의 강조).

무와 마주한다는 것, 그 충만함을 만진다는 것은 무엇을 의미할까? 이 질문은 단순히 추상적으로 답할 수 있는 것이 아니라 신체로 반복해서 물어야 하는 질문이다.

다음 절에서는 질문의 교육학에 대한 예로서 세미나에서 한 가지 연습을 단어, 이미지, 오디오를 사용하여 설명한다. 교육자의

---

3   물질과 담론 사이에 있는 하이픈의 중요성에 대해서는 이 책의 "서론"을 참조하라.

경우, 이것은 '자기'-질문하고, 알고 있거나 아는 척하는 권위자의 위치를 해체할 수 있는 가능성을 제시한다(Barad, 2017b). 이것은 우리가 주인으로서 인식론적으로 배운 것을 반복적이고 무한히 재학습하는 것과 유사하다. 질문의 교육학이 '주인의 집'[4]을 해체할 수는 없겠지만, 캐런 바라드는 대담에서 우리가 "관여하여" "다른 이야기를 들음으로써 다른 사고방식을 열 수 있다"고 제안한다. 이것이 바로 질문의 교육학이 할 수 있는 일이다.

대부분의 참가자가 말굽형 세미나 자리 배치에서 테이블과 의자를 옮기는 데 도움을 주었다. 이제 우리는 벽난로 주변 공간을 확보하고 원형으로 배치된 의자에 앉아 대등한 신체로 앉아 있다([그림 BB.3]). 교육자인 월터가 요청한 대로 연습이 시작된다. 더 이상 사람과 사람을 구분하는 테이블이 없고 의자 사이 간격이 줄어들어 서로 더 가깝게 앉을 수 있다. 우리는 매우 쉽게 움직일 수 있고 여러 방향으로 주의를 집중할 수 있다. 소규모 그룹을 쉽게 구성할 수 있으며, 전형적인 세미나 형태에서는 모든 사람이 한 사람(발표자 캐런 바라드)에게 집중하고 종이나 노트북에 글을 쓰며 집중하게 된다. 데이터 프로젝터와 스크린 덕분에 캐런은 참가자들 앞에 홀로 앉게 되고, 참가자들은 캐런이 텍스트를 다시 보고 소리 내어 읽는 것에 영향을 받으며 반복되는 세계되기에 침전된다.

이와는 대조적으로, 새로운 설정은 교육적으로 탐구 커뮤니티를 구축함으로써 다른 종류의 세계화 과정에 기여한다. 이러한 구

---

4 "오렌지 장 회절적 드로잉"을 참조하라.

축은 물질(가구)이 담론적으로 사용되는 방식과 얽혀 있다. 테이블과 의자를 배치하고 신체를 움직이는 과정에서, 캐런이 논문을 읽은 후 질의답변의 필요성을 방해하는 다른 내부-작용과 분위기가 유발되고 조성된다. 원형으로의 이동은 교육 공간에서 중요한 것에 인간 이외의 존재를 포함시키는 의미를 가지기도 한다. 신발뿐만 아니라 무릎까지 드러나는 인간의 신체는 더 이상 테이블 뒤에 숨겨지지 않는다. 이러한 신체 노출과 취약성은 우리가 '그것'이나 '그들'을 인식하지 못하더라도 항상 이미 학습의 일부인 다종의 참가자들에게 주의를 기울이게 한다. 여기에 불의 빛과 열, 유리창을 두드리는 빗소리, 우리 몸속의 박테리아, 불타는 나무, 이른 아침 수영을 부르는 파도, 질문하고 싶은 욕구, 그리고 함께 생각하기 위해 필요한 '타자'에 대한 개방성이 포함된다.

전통적인 주인의 위치에서는 함께 생각하는 데 필요한 역량이 동등하지 않다. 아무도, 또는 아무것도 열등하거나 우월한 상대와 함께 생각하지 않는다. 보다 비위계적인 윤리-존재-인식론이 필요하다(Barad, 2007). 미셸 세르Michel Serres는 "아동들의 항해, 그것이 바로 그리스어에서 비롯한 교육학paidagogia이란 어원의 적나라한 의미다: 배움은 방황을 시작한다"(Serres, 1997, 8쪽)라고 상기시킨다. 방황하는 아동은 질문하는 교육학에 영감을 준다. 우리는 움직여야 한다. 실수하기 위해서. 다른 공간을 점유하고 그 대가로 점유되어 그 공간에서 응답을 허용해야 한다. 바라드가 한 인터뷰에서 설명한 바와 같이 응답-능력은 "타자의 응답을 초대하고, 환영하고, 가능하게 하는 문제"다. 즉 문제는 응답 능력, 즉 응답할 수 있는 능력

검은 피가 중요하다 장

이다(Barad in Kleinman, 2012, 81쪽). '응답'이라는 단어의 어원은 매우 흥미롭다. 이 단어는 인도유럽어 어근 *'pen'*과 관련이 있으며, 이는 라틴어 *'pensare'*(생각하다)와 영어 'ponder'(숙고하다)라는 단어에도 나타난다. 응답은 제안하고 다시 약속하는 것과 같다. 여기에는 덜 인간적인 존재와 인간 이외 존재의 응답(제안, 약속)도 포함된다. 우리는 우리가 선택했기 때문이 아니라('우리'가 그들에 의해 '선택'되었기 때문에 책임을 회피하는 것도 아니다), 우리가 우주의 물질적 존재의 행위적 일부이기 때문에 우리가 제정하는 데 도움을 준 행위적 절단에 대한 책임이 있다. 바라드의 말처럼:

> 절단은 의지적 개인이 아니라 '우리'가 '일부'인 더 큰 물질적 배열에 의해 주체적으로 제정된다. 우리가 물질을 제정하는 데 참여하는 절단이 중요하다. 사실 윤리는 타자가 자아의 근본적인 외부인 것처럼 타자에게 반응하는 것이 아니다. 윤리는 기하학적 계산이 아니다. '타자'는 결코 '우리'와 멀리 떨어져 있지 않으며, '타자'와 '우리'는 '우리'가 제정하는 데 도움을 주는 바로 그 절단을 통해 공동 구성되고 얽혀 있다. 절단은 '사물'을 함께 그리고 따로 자른다. 절단은 외부에서 제정되는 것이 아니며 단번에 제정되는 것도 아니다. (Barad, 2007, 178-179쪽)

행위적 실재론에서 세계는 인간 착취를 위한 무한한 원료의 원천이 아니라, 돌봄이라는 응답-능력이 있는 과학적 실천에 대한 강력한 윤리적 약속이다. 캐런 바라드의 발표와 존재감, 그리고 우리의 대화는 '개인적' 차원과 '전문적' 차원에서, 그리고 이 둘 사이의 구분을 문제시하는 것을 포함하여 모두 내부-작용적으로 다르게 생각하고 살아가라는 열린 초대다. 내부-작용적으로 산다는 것은 특정 얽힘에 대한 결정('행위적 절단')을 포함해 기존의 범주화에 저항함으로써 (인간의) 신체가 무엇이며 무엇을 할 수 있는지를 재구성하는 것을 의미한다. 개념은 '나', '우리', '커뮤니티', 및 '탐구'라는 특정 얽힘과 물질적 구성을 가정한다. 포스트휴먼적으로 탐구 커뮤니티를 구축하기 위한 조건은 무엇일까?

불에 이끌림

우리는 이미 소박한 방의 반대편으로 이동했다([그림 BB.1]). 불은 몸을 따뜻하게 한다. 향수를 불러일으키는 나무 연기 냄새가 아늑함을 더한다. 흑인과 유색인 직원들이 나무 조각으로 벽난로를 장식하고 커피를 제공하며 우리의 요구에 응한다. 몽키밸리로 되-돌아온 필자들은 아파르트헤이트 인구등록법이라는 식민지 유산에 사로잡힌다. 이 법은 일부 사람들을 흑인 또는 유색인종으로 분류했으며, 아파르트헤이트가 '종식'된 지 수년이 지난 지금까지도 폭력적으로 시행되는 사회경제적 제약은 여전히 남아 있다. 인종차별은 놀라울 정도로 어디에나 존재한다. 따뜻하게 데워지는 불과 다르게 타는 듯한 열기가 느껴진다.

몽키밸리 리조트는 드넓은 노르트훅 해변을 내려다보고 있다.

검은 피가 중요하다 장

겨울이다. 창문을 통해 몰아치는 비를 바라보고, 울부짖는 바람 소리를 듣고, 바다 소금과 모래 냄새를 맡으며 밖으로 나가 대서양의 파도가 해안으로 부서지는 모습을 보면 이러한 감각이 더욱 강렬해진다.

'난이도 조절자'(Haynes & Kohan, 2018)인 월터는 방금 수행한 캐런 바라드의 논문[5]에서 선택한 핵심 개념33*[6] 목록을 플립 차트에 적는다([그림 BB.2]). 우리는 '촉진자'facilitator보다 '난이도 조절자'difficulta-tor라는 용어를 선호하는데, 이는 질문의 역할 중 하나가 자연스러운 것을 탈자연화하고, 단순하게 제시된 것을 복잡하게 만들며, 빠르고 쉬운 답을 피하고, 질문을 항상 진행 중인 상태로 유지하기 때문이다.

시간/기억하기(재구성원화하기)

되-돌아가기

허공/침묵

비결정성

물질

회절하기

듣기

---

5   나중에 "시간 교란하기와 무의 생태학: 허공에서 삶과 죽음의 불/가능성에 관하여"(2017a)로 출판된 논문의 일부다.

6   이것은 행위적 절단(Barad, 2007, 148쪽)으로, 월터가 우리를 물리적으로만이 아니라 다른 방식으로도 움직인다는 것을 의미한다.

몸

함께-존재하기

왜 이런 개념들이 존재하는 걸까? 다른 개념들도 있을 수 있다. 아동의 여정은 경로, 리듬, 운명에서 가변적이다. 난이도 조절자는 모든 사람에게 이 두 가지 개념이 포함된 질문을 만들거나 찾거나 주의를 기울이도록 권장한다. 생각의 길은 질문에서 시작된다. 여기서 시작한다고 해서 반드시 시간순으로 첫 번째 단계를 의미하는 것은 아니며, 아이오닉aionic[7]의 강렬함을 의미할 수도 있다. 질문은 생각하기 위한 힘, 충동, 움직임과 같은 열린 시작일 수 있다. 질문은 다양한 경로를 제시하며 하나의 경로가 언제든지 다시 시작되거나 새롭게 시작될 수 있음을 시사한다. 질문은 방황을 불러일으킬 수 있다. 이미 방황하고 있는 독자는 '왜 다른 길은 안 되고 이 길만 시작해야 하는가'라고 질문할 수 있다. 공동의 여정에서 또 다른 질문은 또 다른 초대가 된다. 우리는 멈추고, 초대에 주의를 기울이며, 다시 시작한다. 아마도 이것은 교사가 하는 일과 관련이 있을 것이고 다른 일이 진행되고 있을 것이라고 궁금해한다. 교사는 이 연습에서 무엇을 할까? 다른 신체의 제스처를 주목하자. 그 제스처에 주의를 기울이고, 함께 질문하고 생각하도록 초대하는 제스처에 주의를 기울이자.

---

7 크로노스(양적 시간), 카이로스(기회)와는 다른 고대 그리스어로 시간을 뜻하는 아이온(aion)에서 유래했다. 헤라클레이토스의 상징적인 단편 52에 따르면 아이온은 아동이 통치하는 시간이다(Marcovich, 1967 참조).

검은 피가 중요하다 장

[그림 BB.2] 개념의 난이도 조절. 비디오 데이터 스크린샷.

질문의 '시작'은 우연적이고 임의적이다. 때로는 교사가 좋은 선택지를 제시하지 못하거나 '학생', 의자, 시, 또는 바다 같은 것들에 의해 시작되기도 한다. 아동 같은 교육학은 또한 이미 다른 곳, 다른 사람들, 세계의 타자로부터의 초대에 열려 있는 것과 관련이 있다. 독자들은 왜 다른 것이 아닌 이 시작을 강조하느냐고 반문할 수도 있다. 우리도 그 이유를 명확히 알지 못한다. 불확실성과 비/결정성[8]은 여정의 필수적인 부분이다. 이는 우리의 주의를 요구하고 촉진한다. 우리는 세계와 함께, 세계 속에서 '주변'과 그 너머의 것들, 즉 여기와 저기, 지금과 그때, 때로는 동시에("밤하늘 장"에서 '유령학' 참조) 존재하는 것에 귀를 기울여야 한다. 우리는 시작도 끝도

---

8   행위적 실재론에서 세계는 비/결정되어 있으며, 지속적으로 세계화되고 있다(Juelskjær 외, 2021, 15쪽). 교육자의 '절단'은 이러한 세계되기의 일부다. 바라드는 이를 행위적 절단이라고 부른다. 질문은 세계를 만드는 절단에 내부-작용적으로 참여하는 것이고, 분리된 개별 신체에 의해 이루어지는 것이 아니다.

없는 여정에서 나타날 수 있는 것에 민감하게 반응해야 한다. 우리는 예상치 못한 것뿐만 아니라 예상할 수 없는 것, 즉 예상하지 말아야 할 것에 대해서도 알고 있다(Marcovich, 1967, 18쪽, Heraclitus 참조). 독자는 여전히 왜 다른 시작이 아닌 이 시작이냐고 질문할 수 있다. 우리는 어떤 시작도 피하고 싶지 않다. 그래서 우리는 이 '시작'에 주목한다.

왜 이런 개념일까? 우리도 그 이유를 명확히 알지 못한다. 여러 가지 복합적인 이유가 작용했을 수 있다. 캐런의 발표를 듣기 전에는 시작에 대한 개념이 없었고, 단순히 몇 가지 개념을 나열했을 뿐이다. 그 중 일부는 복잡하고 이해하기 어려운 특성을 가졌을 수도 있다. 어떤 개념은 그들이 촉진하리라고 생각하는 여정을 떠올리게 할 수도 있다. 이런 개념들이 참가자가 교사의 역할에 대해 생각하는 데 도움이 될 수 있을까? 또는 예상치 못한 방황에 대한 신호를 제시하고 어떤 종류의 학습을 유발할 수 있을까? 덜 자극적이고 불편하거나 불쾌하다고 여겨져 다른 개념들을 피한 것은 아닐까? 이러한 개념이 반드시 제공될 필요는 없었다. 다른 개념들도 영감의 원천이 될 수 있었을 것이며, 어떤 사람들은 대화에 초대할 수 있는 대담자 역할을 할 수도 있다.

"남아 있는 건 내가 예전의 교사가 될 수 없다는 불가능성"

어떤 운동은 우리의 주의를 요구한다. 월터는 이런 개념들이

검은 피가 중요하다 장

'역행적'involutive 방식으로 우리의 주의를 집중시킬 수 있다고 단언하며 다음과 같은 질문을 던진다. "캐런 바라드의 행위적 실재론은 들뢰즈적 의미에서 역행적 존재론인가?" 그리고 덧붙인다. "이 존재론은 진화와 발전의 반대 방향으로 나아가고 있는 것일까?" 이런 질문을 왜 제기하는지 우리도 잘 모르겠다. 필요했을까? 아닐 수도 있다. 기술 용어와 철학적 전문 용어가 너무 많다. 이런 질문들이 함께 생각하는 과정이 진행 중이며 어떤 연관성을 고려할 수 있다는 것을 암시하는 것일까? 아니면 이런 질문들이 우리가 여전히 학문적 맥락에 있다는 것을 상기시키기 위해 질 들뢰즈와 같은 철학자의 이름과 그들의 철학적 역사와 연결되어야 한다는 필요성을 반영하는 것일까? 이러한 용어들이 해체/파괴되고 있는 학문적 전문 용어에 속하는 것일까?[9] 월터는 이 시작이 그렇게 희망적이지 않다는 것을 깨달은 듯하다. 그는 곧 소그룹에게 플립차트에 있는 개념들 중 적어도 두 가지 이상의 개념으로 질문을 작성해 보라고 권유한다([그림 BB.2] 참조).

---

9 리우데자네이루의 철학 및 아동기 연구 센터(NEFI-UERJ)는 '함께 이야기하다'라는 '콜로키움' 개념에 따라 2년마다 철학과 교육에 관한 국제 콜로키움을 개최한다. 주최 측은 "모르는 것을 배우는 것이 목적이 아니라, 우리가 알고 있다고 생각하는 것을 서로 연관 지어 이야기하고, 확신을 반복하기보다는 질문을 던지는 것이 목적인 행사"라며, 발표를 원하는 모든 사람의 발표와 참석을 초대한다. 따라서 기존의 발표만 듣는 행사(솔리-로키움)와 달리, 이 콜로키움은 커뮤니티 안에서 연습을 제안하고, 함께 생각하며, 의미와 감각을 구성하기 위해 모인다. 우리는 강의를 싫어하는 것이 아니라, 오히려 영감을 주고 감동을 주는 사람들의 이야기를 듣는 것을 좋아한다. 하지만 그들을 위한 공간이 이미 많다는 것을 알고 있다. 우리는 모든 사람이 동등한 기회를 갖고, 경청할 수 있는 급진적 평등 운동을 경험하며 (대학, 사람들, 콘텐츠에) 어떤 일이 일어나는지 보고 싶다. 다음 웹사이트를 참조하라. https://filoeduc.org/11cife/en/home.php#principal

질문을 만드는 것은 우리가 개념과 관계 맺는 방법을 열어주며, 이 장과 아동과 같은 질문의 교육학의 핵심이다. 이는 월터가 왜 특정 개념을 선택했는지(혹은 개념이 그를 선택했는지?) 이해하는 또다른 방법이 될 수 있다. 질문은 인간과 인간 이외의 존재가 얽혀 있는 방황의 방식이며, 이 관계성에서 어떤 종류의 방황이 나올 수 있을지 궁금하다. 이 시점에서 캐런 바라드는 원형 소그룹 배열의 '바깥'에 서서 이 장에서 나열한 질문의 공식화에 직접 참여하지 않으면서도 탐구가 진행됨에 따라 연결점을 만들며 주의 깊게 경청한다. 때로는 큰 소리로, 때로는 제스처를 통해 안/밖의 이분법에 문제를 제기한다. 예를 들어, 캐런은 손을 입에 대고 있다가 웃으면서 손을 입에서 떼어내며, 질문을 던진 그룹의 일원이 "우리는 매우 조화로운 토론을 했어요"라고 시작하자 그의 웃음소리가 방안의 더 많은 웃음으로 이어진다.

캐런이 던진 질문의 물질성, 우리가 소리 내어 표현한 연결에 대해 고민하며 모두 함께 웃고 생각하는 동안, '안'과 '밖'이 없는 원 안으로 그룹을 끌어들인다. 개념과 생각은 이미 원의 일부이기 때문에 우리는 그들과 함께 놀고 작업할 수 있다. 철학적 탐구 커뮤니티의 사고 작업은 항상 존재론적으로 주어진 물질 세계와 얽혀 있다(Reynolds, 2019).

강의 이후 캐런은 더 이상 교수로만 남아 있지 않다(어쩌면 캐런은 이제 교수/학생/학습자/참가자/질문자/그리고…). 역할이 바뀐다. 새로운 게임의 규칙은 명확하지 않다. 캐런은 새로운 역할을 찾고 있다([그림 BB.3], 서론의 [그림 G.5] 참조).

[그림 BB.3] 캐런은 의자들로 이루어진 원 '밖' 커피 테이블 옆에 서 있다(사진 속 사람들의 허락을 받아 게재함).

이 질문은 더 많은 움직임을 불러일으킨다. 세미나 당시 한 지역 대학의 물리학 강사가 다른 참석자의 발언을 언급한다. 그는 대학 전문가들이 명확한 경계가 있는 명확한 공간을 차지하고 있다는 데 동의하지만, 그 빈 공간을 다시 차지하자는 제안이 있을 때 학생들의 저항이 있을 것이라고 지적한다. 카린은 월터가 난이도 조절자를 맡은 탐구 커뮤니티에 이어 다음 세션을 이끌고 있는 테레사 지오르자에게 시선을 돌린다.[10]

> **카린:** 지금이 좋은 순간일 것 같습니다.
>
> **테레사:** 좋아요. 이제 우리는 온종일 앉아서 머릿속으로만 생각했으니, 조용히 일하도록 초대합니다. 밖으로 나가서, 외부의

---

10   테레사 지오르자는 "붉은 황토색 장"의 저자다.

무언가를 경험해 보세요. 당신의 외부가 내부에 있을 수도 있습니다. 이원론에 문제를 제기할 수도 있습니다. 따라서 저는 여러분에게 5분 동안 조용히 산책하면서 떠오르는 질문과 논문과 관련된 작업, 그리고 지금까지 진행된 세계, 특히 허공에 대해 생각해 보라고 요청합니다. 그리고 돌아오면 여기에 몇 가지 자료가 있을 것이니, 조용히 무언가를 골라 작업할 수 있습니다.

산책을 마치고 돌아온 모든 사람에게 테레사는 방 곳곳에 전시해 놓은 자료를 가지고 작업하도록 초대한다. 그녀는 모든 이들에게 라이트박스가 준비된 원 중앙으로 재료와 관련된 아이디어를 가져오라고 초대한다([그림 BB.4]).

다시 원 안의 의자에 앉은 테레사 지오르자는 모두에게 잠시 생각의 시간을 갖고 [그림 BB.4]의 예술 작품에 추가할 단어나 문구를 생각해 보라고 요청한다. "작품의 재료가 철학적 탐구에 어떤 의미를 더할 수 있을까?"라고 묻는다. 모두가 차례로 답변하고, 캐런이 '추적하기'를 언급하며 질문으로 마무리한다: "이 작품을 이 공간에 가져온다는 것은 어떤 의미일까?" 월터는 캐런의 질문이 학습에 관한 탐구 프로젝트에서 "남은 것은 내가 예전의 교사가 될 수 없다는 불가능성이다"라는 한 교사의 증언을 떠올리게 한다고 말한다.

캐런은 작품 설치에 대한 토론에 관심을 보였고, 세미나가 공식적으로 끝나기 전 마지막 라운드의 초점이 되었다. 캐런은 "시간

검은 피가 중요하다 장

[그림 BB.4] 예술 작품 설치: 동물 되기. 비디오 데이터 와/속 스크린샷(총 5장. 다음 페이지에 이어짐).

의 비방향성"과 이 설치물이 얼마나 빨리 완성되었는지에 대해 놀랍다고 말했다. 이어진 라운드에서 참석자들은 할 말을 잃었다. 이 세미나가 사람들의 사고, 느낌, 학문적 작업에 미친 영향과 이 엄청나게 풍부한 경험을 표현할 단어를 찾는 데 몇 년이 걸렸다.

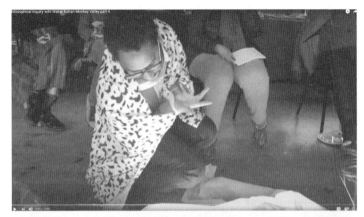

　　　　　　　　　　　　　　　검은 피가 중요하다 장

침묵은 질문을 말하기인가?

중요한 것은 동영상으로 돌아가면서 질의답변 세션에서 예상보다 더 많은 대화가 오간다는 것을 알게 되었다는 점이다. 우리는 '대담'dialogue보다는 '대화'conversation라는 개념을 더 선호한다. 어원적으로 '디아로고스'dia-logos는 '로고스(이성)를 통해'라는 뜻이고, 라틴어로 대화는 *condia-logos(com)*('함께')과 *versare*('동행하다', '함께 살다')로 이루어져 있다. 대담은 너무 많은 방식으로 사용되고 오용되어 거의 의미가 없는 개념처럼 보일 정도로 잘못 취급되는 개념 중 하나다. 대화는 더 개방적이고 시적으로 들리며, 개방성과 시는 아동과 같은 질문의 교육학이 요구하는 바다.

질문에 더 많은 에너지를 주는 질문이 나온다: "침묵의 경험은 어떤 종류의 기억을 허용할까요?" 월터는 이 질문이 단순히 질문을 던지는 것이 아니라 침묵 자체가 행위임을 확인시켜 준다고 지적한다. 캐런이 다시 대화에 참여하면서 "허공은 말하는 침묵입니다"라고 말하며 감동을 표현한다. 캐런은 그들이 "놀라운 시"라고 부르는 시, 즉 "종!"Zong!을 언급한다(www.nourbese.com/poetry/zong-3/ 참조).[11] 캐런은 캘리포니아대학교 산타크루즈 캠퍼스UCSC에서 누베세 필립NourbeSe Philip이 이 시를 낭송하는 모습을 들었을 때의 감동적 경험을 들려준다. 그들은 너무 감동해서 움직일 수 없었다고 한

---

11 동영상 링크에서 누베세가 9개국에서 선보인 60회 이상의 "종!" 낭독/공연 중 일부를 확인할 수 있다. 2020년 낭독은 열흘간 진행되었으며, 이 장의 초록 마감일인 2020년 11월 30일에 시작되었다.

다. 그래서 이 책의 공동-편집자들이 이 장의 색상을 고려할 때 '검은 피'가 제목으로 적절하다고 생각한 이유를 설명한다. 마른 피의 검은색, 흑인 노예들의 고통과 아픔을 기억하는 검은 피는 물질적으로나 담론적으로나 중요한 의미를 지닌다. 검은 것은 중요하다. 피는 중요하다. 검은 피는 중요하다.

이 장의 집필을 준비하며 행사 영상을 보면서 시인 누베세 필립과 시에 대한 캐런의 언급을 추적한다. 이 시는 182페이지에 달하는 책 한 권 분량의 시로, 전적으로 사건 보고서 Gregson v. Gilbert 에서 나온 단어들로만 구성되어 있다. 이 시는 18세기 말 리버풀에서 출발해 서아프리카를 거쳐 자메이카로 향하던 노예선 '종'Zong [12]에 대한 이야기다. 선장 루크 콜링우드는 항로를 잃고 보급품이 부족해지자 일부 '화물'을 버리기로 결심한다. 그는 보험 회사에 화물 손실에 대한 보험금을 청구하기로 결정하고 Gregson v. Gilbert(1783), 약 130명의 아프리카인을 배 밖으로 던져 익사시킨다. 이 학살은 1781년 11월 29일에 시작되어 열흘 동안 진행되었다. 우리는 위 링크에서 이 끔찍한 시의 낭송 중 일부를 보고 들으며 깊은 감명을 받았다.

종!은 말할 수 없지만 반드시 말해야만 하는 이야기를 들려준다.
노래, 신음, 외침, 맹세, 울부짖음, 저주, 염불이 뒤섞인 종!은 법적
텍스트를 발굴한다. 기억, 역사, 법이 충돌하고 변형되어 시의 조
각으로 변모한다. 종!은 푸가와 혁신적인 대위법을 반복해 사용

---

12 '종'은 영국이 나포한 네덜란드 노예선이다. 원래 이름은 '조르그'(Zorg)였는데, 아이러니하게도 네덜란드어로 '돌봄'을 뜻한다!

검은 피가 중요하다 장

하여 시적 형식의 경계를 확장하며, 잊혀진 것을 망각하고 애도하는 공간을 유령처럼 떠돌게 하는 반서사적 애도가 된다.[13]

이름조차 알 수 없는 노예들의 삶을 이야기하는 것은 쉽지 않았을 것이다. 그러나 이 시는 살해당한 노예들의 이름에서 영감을 얻어 음악에 맞춰 낭송되었다. 캐런은 이 시와 그 낭송에 대한 경험을 공유하면서 "이것이 바로 제가 가진 질문입니다. 이것이 바로 말하는 침묵에 대한 질문입니다"라고 말한다. 월터는 캐런의 질문이 문법적으로 질문의 형태를 갖추지 않았다고 말한다. 그는 캐런이 침묵도 말할 수 있고 질문할 수 있다고 말하고 있는 것 같다고 추측한다. 또 침묵의 언어는 전통적인 질문 형식을 취할 수는 없지만, 침묵은 질문의 한 형태일 수 있다는 점을 지적한다. 즉 침묵의 언어는 또 다른 질문의 언어를 드러내는 것이다.

따라서 철학적 탐구 공동체에서 질문은 질의답변 틀에서 작동하는 방식과는 매우 다른 역할을 한다. 여기서 질문은 단지 모르는 사람이 질문을 던지고, 알고 있는 사람이 답하는 논리에 갇히지 않는다. 철학적 탐구 공동체에서는 반드시 답을 얻기 위해 제기된 질문이 아닌 질문을 던지는 것이 '아는 자'의 역할이다. 대신 질문은 사고와 행동의 다양한 경로를 불러일으키고, 차별화하며, 개방하고, 빛을 비추며, 개념이 숨을 쉴 수 있도록 한다. 이로 인해 근본적으로 다른 질문의 동역학이 나타난다.

---

13 출처: www.nourbese.com/poetry/zong-3/

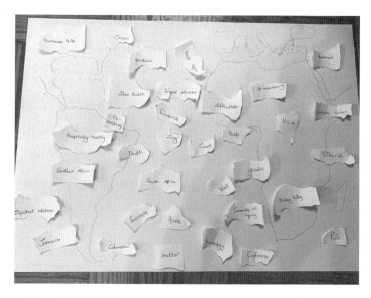

[그림 BB.5] 개념들과 세계(로즈-앤의 사진).

우리는 세미나를 통해 더 깊이 이해하게 된 시간 회절의 방법
론을 채택하여 '지금' '이' 순간으로 되-돌아간다. 이를 바탕으로 탈
식민화 유아 담론 프로젝트에서 매주 진행하는 주간 독서 그룹에
서 캐런 바라드의 여러 저서, 특히《우주와 중간에서 만나기: 양자
물리학, 물질과 의미의 얽힘》(2007) 등을 다시 읽으며 이 장의 내용
을 발전시켜 나갔다.[14]

이 장을 쓰고 다시 쓰면서, 로즈-앤은 월터가 플립차트([그림
BB.2])에 적은 개념을 바탕으로 생각하고, 캐런 바라드 세미나의 현
상과 얽힌 공간, 장소, 시간을 추적하며 2020년에서 2021년, 그리

---

14   www.decolonizingchildhood.org/reading-group 및 책 소개를 참조하라.

고 2017년 이전으로 여행하며 다른 개념들을 추가한다. 출발지와 도착지는 단선적인 타임라인의 어느 한쪽에 있는 것이 아니라 여러 번 되돌아갈 수 있는 층위에서 발생한다. 바라드(2017a, 68쪽)는 "(심지어) 선형성조차도 내부로부터 급진적인 재작업에 취약하다"고 제안한다.

로즈-앤은 이 장의 공동 집필 과정에서 더 많은 개념과 세계를 다루기를 원한다. 필자, 참여자, 난이도 조절자, 2017년, 2020년, 18세기 노예무역이 시 "종!"에서 다시 언급되는 등 다양한 개념들이 등장한다. 그녀는 아들에게 A2 용지에 세계 부조 그림을 그려달라고 부탁하고, 그 그림 위에 A4 용지에 적은 몇 가지 개념, 키워드, 단어를 함께 고려하게 한다. 이 종이를 찢어 각 개념을 따로 떼어낸 후, 지도 그림 위에 무작위로 배치한다([그림 BB.5]). 이런 움직임은 사물이 어디에 있을 수 있는지, 장소가 무엇이라고 불릴 수 있는지, 이름을 붙일 수 있는지를 혼란스럽게 만든다. 식민지 시대의 이름은 페이지의 흑백을 뚫고 더 넓은 세계로 뻗어나간다.

이것들이 바로 단어/개념이다:

자메이카

누베세 필립

노예 항로

미국 **자메이카**

난이도 조절자

해안

검은 피가 중요하다 장

시간

바다

질문

아파르트헤이트

유령학

전환

시간적 회절

듣기

세미나 둘째 날, 테레사는 그룹에게 밖으로 나가서 외부/내부 이분법에 대해 고민해 보라고 부드럽게 요청한다. 로즈-앤은 2020년에 바깥으로 걸어 나가면서 2017년 몽키밸리에서 테레사가 던진 외부/내부 이분법을 문제시하는 도발로 되돌아간다. 로즈-앤은 A2 용지를 집 '밖'으로 어색하게 들고 나가면서[15] 크기와 팔의 길이, 현관문의 크기, 바람의 세기로 인해 힘겨운 싸움을 벌인다. 그녀는 그것을 지면/바닥/잔디 위에 놓는다. 큰 종이가 바람에 들리면서 모든 단어들이 흩어진다([그림 BB.6]). 그녀는 개념과 단어가 고정되지 않는 것에 충격을 받고, 인간이 통제할 수 없는 것을 즐긴다. 대서양 해안선 옆 케이프타운의 노예 항로에 살고 있는 그녀는 배 밖으로 던져지는 노예들의 비명을 다시 떠올리게 된다. 이 모든

---

15 남아프리카공화국은 2020년 말 코로나19 감염의 두 번째 파동을 겪고 있으며, 거의 5개월간의 엄격한 봉쇄에서 벗어난 남아프리카공화국은 외부와 내부가 매우 다른 의미를 갖게 된 또 다른 복잡한 시기에 접어들 것이다. 월터, 카린, 로즈-앤은 현재 세 개의 다른 대륙에서 줌 통화를 하고 있다. 코로나19 팬데믹은 이들 모두에게 영향을 미치고 있다.

[그림 BB.6] 흩어진 개념들(로즈-앤의 사진).

것은 여전히 우리의 글쓰기에 파문을 일으키고 있는 질문의 움직임의 일부다. 2017년으로 되돌아가서, 나중에 "시간 교란하기와 무의 생태학: 허공에서 삶과 죽음의 불/가능성에 관하여"(Barad, 2017a)로 출간된 글의 일부를 처음 읽으면서 캐런과 월터가 모두 남아프리카공화국에 도착하기 위해 대서양을 건너/횡단/통과했다는 사실에 충격을 받는다. 캐런은 미국 출신이고 월터는 남아메리카 출신이다. 2017년에는 여권, 비자 그리고 돈이 있는 사람들에게는 항공 여행이 대부분 자유로웠다.

우리가 교육적으로 다르게 배치하기 위해 테이블과 의자를 세미나실의 다른 공간인 난로 주위에 원형으로 옮겨놓을 때, 어떤 사고와 존재 방식이 불/가능하게 될까? 남아프리카공화국 노르트훅의 몽키밸리 같은 식민지에서 이 철학적 탐구 공동체는 어떻게 작동할까? 장소는 중요하지만 장소는 한곳에 있지 않다.

> 이 땅은 텅 비어 있지 않고, 오히려 삶과 죽음의 물질적 조건인 모든 불/가능성의 물질과 맞물려 있다. 이 허공 속에서 살고 죽어가는 것은 (인간)남성이라는 명칭에서 배제된 수많은 존재들이다. 허공 속에 존재하는 것은 식민화와 인종화된 폭력이 겹겹이 쌓여도 견디는 모든 사람들, (포스트)휴먼이 타자로 간주하고 인간 이하, 반인간, 비인간으로 제쳐두고 낙인찍은 모든 사람들이다.[16]

캐런에게 인간을 정의하는 것은 "기억re-membering하고 정의롭게 애도하는 문제", 즉 "죽은 자, 과거와 미래의 유령에 대한 우리의 관계와 책임"이다.[17] 노예의 죽음을 애도하는 작업은 다시 돌아가는, 즉 되-돌아가는 작업이다.

> 그것을 다시 또 되-돌린다. 분해하고, 퇴비를 만들고, 부식질을 뒤집으며, 인간 예외주의라는 독이 든 토양 위에 세워진 인간 개념을 무효화한다. 이는 인간보다 다른 모든 존재에게 특권을 부여하기 위해서가 아니라, 비뚤어진 반전을 통해 우리의 비인간

---

16 이 텍스트는 세미나에서 캐런이 수행한 두 번째 논문이다. "밤하늘 장" [그림 NS.1] QR 코드에 액세스하면 논문을 읽을 수 있다.

17 이것은 바라드가 수행한 논문에서 발췌한 것이다. 각주 14번 참조.

성의 무한한 깊이와 다르게 살고 죽을 수 있는 무한한 가능성을
이해하기 위해서다.[18]

　　이 장의 끝은 (그리고 끝이-아닌) 우리의 지속적인 탐구 여정이다.
우리는 더 이상의 설명을 덧붙이기보다, 시에 깊은 영향을 받은 채
그 허공을 질문으로 가득 찬 침묵으로 존중하고자 한다. 대신 시, 몽
키밸리, 탐구, 질문, 작품 설치의 여러 이미지를 공유했다. 세미나
의 영향과 지정학적 위치는 여전히 우리의 마음에 깊이 남아 있다.
　　"질의답변에서 '질문의 교육학'으로 인간과 비인간의 신체를
움직이기"라는 제목의 마지막 부분은 질문 양식을 다루며 다음과
같은 질문을 제기한다. "인간과 비인간의 신체를 질의답변에서 아
동과 같은 '질문의 교육학'으로 옮기는 것이 왜 중요한가?" 신체에
묻은 검은 피를 조용히 기억하다 보면 어느새 글을 멈출 시간이
다가온다. 질문은 멈추지 않는다. 이 예비적 질문(이 장의 글쓰기)이
끝나면 이 마지막 질문은 또 다른 질문과 만날 것이다. 그리고 질
문은 다시 시작될 것이다. 그리고 또 다시. 동참하고 싶은 자 누구
인가?

18　각주 11번을 참조하라.

신성한 실천으로서의
기억하기-재구성원화하기 re-membering

로즈-앤 레이놀즈

기억 re-membering

기억은 단순히 인간 마음의 주관적 능력이 아니라, '인간'과 '마음'은 세계의 시공간물질되기Spacetimemattering 풍시경landtimescape 의 일부다. 기억은 세계의 구체성, 즉 반복적으로 재구성되는 퇴적된 역사성의 지울 수 없는 흔적으로 세계의 세계되기 속에 기록된다. (Barad, 2017a, 84쪽)

이 장에서 나는 바라드(2007, p. iv)의 주장, 즉 "기억은 완전히 또는 간단하게 지워지거나 덮어쓰거나 복구할 수 있는 고정된 과거의 기록이 아니다"라는 점을 인식할 것을 촉구한다. 이 글에서 내가 공유하는 기억은 내 것이 아니다. 그 기억들은 내(개인의) 머리나 신체에 저장되어 있지 않고, 현재 내가 타이핑하는 키보드 자판을 통해 내 손으로 공유되고 있다. 오히려 이러한 기억은 "우주의 물질되기mattering에 접혀진 발화들"(Barad, 2007, p. ix)이며, 나의 '개인적인' 기억도 포함된다. 이 기억들은 다를 것이다. 그것들은 변화하는 우주의 살아 있고 지속적인 제정이다. 나는 이 기억들을 되-돌아보지 않을 것이며, 이 기억들은 현재로 떨어지지 않을 것이다. 그것들은 이미 여기 있지만 사라졌고, 이미 과거이지만 다르다.

나는 아파르트헤이트 시대의 남아프리카공화국에서 자랐다. 아동기와 청소년 시절 아파르트헤이트 교육과 의무교육을 견뎌냈으며, 넬슨 롤리하라 만델라가 최초의 흑인 대통령으로 선출되기 전 해인 1993년에 학교에 입학했다.[1] 아파르트헤이트 정책과 관행으로 분열되고 상처를 입은 같은 식민지 땅에서 같은 시스템으로 교사가 되었다. 이 글은 이야기나 정화된 역사가 아니라, 아파르트헤이트의 아동이자 '포스트' 아파르트헤이트 남아프리카공화국에서 그 체제를 통해, 그리고 그 체제를 넘어 성장한 교사로서의 삶을 고통스럽게 기억하는 것이다. 이 장에서 나는 시간을 거슬러 올라가는 것이 아니라, 남아프리카공화국에서 아동기와 성인기로 살았던 삶을 물질적으로 재구성할 것이다. 따라서 "성스러운 실천으로서의 기억"(Barad, 2017a, 76쪽)을 제정한다. 이 장의 작업은 과거

---

1   남아프리카공화국 공립학교에서 고등학교 마지막 학년 최종 12학년 시험을 통과한 학생은 졸업 자격을 얻는다.

도 아니고 사라진 것도 아닌 아동기와 성인기의 미묘한 복잡성의 얽힘을 추적하는 것이 될 것이다. '나'의 아동기, 아파르트헤이트 시대 남아프리카공화국에서의 성장, 교육 경험 등이 얽힌 자전적 불/가능성은 이 장 전반에 걸쳐 기억으로 회절된다.

이런 기억re-membering의 재구성이 가능했던 것은 2017년 6월, 박사 과정에 전념하던 중 캐런 바라드를 만나는 근본적이자 인생을 바꿀 만한 경험을 했기 때문이다. 이 만남은 국립연구재단의 지원을 받는[2] 유아기 담론의 탈식민화 프로젝트가 남아프리카 케이프타운에서 주최한 세미나에서 이루어졌다. 이 세미나를 준비하면서 케이프타운대학교에 기반을 둔 대학원 비판적 포스트휴머니즘 주간 독서 그룹은 캐런 바라드의 영감을 주는 획기적 저서인《우주의 중간에서 만나기: 양자물리학, 물질과 의미의 얽힘》(2007)을 읽기 시작했고, 이 책에서 바라드에 대한 이야기를 나누었다. 이 책은 2017년에 내가 미처 알지 못했던 방식으로 중요한 의미를 갖게 될 것이다.

우리 독서 그룹에서는 2017년 초, 세미나를 앞두고 캐런 바라드가 아낌없이 공유해 준 "시간 교란하기와 무의 생태학: 되-돌아가기, 기억하기, 헤아릴 수 없는 것과 마주하기"(Barad, 2017a)의 선공개 버전도 함께 읽었다. 이 글은 내 박사 학위 논문 전체, 특히 이 장의 기반이 되는 논문의 첫 번째 장에 큰 영향을 주었다(Reynolds, 2021). 바라드의 글은 오타케 에이코Eiko Otake가 일본어에서 영어로

---

2 www.decolonizingchildhood.org을 참조하라.

번역한 하야시 쿄코Kyoko Hayashi의 2005년 소설《트리니티에서 트리니티로》From Trinity to Trinity를 통해 강력하게 회절되었다. 세미나가 끝난 직후 나는《트리니티에서 트리니티로》를 구입했으며, 1945년 일본 나가사키에서 원자폭탄이 폭발했을 때, 책에서 묘사했듯이 화염에 휩싸인 아동들의 텅 빈 책상 이미지가 내 신체와 정신에 여전히 생생하게 남아 있다.

뜀뛰기 탐방

바라드(2017a, 70쪽)는 하야시 쿄코가 고통스럽게 수행하는 '뜀뛰기 탐방'을 "식민주의의 구체적인 물질적 얽힘 속에서 식민주의의 헤아릴 수 없는 폭력을 이해하려는 시도에서 식민주의적 사고를 가로지르고/취소하는 구체화된 물질적 작업"으로 설명한다. 나는 이 장에서 피폭지 탐방 또는 시간 회절을 방법론으로 사용한다. 뜀뛰기 탐방을 이해하려면, 양자장 이론QFT을 통해 퀴어이론을 회절적으로 읽은 바라드가 개발한 시간 회절을 이해하는 것이 중요하다. QFT는 서양 형이상학을 통해 기존에 이해되던 시간 개념에 문제를 제기한다. 시간 회절은 "주어진 입자가 과거, 현재, 미래에 공존하는 등 여러 시간에 불확정적으로 공존하는 상태에 있을 수 있다"는 경험적 발견에 기초한다(Barad, 2017a, 67쪽). 이 장의 함의는 시간적 회절을 "시간의 존재론적 불확정성"으로 생각해야 하므로 시간(따라서 아동기)에 대해 매우 다르게 생각해야 한다는 것이다

(Barad, 2017a, 68쪽). 나는 1994년 이후를 포함한 나의 학교 교육과 아파르트헤이트 교육에 대한 선형적인 설명 대신 뜀뛰기 탐방이라는 방법을 사용하여 얽힘과 차이를 추적할 것이다.

이 장의 제목인 '신성한 실천으로서의 기억하기're-membering는 바라드(2017a, 70쪽)의 논문에서 따온 것이다. 몽키밸리에서 열린 세미나에서 이 논문을 듣고 보고 느끼며 영향을 받을 수 있는 특권을 누렸기에 내 생각의 신체에 깊은 무게가 실린다. 나는 '기억하기'를 're-membering'으로 생각하는 것이 남아프리카공화국에서 성장한 다양한 이야기의 여러 부분을 다시 이야기함으로써 드러나는 "식민주의, 인종주의, 군사주의의 얽힘"(Barad, 2017a, 61쪽)에 주목하는 강력한 방법이라는 것을 발견했다. 시간 회절을 통해 이해되는 것처럼, 성스러운 실천은 "시간성이 구체적으로 서로 꿰어져 있기 때문에" 성스러움의 다양한 반복을 포함한다(Barad, 2017a, 67쪽).

바라드는 논문 "시간 교란하기"에서 하야시 쿄코의 소설 《트리니티에서 트리니티로》를 회절적으로 읽었다. 이 회절적 독해는 2017년 세미나에서 바라드에 의해 (다시) 재조명되었다. 저자 하야시 쿄코는 1945년 8월 9일 나가사키에 원자폭탄이 투하되었을 때 열네 살의 아동이었다. 원자폭탄은 학교 근처에 떨어졌지만, 제철 공장에서 일하던 그녀는(전쟁을 지원하기 위해 같은 반 친구들 모두 제철 공장에서 교대 근무를 해야 했기 때문에) 죽지 않았다. 소설 《트리니티에서 트리니티로》는 나가사키를 파괴한 폭탄을 기억하는 그녀의 이야기다. 하야시는 피폭 후의 참혹한 상황을 다시 떠올린다. 같은 반 친구 52명이 사망했고, 그녀는 학교의 빈 책상을 기억하며 그 책상에 앉아 있던 아동들을 떠올린다. 그녀는 원자폭탄 생존자를 일본어로 히바쿠샤hibakusha라 부르며 그들의 슬픔에 관해 쓴다. 많은 아동이 선생님 품에서 죽었고, 부모가 죽어 제자를 묻어줄 사람이 없어 선생님들은 제자를 묻어줘야 했다.

하야시는 나가사키와 뉴멕시코주 산타페의 트리니티 유적지를 오가며 소설의 제목을 지었다. 뉴멕시코주 산타페의 트리니티 기지는 미국 땅에서 최초로 원자폭탄을 실험한 장소다. 바라드(2017a, 64쪽)는 "방법론으로서의 회절은 특정 아이디어의 물질성에 항상 이미 얽혀 있는 것을 분명히 하기 위해 서로 반대되는 것이 아니라 서로를 통해 통찰을 읽어내는 문제"라고 설명한다. 나 역시 교사로서의 자신과 아파르트헤이트 전쟁의 아동 사이를 오가며(Reynolds, 2021, 36쪽), 박사 과정 연구자로서 의자(책상)와 몽키밸리 세미나에 대한 글을 쓰면서 그 사이를 오간다. 레지오 에밀리아에서 영감을 받은 교육이 바라드의 행위적 실재론 이론을 통해 어떻게 회절될 수 있는지를 보여주는 '그림자 이야기: 과학과 내레이션의 만남의 시학'이라는 제목의 DVD를 사용한 발표 후,[3] 캐런 바라드는 감동을 받아 "내 세포가 기쁨으로 뛰고 있다, 이것이 바로 과학을 가르치는 방법"이라고 말했다. 이는 나가사키 상공에 투하되어 교실의 책상을 텅 비우고 신체를 증발시킨 원자폭탄을 만든 과학과는 전혀 다른 과학이다.

우리는 원자폭탄이 폭발한 1945년 8월 9일 오전 11시 2분으로

---

3 카린 머리스, 테레사 지오르자, 수마야 바바미아, 로빈 톰슨, 조안 피어스, 로즈-앤 레이놀즈가 발표자다.

시간을 거슬러 올라가지 않는다. 또 1945년 7월 16일 오전 05시 29분 산타페에서 첫 원자폭탄 실험이 있었던 현장으로도 거슬러 올라가지 않는다. 우리는 항상 1945년, 2022년, 2017년, 그리고 다시 1945년에 있다. 바라드(2017a, 70쪽)에 따르면, 하야시 쿄코가 수행한 뜀뛰기 탐방은 "위태로운 것은 (그것이 가능한 것처럼) 시간을 바로 세우는 것이 아니라 시간, 보편적 시간, 순간이 한 번에 하나씩 모든 곳에서 동일하게 존재하며 연속적으로 서로를 대체한다는 개념을 무너뜨리는 것"이라는 것을 보여준다.

탄력적인 숫자선

몽키밸리에서 캐런 바라드의 글 "시간 교란하기"를 처음 읽었을 때 나는 날짜와 숫자, 그리고 이들이 작동하는 방식과 그 영향에 깊은 인상을 받았다. 이 장의 숫자와 날짜는 전통적인 추상적 개념의 연대기적 이정표가 아니다. 또한 시공간에 위치한 단순한 날짜도 아니다. 엘리자베스 드 프레이타스Elizabeth de Freitas와 나탈리 싱클레어Nathalie Sinclair(2017, 77쪽)는 수학적 개념으로서의 숫자와 날짜가 단순한 추상이 아니라 "물질적 배열"이며, "추상을 창의적 추측의 과정으로 다시 생각해야 한다"고 주장한다. 이 때문에 숫자와 날짜는 "물리적 출현"과 "경험적 역사"를 가지고 있다(de Freitas & Sinclair, 2017, 77쪽).

방법으로서의 기억re-membering은 선형적 연대기를 따르지 않는다. 내가 어디에 있었고 무엇을 하고 있었는지, 그리고 '그' 세계에서 어떤 일이 벌어지고 있었는지를 단순히 기억해 내려는 것이 아니다. 숫자와 날짜는 마치 퍼즐 조각을 맞추는 것처럼 이야기를 반복하는 듯한 인상을 줄 수 있지만, 그것이 전부는 아니다. 1967년, 1982년, 1985년, 2021년, 1990년, 1950년, 2017년, 1945년에 대해 쓰거나 말할 때, 이는 단순히 과거의 특정 시점이나 미래의 약속된 순간을 나타내는 선상의 날짜가 아니다. 숫자 선 자체가 하나의 개념으로 작용한다. 이 장에서는 숫자의 중요성과 숫자 선에서 숫자가 개념으로 작동하는 방식이 글쓰기와 읽기 방식을 어떻게 바꾸는지를 설명한다. 드 프레이타스와 싱클레어(2014, 2017)는 학교에서 숫자 선으로 작업하는 방식을 재구상하고 탄력적으로 재구성할 것을 제안한다. 이 개념이 흥미로운 이유는 숫자의 비결정성 측면에서 의미하는 바가 있기 때문이다. 정수 사이에는 가상의 실수가 포함되어 있으며, 따라서 숫자 선은 "두 고정된 점 사이에 포함된 간격이 아니라 떨리는 잠재력의 공간"이 된다(de Freitas & Sinclair, 2017, 80쪽). 그러므로 1985년과 1986년, 1967년, 1990년, 2017년에 대한 다른 종류의 읽기가 필요하다. 이것들은 고정점이 아니라 비결정성으로 인해 살아 숨 쉬는 활기찬 선이 된다. 페미니즘적 관점과 날짜 및 시간으로서의 숫자 선에 대한 불안정한 이미지, 뜀뛰기 탐방과 재기억의 개념을 통해 나는 내 이야기의 일부를 공유한다. 내 이야기는 아파르트헤이트 시대에 자랐기 때문에 더욱 특별하게 다가온다. 아파르트헤이트의 지속적인 존재 없이는 이해할 수 없는 남아프리카공화국의 아동기를 다시 상상하는 것이 이 연구의 주제다.

아파르트헤이트 시대의 남아프리카공화국

내가 태어난 1977년은 케이프타운에서 1,812킬로미터 떨어
진 남아프리카공화국 북부 콰줄루나탈의 작은 시골 마을 우봄보
에 있는 선교 병원인 베데스다 병원에서 단순한 날짜나 연도가 아
닌, 탄력적인 숫자선 위에서 떨리는 가능성으로 존재한다. 1975년
부터 1980년까지 의사로 일한 아버지는 이 선교 병원에서 농촌 지
역 사회를 위해 봉사했다. 교사였던 어머니는 우리 집 뒷마당에서
유치원을 운영했다. 1980년, 누나가 여섯 살이 되면서 의무교육을
시작해야 했다. 아파르트헤이트 정부 정책에 따라 누나는 아파르
트헤이트 국가에서 유색인종으로 분류된 아동들만 다니는 학교에
다닐 수 있었다. 우리가 살던 우봄보 근처에는 유색인종 아동을 받
아주는 학교가 없었다. 이러한 아파르트헤이트 정책으로 인해 부
모님은 케이프타운으로 이사를 결심하게 되었다. 그러나 케이프
타운에서는 1966년 제36호 집단지구법[4]에 따라 유색인종 지구로
지정된 지구에서만 거주할 수 있었다. 이 법은 아파르트헤이트 법
과 관행에 따라 특정 인종 범주에 지리적 생활 및 업무 지구를 할

---

4   1966년 제36호 집단지구법은 아파르트헤이트 인종차별 정책에 따라 사람들을 강제로 분
    리했다. 이 법은 피부색과 인종에 따라 사람들을 집에서 쫓아내고 다른 지역으로 이주시
    키는 것을 포함했다. 또 사람들이 살 수 있는 곳과 살 수 없는 곳을 결정했다. "법 시행 후
    강제로 집에서 쫓겨난 사람들은 여러 세대에 걸쳐 영향을 받았다"(O'Connell, 2019, 38쪽).

당함으로써 분리를 강제했다. 또한 이 법은 특정 아파르트헤이트 인종 그룹에게만 토지의 소유권과 점유를 허용했다. 인종은 신체의 흔적으로 존재하며, 인종차별은 아파르트헤이트의 핵심이었다. 2022년에도 인종은 남아프리카공화국의 역사에서 빼놓을 수 없는 부분으로 남아 있다. 이 장에서는 흑인, 유색인종, 백인 등 아파르트헤이트 인종 분류에 대문자가 아닌 소문자를 일부러 사용했다. 아파르트헤이트의 인종 구분에 따라 유색인종으로 분류되지만, 나는 스스로를 남아프리카공화국 흑인이라고 밝힌다.

다시-상상하는 아동

나는 [그림 R.2]의 사진 속 아동이기도 하고 그렇지 않기도 하다. 이 사진은 아동기의 나를 찍은 것이지만, 그 이미지를 보면 '아동'이라고 부르는 어린 사람이 보이지만, 그 아동 자체는 아니다. '아동'이라는 개념은 특정한 존재를 가리키기보다는 하나의 현상을 나타낸다. 즉 아동은 다른 인간, 공간, 장소 등 인간 이외의 요소들과의 관계 속에서 존재한다. 이 장의 작업은 데이터, 특히 이미지를 다르게 읽으면서 이미 존재하는 얽힘과 다른 많은 얽힘을 추적하는 것이다. 나는 개별적이고 고립된 주체가 아니라, 이 아동과 아동기를 구성하는 현상의 일부다.

나는 '현재'라는 시간 속에서 계속 살아가며, 한때 존재했던 과거

[그림 R.2] 그네를 타고 있는 아이(길버트 로렌스의 사진을 허락받아 게재함).

로 돌아가려는 독립적이고 통합된 자율적 주체가 아니다. 나는
그 과거를 재작업하거나 시간의 연쇄 속에서 중요한 시점을 재
구성하려는 시도를 하지 않는다. 또한 이러한 과정이 결정론적
인 방식으로 앞으로 전파되어 역사가 다시 쓰여질 것이라고 생
각하지 않는다. (Barad, 2017a, 70쪽)

나는 이제 막 45세가 되어 2022년 초, 캐런 바라드에 관한 이 책에 이 장을 되-돌아보고 있다. 아동과 아동기라는 기표는 더 이상 부모에 대한 언급이 없고, 내가 그들의 자녀라는 언급이 없는 한 나를 설명하는 데 사용되지 않는다. 이러한 담론을 깨기 위해 나는 아동 및 아동기 이론 철학자인 월터 코한과 함께 작업하고 있다. 특히 아동기에 대한 그의 단선적 시간을 교란하는 이론에 초점을 맞추고 있다. 코한(2014, 14쪽)은 "아동기에 대한 틀에 박힌 지배적인 관점은 아동기가 원치 않는 것에서 원하고 바람직한 것으로 나아가는 점진적 과정이기 때문에 성인기와 관련하여 부정적인 것으로 간주된다"고 주장한다.

코한은 아동기에 대한 지배적 관점을 거부하고 문제를 제기하며, 아동기를 "연대기적으로뿐만 아니라 아이온적으로도 성인이 될 수 있는 가능성의 조건"으로 상상할 것을 요청한다(Kohan, 2014, 19쪽). "시간의 강도와 지속 시간을 의미하는 아이온적 시간은…아동기가 삶의 한 단계를 넘어 인간 경험의 가능성, 잠재력, 생명력이라고 생각할 수 있게 해준다"(Kohan, 2014, 17쪽). 나의 아동기는 1981년에 찍은 사진([그림 R.1])을 통해 존재하며, 이 사진은 나와 세계가 아이온적으로 얽혀 있는 한 예를 제공한다. 디지털카메라와 스마트폰으로 일상의 순간을 쉽게 포착하는 현재를 생각하면, 당시 사진 촬영 과정은 매우 달랐다. 사진은 우리가 다시는 기억할 수 없는 아동기를 시간으로 '보고' 접근할 수 있는 특별한 역할을 한다. 이를 위해서는 사진을 찍은 사람, 즉 아동기의 나와 그 시공간에 있었던 사람들이 필요하다. 1981년 당시 필름 카메라로 사진을 찍는 과정은 복잡하고 비용이 많이 들었다.[5] 필름 롤을 컬러로 현상하는 데 시간과 비용이 많이 소요되었고, 노출은 12, 24, 36 세 가지만 있었다. 필름을 다 사용한 후에는 빛에 노출되지 않도록 조심스럽게 다시 캐니스터에 감아야 했다. 그 후 필름 롤을 필름 처리 실험실로 가져가 네거티브 필름으로 현상한 후 인화지에 포지티브로 인화했다. 네거티브 필름은 확대기에 넣어 이미지 크기를 늘리며, 확대기는 이미지를 뒤집어 인화지에 투사해 포지티브 이미지를 만들어낸다. [그림 R.1]의 사진은 10cm×15cm 크기다. 현상 작업은 생일 파티, 개학, 결혼식, 장례식 등 특별한 행사가 끝난 후 몇 달 후에 이루어지는 경우가 많았다. 돈을 지불하고 사진을 봉투에 담아 집으로 가져올 때면 정말 흥분되곤 했다. 끈적끈적하고 반짝이는 사진 더미를 넘기면서 조심하라는 말을 들었던 기억이 새록새록 떠오른다. 지문이 묻지 않도록 손가락을 사진의 가장자리에 대고 넘겨야 했고, 사진을 앨범에 넣기 전에는 몇 번이고 다시 꺼내 보곤 했다.

박사 학위 논문을 쓰기 시작할 때, 나는 [그림 R.1]의 이미지를 중심으로 작업을 진행했다. 이 사진은 내가 여러 번 되돌아본 것이며, 특히 빨간색 니트 저지가 눈에 띄었다. 편집자들이 장의 색상을 선택해 달라고 요청했을 때 나는 주저 없이 빨간색을 선택했다. 사진, 내 신발, 사다리, 그리고 뒤에 주차된 푸조에도 빨간색이 많이 등장한다. [그림 R.4]의 공책에는 아파르트헤이트 국가를 빨간

---

5 아마추어 사진작가 브랜든 레이놀즈(Brandan Rynolds)와의 대화.

색으로 표시하라고 지시한 선생님의 권위를 상징하는 빨간색 체크도 있다. 그러나 [그림 R.3]에서 누나와 사촌, 내가 입은 교복에는 빨간색이 없다. 타우시그(Taussig, 2009)가 "신성한 것은 어떤 색인가?"라고 묻는 말이 떠오른다(그가 성스러운 단어와 빨간색의 관계를 언급한 것에 주목한다). 다양한 형태와 모양의 빨강을 몇 번이고 되돌아가면서 살펴보며, 빨강은 단순한 색을 넘어 '포함된 타자'로 변화하여 아동과 아동기의 현상을 '신성한 실천으로' 기억하는 과정에서 나타나게 된다.

아동기의 선

[그림 R.1]로 되돌아가 보자. 빨랫줄이 처지고 두 개의 어린 다리의 곡선이 무릎을 살짝 구부린 채 떨어지지 않으려고 버티고 있는 모습에 주목하라. 이 이미지 속에는 여러 가지 선들이 있다. 한 가지 선은 태어날 때부터 시작하여 아직 오지 않은 미래를 향해 한 방향으로만 나아가는 발달적이고 단선적인 선이다. 다른 선은 아동이 포함된 이미지를 통해 더 많은 것을 발견할 수 있는 방식을 안내한다. 또 다른 선은 아동기와 성인기를 오가며 연구자와 연구의 연관성을 다시 상상하게 한다. 그리고 또 다른 선은 공동-연구자로서의 아동들에게까지 이어진다. 이들은 연구 대상이 아닌, 현재의 현상의 일부로서 존재한다. 이 모든 교차하는 선들은 처지고, 구부러지고, 물결치며, 점으로 이루어지고, 서로 연결되어 있다.

이 장에서는 이런 선들과 그 선들이 드러내는 아동과 아동기에 대한 식민지적인 물질 담론적 실천을 문제시한다.

장난감 사다리 그네 윗부분은 나무에 묶여 부착되어 있지만, 사진에서는 이 부착물이 보이지 않는다. 사진 오른쪽 상단의 오렌지색 힌트만이 또 다른 사다리 걸이를 암시할 뿐이다. 나뭇가지에 있는 나뭇잎으로 만들어진 수관이 그네가 나무에 부착되어 있음을 추측하게 해준다. 네 살의 나, 사다리, 중력, 나무, 자동차, 그리고 인간이 보거나 느낄 수 있는 모든 요소들(그리고 인간이 보거나 느낄 수 없는 요소들)은 모두 '나의' 아동기라는 현상의 일부다.

사진([그림 R.1])은 아파르트헤이트 정부가 유색인종 집단 거주 지역(헤이젠달이라 불리는)으로 지정한 케이프타운 교외 케이프 플랫츠의 우리 집 뒷마당에서 아버지가 찍은 것이다. 1980년에 엄마, 아빠, 누나, 그리고 복서 개 가디와 함께 우리는 우봄보에서 케이프타운까지 1,768킬로미터를 운전해 갔다. 그 여행에 사용한 적갈색 푸조404가 [그림 R.1]의 진입로에 주차되어 있었다. 2019년에 부모님께 이 사진에 대해 궁금한 점을 이메일로 물었지만, 답변은 충분하거나 완전하지 않았으며 일부만 제공되었다. 아버지는 이메일 답변에서 반-아파르트헤이트 운동가 애슐리 크리엘Ashley Kriel을 언급했다. 애슐리는 내가 그네를 타고 있는 바로 그 뒷마당에서 20세의 나이에 아파르트헤이트 보안국 경찰에 의해 고문당하고 살해당했다. [그림 R.2]는 애슐리 크리엘의 얼굴이 담긴 반-아파르트헤이트 저항 포스터⁶를 회절시킨 사진이다. 이 포스터는 애슐리가 걸었던 풀을 통해, 그리고 같은 뒷마당에서 그네를 타고 있는 아동기의 나를 담은 사진을 통해 회절되었다. 바라드(2017, G106쪽)는 "한때 영원했던 것의 그림자"를 상기시킨다. 회절된 사진을 통해 그네와 잔디, 정원을 되-돌아가면 애슐리는 그곳에 존재하고, 나는 그곳에 없다. 네 살짜리 '나'는 그곳에 존재하다가 사라진다. 시각화할 수 없는 것이 너무 많지만 여전히 현실이다. 애슐리는 우리가 집을 떠난 지 5년 후 그 땅에서 살해되었고, 이는 '과거'로 간주된다. 하지만 "과거는 결코 끝나지 않는다. 그것은 소포나 스크랩북, 감사장처럼 포장될 수 없으며, 우리는 결코 그것을 떠날 수 없고 그것은 결코 우리를 떠나지 않는다"(Barad, 2007, p. ix). 1990년 2월 11일, 넬슨 만델라는 27년간의 수감 생활 후 남아프리카공화국 국민에게 연설하면서 "모든 남아프리카공화국 국민의 자유를 위해 궁극적 대가를 치른 솔로몬 말랑구, 애슐리 크리엘과 같은 움콘토 위 시즈웨[7]의 전투원들에게 경의를 표한다"고 선언했다.

애슐리 크리엘이 살해당했을 당시 나는 지금 6학년이라고 불리는 스탠다드 4,[8]에 재학 중이었고 벨하르에 살고 있었다. 애슐리 크리엘은 케이프타운 케이프 플랫츠의 본테헤우웰에서 태어나고 자란 유명한 반-아파르트헤이트 운동가였다. 그는 초등학교 시절

---

6 2019년 12월 남아프리카 요하네스버그의 아파르트헤이트 박물관에서 애슐리 크리엘 포스터를 촬영했다.

7 이시쇼사어(Xhosa)로 '민족의 창'이라는 뜻의 움콘토 위 시즈웨(Umkhonto we sizwe)는 아프리카 민족회의의 무장 부대였다. 이 단체는 샤프빌 학살 사건 이후 넬슨 만델라 등이 공동 설립했다.

8 남아프리카공화국에서는 학교 학년을 서브A와 서브B로 부르다가 10학년까지는 표준 1, 2, 3에서 10까지로 불렀다.

[그림 R.2] 애슐리 크리엘 기억하기(브랜든 레이놀즈가 제공한 회절 이미지).

부터 학생 지도자로 두각을 나타냈으며,[9] 반-아파르트헤이트 저항 운동에서 젊은이들을 이끌어 보안국의 수배를 받게 되었다. 1985 년 18세의 나이에 그는 잠적할 수밖에 없었고, 아프리카 민족회의

9 https://actionkommandant.co.za은 나딘 클로테가 제작하고 감독한 애슐리 크리엘에 관한 실화를 다룬 영화 웹사이트다.

의 무장 부대인 움콘토 위 시즈웨에 합류하여 군사 훈련을 받기 위해 여러 이웃 국가를 거쳐 앙골라에 도착했다(South African History Online, Ashley James Kriel, 2021). 애슐리는 1987년 남아프리카공화국으로 돌아와 자유를 위한 투쟁을 계속했지만, 그의 목숨은 위태로웠다. 그는 보안국 경찰의 추적을 받아 도시 곳곳의 안전가옥에 숨어 지내야 했다. 결국 그는 보안국 경찰에게 발견되어 살해되었고, 보안국은 진실과화해위원회 청문회[10]에서도 그의 죽음에 대한 설명을 거부해 그의 죽음에 대한 자세한 내용은 끝내 알려지지 않았다. 기억의 작용이란 무엇인가? 기억은 어떻게 작동할까? 기억은 단순히 사람 '안'에만 있는 것이 아니라 마당, 고문 소리, 담벼락과 정원 등에도 존재한다. 나는 헤이젠달의 집에 살면서 뒷마당에서 놀다가 애슐리 크리엘의 죽음에 대해 들었고, 나중에야 그것이 어디서 일어난 일인지 알게 되었다. 나는 아동이자 연구자이며, 다른 아동 참여자들과 함께 인간이자 인간 그 이상의 존재와 마찬가지로 공동-연구자로서 역할을 하고 있다.

아파르트헤이트 학교 교육

[그림 R.3]의 사진은 아버지가 필름 카메라로 찍었으며, 인화 과정은 [그림 R.1]의 사진과 동일하게 복잡한 절차를 따랐다. 사진

---

10 애슐리 크리엘에 대한 진실과화해위원회 청문회. www.justice.gov.za/TRC/hrvtr ans/helder/ct00611.htm.

속에서 교복을 입은 나는 땅 위에 서 있으며, 학교 교육과 학습에서 아동의 신체 경계가 어떻게 형성되는지를 보여준다. "신체 경계의 자명성"은 특정 문화적·역사적 맥락에서 반복되는 신체적 수행의 결과로 나타나며(Barad, 2007, 155쪽), 이는 인간에 의해 정의되고 수행된다. 국경은 육지, 공중, 바다, 심지어 우주에서도 설정되며, 교복은 각 학교에 다니는 신체를 둘러싼 경계를 형성한다. 이러한 경계는 실제와 가상의 성격을 동시에 지니기 때문에 실재한다고 볼 수 있다(de Freitas & Sinclair, 2017, 79쪽). 교복은 그 자체로 수행됨으로써 존재하게 되며, 아파르트헤이트 시대 남아프리카공화국에서 의무교육을 나타내는 구체적인 상징으로 작동한다. 사진은 월요일 아침 등교 전에 찍은 것이다. 사진 오른쪽에 있는 갈색 상자 여행 가방에는 동그란 스티커 두 개와 그 위에 더 많은 스티커가 붙어 있다. 내 파란색 교복은 내가 아파르트헤이트 교육 시스템에서 의무 초등학교 교육을 시작한 1982년을 상징한다. 이 시스템은 학교에 다니는 아동의 인종적 분류에 따라 15개의 분리되고 불평등한 교육 부서로 나뉘어 있었다(Christie, 2009, 139쪽). 남아프리카에서는 1월이 학기가 시작되는 달이며, 1학년은 서브A라고 불렸다. 어머니는 1969/70년에 교사 연수를 마친 후 미국 뉴저지주 캠든에서 시간을 보냈으므로, 정부가 정한 날짜보다 일찍 학교에 다닐 수 있는 기회를 가질 수 있었다. 나는 시골 집 앞에 있는 유치원에 비공식적으로 몇 년 동안 다녔으며, 케이프타운으로 돌아왔을 때 부모님은 내가 정식으로 학교에 다닐 준비가 되었다고 생각하셨다. 부모님은 케이프타운 켄싱턴에 있는 어머니의 직장 근처에서 학교

[그림 R.3] 교복, 매듭과 의무교육의 획일화(길버트 로렌스의 사진을 허락받아 게재함).

를 찾았다. 나는 "스펙과 분지스"spek and boontjies[11]라는 서브A 학급에 배정되었는데, 이 용어는 아프리칸스어로 농담처럼 어딘가에 배치된다는 뜻이다. 대부분의 남아프리카 학교에서 네 살 아이가 서

---

11 '스펙과 분지스'는 아프리칸스어로 농담으로 어딘가에(이 경우 특정 반에) 임시로 배치되는 것을 의미한다. 아프리칸스어는 남아프리카공화국 11개 공식 언어 중 하나다.

붉은색 장

브A에 입학하기는 어려웠지만 선생님은 나를 받아주셨다.

내 옆에 서 있는 여동생은 커다란 갈색 책가방을 들고 있다. 그녀가 눈을 감은 듯 가늘게 뜨고 있는 모습으로 보아 사진을 찍은 사람은 태양을 등지고 서 있었던 것으로 추측할 수 있다. 필름 카메라는 한 번에 한 장씩만 찍을 수 있기 때문에, 완벽한 사진을 찍을 기회가 많지 않다. 사진 맨 왼쪽에는 주말마다 집에 자주 오던 사촌이 보인다. 월요일 아침이면 우리는 각자 다른 교복을 입고 학교로 출발하곤 했다. 여동생은 회색과 노란색 원피스를 입었고, 사촌은 흰색 셔츠와 넥타이를 매고 회색 원피스를 입었으며, 나는 파란색 교복을 입었다. 우리는 세 개의 다른 교복을 입고 각기 다른 학교에 다녔다. 이 사진은 아파르트헤이트 시절 아동들의 정치적 삶에 대한 다큐멘터리 증거라고 주장하고 싶다. 나는 우리 삶의 정치를 "정부의 정치… 아파르트헤이트, 글로벌 자본주의"의 대문자 P와 작은 p로 구분한 힐러리 쟁크스(Hillary Janks, 2010, 186쪽; 2012, 150-151쪽)의 의견에 동의한다. 작은 p와 큰 P로 구분되는 정치 개념은 아동과 아동기에도 적용된다. "개인적인 것은 정치적인 것이다"the personal is political(Janks, 2012, 151쪽). 예를 들어, 1985년에 많은 반-아파르트헤이트 단체들은 아파르트헤이트 국가를 통치 불능 상태로 만들겠다고 맹세했다. 그 결과 시위, 특히 고등학생들의 시위가 증가했다. 애슐리 크리엘과 같은 학생 지도자들의 지도 아래, 교복을 입은 아동과 청소년 들은 아파르트헤이트 국가의 잔혹함에 격렬하게 저항했다.

사진 속 의무적인 교복은 여성의 성별을 명확히 암시한다. 이 교복은 남성/여성이라는 이분법 외에 다른 성별 선택지를 허용하지 않으며, 성별을 하나의 스펙트럼으로 간주하지도 않고 성 중립성도 없다. 모든 학생은 검은색 신발과 다양한 흰색 양말을 착용해야 하며, 교복과 관련된 규칙을 준수하기 위해 머리카락은 가지런히 땋아서 매듭으로 묶어야 한다. 우리는 각자 머리카락을 두 갈래로 땋으며, 앞머리는 깔끔하게 잘라서 눈에 가리지 않도록 한다. 내 머리카락은 올려서 파란색 리본으로 묶는다. 실로바Silova 등 (2018, 147쪽)은 머리카락 매듭과 교복이 정치화되어 있으며, 이러한 매듭이 교복과 여학생으로서의 의식과 함께 매우 성별화된 방식으로 작동한다고 주장한다.

내 여동생, 사촌, 그리고 나는 연필, 도시락, 그리고 정부에서 발행한 교과서(아파르트헤이트 선전을 담고 재생산하는 교과서)를 담을 수 있는 가방을 들고 있었다. 나의 초등학교와 고등학교 시절은 국가의 잔인함과 폭력적인 반-아파르트헤이트 저항이 절정에 달했던 시기여서 쉽지 않았다. 1985년, 나는 [그림 R.4]의 이 연습장을 들고 학교에 다녔다.

[그림 R.4]는 표준 2, 4학년 역사 공책의 한 페이지를 찍은 사진이다. 이 페이지는 나와 우리 반 아동들이 칠판에서 베껴 쓴 내용을 보여준다. 우리는 남아프리카 원주민을 '부시맨'Bushmen이라고 불렀고, 얀 반 리베크Jan van Riebeek가 1652년에 케이프에 '상륙'했다고 배웠다([그림 R.4]의 첫 번째 오렌지색 화살표 참조).[12] 그는 네덜란드

---

12   이 이미지는 다른 모든 이미지와 함께 웹사이트에서 컬러로 제공된다(https://postqualitativere-search.com).

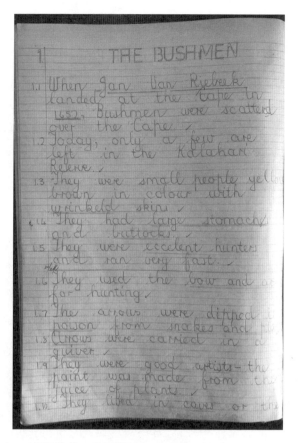

[그림 R.4] 아파르헤이트 교육의 행들(로즈-앤 레이놀즈의 사진).

동인도회사에서 파견되어 동쪽으로 항해하는 네덜란드 선박을
위한 급수소를 개발했고, 케이프타운에 식민지를 세우는 데 중요
한 역할을 했다고 칠판에서 베껴 써야 했다. '상륙'이라는 표현은
남아프리카의 땅과 사람들을 폭력적으로 식민화한 행위를 완곡
하게 표현한 것이다. 두 번째 오렌지색 화살표는 '왼쪽'이라는 단

어로, 산족San으로 알려진 원주민들이 지속적인 원주민 부족 전쟁과 여러 식민지 세력과의 갈등으로 인해 살해되었음을 암시한다(Adhikari, 2010).

별 두 개는 선생님이 발견하지 못한 철자 오류를 나타내지만, 작은 빨간 체크가 표시된 부분은 "주름진 피부"와 "뛰어난 사냥꾼"이라는 단어들이다. 이 단어들은 결합된 글쓰기 방식에서 식물 역사의 잔혹함을 드러낸다. 대부분의 학교 교육은 그림보다 완벽하게 형성된 글을 중요시하며, 이를 강조하고 보상한다. 잉골드(Ingold, 2007)는 서양 아동들이 글자를 그리는 초기 연습에서 필요한 손동작을 훈련받는다고 지적한다. 그러나 이러한 연습의 목표는 제스처를 재현하는 것이 아니라, 페이지에 가능한 한 깔끔하게 글자의 형태를 베껴 쓰는 것이다. 작은 빨간 체크와 중요한 단어에 밑줄을 긋는 데 사용된 색상은 추가적인 폭력성을 나타낸다. 원주민에 대한 언급은 과거 시제로 표현되어 마치 더 이상 존재하지 않는다는 암시를 준다.

원주민, 매듭, 교복, 책가방, 그리고 책으로 넘어갈 때, 이는 "되돌아가고, 되-돌고, 다시 돌면서… 얽혀 있는 다양한 식민 역사에 주목하게 한다"(Barad, 2017a, 69쪽)는 것을 의미한다. 이러한 교복, 매듭, 책, 가방, 그리고 학교의 특수성 속에서 드러나는 식민 역사에는 아파르트헤이트 시대의 상황이 포함된다. 이는 '포스트'가 단순히 과거를 의미하는 것이 아니라 포스트아파르트헤이트 시대의 남아프리카공화국에서 여전히 아파르트헤이트 교육의 일부분으로 남아 있으며, 아파르트헤이트 관행이 현재와 과거, 미래를 관통한다는 것을 의미한다.

실타래 추적

남아프리카공화국의 분쟁, 반-아파르트헤이트 저항, 전쟁, 고통, 고뇌, 희망, 매혹, 사랑의 현장은 우리의 고향이었다. 공원, 학교, 교실, 운동장, 그리고 내가 놀고 그네를 타고 뛰어놀던 모든 장소는 나의 시대, 공간, 역사에 대한 경험을 형성했다. 바라드(2017a, 60쪽)는 "시간과 역사의 경험은 장소에 의해 형성된다"고 주장한다. 이 장에서는 이러한 경험 중 일부를 공유하고자 한다.

캐런 바라드와의 만남은 박사 과정, 신진 연구자, 초기 학자로서 나에게 큰 의미가 있었다. 그의 연구와 이론, 사례는 내 박사 과정 연구의 중심이 되었으며, 2017년 이틀간의 세미나에서 함께한 작업과 이후 논문, 유튜브 게시물, 온라인 세미나, 책의 각 장에서 되돌아볼 때마다 깊은 영향을 받았다. 캐런은 세미나에서 두 개의 논문을 파워포인트로 띄워놓고 큰 소리로 읽어주며 발표했다. 그는 '자신의' 작업으로 되돌아가는 것을 제정했다. 자신이 사랑하는 것에 대한 응답-능력(Juelskjær et al., 2021, 119쪽). 나는 이러한 학문적이고 신성한 실천에 깊은 인상을 받았으며, 바라드의 작품과 내가 사랑하는 작품을 계속 읽고, 다시-읽고, 되-돌아보게 되었다.

이 장에서는 권력을 생산하는 이분법에 이의를 제기하기 위해 회절적 방법론을 사용하여 '아동'이 습관적으로 완전한 인간 또는 정치적 존재로 간주되지 않기 때문에 배제의 범주로 사용하는 것을 방해한다. 1981년 집 뒤뜰 나무에 매달린 사다리 그네를 찍은 사진을 통해 1981년, 1985년, 2007년, 2017년, 2022년의 아동, 아동으로서의 나를 무한히 되새긴다. 사다리 그네의 주황색과 검은색 선, 배경의 빨랫줄, 잔디에 새겨진 애슐리 크리엘의 그림자 선, 하야시 쿄코의 동급생 52명의 증발한 시신을 함께 생각한다. 아동은 항상 전쟁의 일부지만 그들의 경험은 무시된다.[13] 교복의 회색/노란색/남색/흰색 안팎으로 아동기의 선에 주목한다. 아파르트헤이트는 식민화를 통해 발전했고, 군국주의(전쟁), 보수주의, 인종차별을 통해 지속되면서 나의 아동기라는 현상을 형성한다. 이 선들이 '분리'를 통해 제정하는 폭력은 항상 '함께' 얽혀 있지만, 고통스럽게도 반복해서 되풀이된다. 나는 인간, 특히 아동과 인간 이상의 존재들이 이미지, 기억, 날짜, 숫자를 통해 어떻게 물질-담론적 얽힘을 형성하는지를 추적한다.

---

13 카이 레이놀즈(Kai Reynolds)는 2022년 3월 5일 UCT 교육대학 321호에서 열린 철학적 탐구 커뮤니티 '마인드보글스'(Mind boggles)에 기고했다. 그의 허락을 받아 여기에 포함시켰다.

시간에 표시하기, 신체에 표시하기

: 관계가 중요하다

테레사 M. 지오르자

체관부와 신체의 함께-되기

과학과 정의, 물질과 의미는 때때로 교차하는 분리된 요소가 아니다. 이 둘은 떼려야 뗄 수 없이 서로 융합되어 있으며, 어떤 사건도, 아무리 에너지가 넘쳐도 둘을 분리할 수 없다. 화학적 처리나 원심분리기, 핵폭발로도 분리할 수 없다. (Barad, 2010, 242쪽)

유치원 연구 현장 옆에는 아동들이 정기적으로 방문하는 공원이 있다. 공원에는 나무껍질이 두 군데서 벗겨져서 속살이 드러난 성숙한 나무가 있다. 아동들은 이 손상된 부분을 아치 모양은 '문'

으로, 다섯 살 아동 눈높이에서 노출된 부분은 '엉덩이'로 생각하는 상상력을 발휘했다. 여러 아동에게 나무껍질 속 공간이 어떻게 생겼는지 물었더니 모두가 나무의 '엉덩이'라는 데 동의했다. 특히 공감할 수 있는 설명이 있었다: "나무껍질이 벗겨졌기 때문이죠." 아동들이 나무의 알몸을 알아차렸다는 사실이 놀라웠다. 나무에게 이러한 노출은 무엇을 의미할 수 있으며, 아동들이 '엉덩이'에 대한 인식, 이해 및 이름을 공유하는 것은 자신의 벌거벗은 경험에 대해 무엇을 말할 수 있을까? 나무껍질은 살아 있는 나무의 필수적인 부분으로, 나무껍질 전체가 제거되었다면 나무는 죽었을 것이다. 이 껍질을 제거함으로써 우리는 나무 내부, 즉 나무의 더 내밀한 부분을 들여다볼 수 있다. 이 대화는 학제 간 방식으로 진행되며, 자연과학 개념(수피, 체관부, 보호층)을 '개인 웰빙', 생활 기술 및 '내 신체 지키기'(남아프리카공화국 학교의 기초 단계 생활 기술 커리큘럼의 모든 부분) 문제와 연관시킨다.

　이 이야기는 내가 점점 더 이 시간, 이 물질과 함께 세계되기의 교육학에 대해 스스로 배우는 이야기가 되어가고 있다. 아동들은 공감적이고 애니미즘적인 감성을 사용하여 주변 환경과 함께 사고하는 방식으로 나를 끌어들였다(Giorza & Murris, 2021; Haynes & Murris, 2019). (사적인 것과 공적인 것, 안과 밖, 인간과 나무의) 경계가 바뀌는 협상을 통해 나는 이 나무와 이 상처에 대한 새로운 생각을 따라갈 수 있었다. 바라드의 '방법으로서의 회절'은 "파동과 함께, 파동으로서 생각하는 것과 같은 다른 사고방식으로 생각을 열도록" 우리를 초대한다("밤하늘 장" [그림 NS.1] 05:34부터 참조). 바라드는 입자와 파동을 구분하고 입자의 개별화되고 위치가 고정된 정체성을 선호하는 경향이 있는 고전 물리학의 이원론에 의문을 제기한다. 바라드는 보어의 "고전적 세계관에 대한 근본적 재작업"(Barad, 2014, 173쪽)을 따르며, 실재(그리고 양자물리학의 실험적 사례)는 파동과 입자가 '퀴어'적 행동을 보이며, 이것도 아니고/저것도 아니고 둘 다/모두도 아닌 얽힌 정체성과 시간성, 즉 비/결정성의 존재론을 취한다는 것을 보여준다고 제안한다.

퀴어하게 하는 존재론

파도는 객체가 아니라 교란이므로 한 위치에 고정되어 있지 않다. 바라드는 물결의 예를 사용하여 파도가 방파제의 구멍과 같은 좁은 공간을 통과할 때 파도가 휘어지고 퍼지는 것을 설명한다(Barad, 2007, 74쪽). 파동의 여러 확산 패턴은 서로 겹치고 결합하여 파동 자체가 변화하는 간섭 또는 중첩을 생성하고, 이러한 간섭 패턴 또는 '중첩'이 차이를 만들어낸다. 빛의 파동이 휘어질 때 물체의 그림자가 가장자리 주위에 "어두운 선과 밝은 선이 번갈아 나타나는 패턴"을 보여주는 예상치 못한 결과를 가져온다(Barad, 2007, 75쪽). 빛과 어둠은 별개의 뚜렷한 경계가 있는 실체가 아니라, 회절을 통해 서로의 흔적을 지니고 있다. "회절은 정해진 패턴이 아니라, 서로 다른 패턴을 반복적으로 (다시) 구성하는 것" 또는 "서로를 분리하는 것(한 번의 움직임)"이다(Barad, 2014, 168쪽). 중첩 또는 회절은 "한

번에 여러 장소에 여러 번 존재하고, 한 장소에 여러 번 존재하며, 하나의 존재 안에서 그리고 하나의 존재로서 여러 정체성"을 제정한다("밤하늘 장" [그림 NS.1] 06:04-06:12 참조).

바라드는 데리다의 언어적 기반인 '해체'가 차이의 작용을 통해 어떻게 실질적으로 작동하는지 보여준다:

> 보어는 전자가 특정 실험 상황에서는 입자성을, 다른 상황에서는 파동성을 수행하는 방식이 어떻게 가능한지 설명한다. 핵심은 정체성이 본질, 고정성, 또는 주어진 것이 아니라 우발적이고 반복적인 수행성이라는 것을 이해하는 데 있다. 이러한 이해는 객체와 주체, 여기와 저기, 지금과 그때, 이것과 저것 사이의 절대적 경계가 아니라 원인/결과의 근본적인 재작업에서 제정된 절단의 효과로서 차이를 이해하는 방식으로 재작업된다. (Barad, 2014, 173-174쪽)

바라드는 핵물리학과 그 행위성을 고려해 원자의 행동뿐만 아니라 일본의 원자폭탄 폭발 생존자들에 대해서도 글을 쓴다. 특히 열네 살 때 나가사키 원폭을 경험한 하야시 쿄코는 수상 경력에 빛나는 소설 《트리니티에서 트리니티로》(2010)를 집필했다. 바라드는 양자장 이론을 통해 이 소설을 분석하며, 하야시의 작품을 읽어볼 것을 권장한다. 하야시 쿄코의 소설 속 주인공은 1945년의 폭격 생존자로, 폭탄이 만들어진 뉴멕시코 사막을 방문하여 "정치적 체화 행위로서의 애도 작업"을 재정립한다(Barad, 2017, 70쪽). 폭탄 제조의 물리학은 폭발로 영향을 받은 인간과 비인간, 식물, 동물 및 기타 신체의 생명과 세포와 물질적·윤리적으로 얽혀 있으며, 하야시의 캐릭터는 "시공간적 방황"을 통해 이를 추적한다(Barad, 2017, 69쪽). 그녀는 폭발의 공포, 아동기의 학창 시절, 말년의 잇몸 출혈, 아들의 방사성 DNA 대물림 사이를 이동한다. 하야시가 사용한 '뜀뛰기 탐방'은 바라드가 지적한 대로 "과도하게 사용되고 오해되는 '양자 도약'"과 유사하며, 공명과 불협화음을 동시에 포함한다(Barad, 2017, 80쪽, 42쪽). 바라드의 회절적 방법론은 다양한 글쓰기를 통해 제정되며, 이를 통해 그녀는 과학과 예술의 다각적인 수행적 탐구로 이끈다. 원자와 전자의 퀴어한 수행은 퀴어 정치(글로리아 안살두아의 《보더랜드》, 1987), 문학(《트리니티에서 트리니티로》 등), 전시 폭발의 반향과 지속적인 총체적 파괴 가능성(Barad, 2014, 2017)과 함께 회절된다.

파괴, 황폐화, 방치와 낭비, 인간과 동물의 번성 등 인간 이상의 내부-작용에 대한 이야기를 읽으면서 나는 깊은 관심과 공감을 느꼈다. 요하네스버그 공원의 유령학은 식민지 도시와 이를 지탱하는 산업 채굴 기계에 의해 촉발된 인간 중심의 이주 이동에 대한 이야기를 통해 그 의미를 드러낸다. 시간과 물질을 도시 공간의 분리할 수 없는 측면으로 인식하면서, 공원과 학교는 포스트인류세적인 되-돌아오기를 시작한다.

유령과 미-완성 이야기

> 1913년 6월 20일 금요일 아침에 눈을 뜬 남아프리카공화국 원주민은 자신이 실제로 노예가 아니라 자신이 태어난 땅에서 천민이 되었다는 사실을 알게 되었다. (Plaatje, 1920, 1쪽)

1913년 원주민 토지법은 전체 국토의 7%, 이후 13%를 흑인 인구의 '보호구역'으로 지정했다. 이 법은 원주민의 역사와 존재를 백인으로 지정된 풍경에서 지우려는 악의적 비전을 가지고 있었지만, 완전히 실현되지는 못했다. 이 법의 제정으로 흑인 농부들은 소작농으로 임차해 살던 토지와 땅에서 쫓겨나 고용 노동자로 전락하게 되었다. 토지 압류와 강제 퇴거는 계속되었고, 1936년 원주민 토지법, 1923년 원주민(도시지구)법, 1950년 집단지구법, 1953년 편의시설분리법 등 이동과 접근을 통제하기 위한 추가 법안들이 도입되었다. 흑인은 백인 지역에서 일할 수 있고 따라서 백인 지역에 '체재'할 수 있다는 '허가증'을 소지해야 했다.

식민지 및 아파르트헤이트 법 체계는 분류 메커니즘에 의존했다. 다양한 측정과 '테스트'를 통해 부여된 인종적 지위에 따라 접근과 특권의 수준이 달라졌다. 이러한 테스트는 피부색이나 머릿결에 따라 '백인', '유색인', '인도인', '반투족/아프리카계' 등으로 분류하며, 가족을 분열시키는 것으로 악명이 높았다. 이러한 인종적 구분은 삶의 모든 측면을 관통했으며, 인종을 구분하고 특히 백인을 '나머지'와 분리하기 위해 수많은 법률, 부칙, 규칙이 시행되었다. 이는 이 체제에 대한 반대를 억압하고, 무엇보다 백인 국가와 자본 동맹의 경제적 이익을 지지하고 확대하기 위한 것이었다(Call-inicos, 1993, 164쪽). 흑인 집단은 이러한 경제적 이익에 봉사하는 능력을 제외하고는 이상적으로는 보이지 않거나 존재하지 않는 것이 바람직하다.

1989년 소련이 붕괴하고 베를린 장벽이 무너지자 프랜시스 후쿠야마Francis Fukuyama는 '역사의 종언'과 서구 자유민주주의 이상에 대한 승리를 선언했다. 하지만 프랑스 철학자 자크 데리다는 세계 자본의 재앙 열 가지를 열거하며 "절대적인 수치로 볼 때 지구상에서 이렇게 많은 남성, 여성, 아동이 정복당하거나 굶주리거나 멸종된 적은 없었다"고 지적했다(Derrida, 1994, 85쪽). '재앙'에는 새로운 형태의 불완전 고용과 실업, 이주와 추방, 조직범죄, 무기 거래, 핵무기 증가 등이 포함된다. 후쿠야마가 설명한 이상에 대한 주장의 비진실성은 그 이름 뒤에 숨어 있다. 1993년 4월 "마르크스주의는 어디로 가는가"라는 이름의 컨퍼런스에서 데리다는 같은 달 초 암살당한 남아프리카공화국 공산주의자 크리스 하니Chris Hani에게 강연을 헌정했다. 데리다는 마르크스와 엥겔스가 1848년 공산당 선언에서 언급한 유령 개념을 따라 역사와 진보의 선형적 개념을 파괴하는 '유령학'hauntology('존재론'이라는 단어의 유희)을 만들어냈다. 정의가 개념으로 존재하려면 사건에 대한 불확실성, 즉 미-완성이 존재해야 한다.

유령의 출몰이 존재를 의미하는 것은 아니다. 개념 자체에 유령

의 출물을 도입할 필요가 있다. 존재와 시간 개념을 포함해 모든 개념에 적용되는 것이다. 이것이 바로 우리가 여기서 유령학이라 부르는 것이다. (Derrida, 1994, 161쪽)

우드Wood(2006)는 기후 위기를 열한 번째 재앙으로 추가할 것을 제안한다. 데리다는 이 통찰력 있는 제안에 동의했다. 우드는 기후 변화가 단순히 재앙 목록에 추가되는 것이 아니라 "처음 열 가지 재앙의 핵심"이라고 지적한다. 그러나 이 목록은 아직 완벽하지 않다. 우드는 동물 홀로코스트를 첫 번째 열 가지 재앙과 환경/기후 위기와 관련이 있으며, 코로나19와 같은 인수공통전염병의 증가와도 연관된 또 다른 재앙으로 덧붙인다.

유령학은 과거에만 작용하는 것이 아니라 우리의 가능한 미래에 의해 괴롭힘을 당한다. 이러한 유령 중 일부에는 초인이나 화성 생명체가 포함된다. 이러한 (미래의) 유령은 끝없는 진보, 경제 성장, 그리고 개선에 대한 믿음과 함께 사라져 가고 있다. 그러나 기온 상승과 점점 더 많은 곤충 및 동물 종의 멸종이라는 임박한 재앙이 상황을 변화시키고 있다.

미래는 예전과 다르다. (Wood, 2006, 274쪽)

바라드는 데리다의 '유령학'을 물질화해 양자물리학과 시공간 개념을 창조적으로 재구성한다. 양자 실재(미시적 세계)는 나머지 실재(거시적 세계)와 별개의 법칙을 따르지 않으며, 전자의 기이한 행동은 시간, 공간, 물질이 이 세계에서 어떻게 작용하는지에 대한 통찰을 제공할 수 있다. 바라드(2007)는 《우주와 중간에서 만나기》에서 에너지가 원자에 활기를 불어넣는 방식은 뉴턴의 시간/공간 개념으로는 설명할 수 없다고 설명한다. 닐스 보어Niels Bohr는 '광자'(빛의 양자) 이론으로 노벨상을 받았다. 물리학 이론에 따르면, 물질의 가장 작은 단위인 원자는 중심에 핵이 있고 그 주위에 에너지를 갖는 전자가 있다. 전자는 특정 에너지 준위에 위치하며, 에너지 준위를 바꾸지만 한 에너지 준위에 있거나 다른 에너지 준위에 있을 뿐 그 사이에 존재하지 않는다(Barad, 2010, 246쪽). 전자가 더 낮은 에너지 상태로 변화할 때, 빛의 광자를 방출하며, 이 빛의 색상 범위는 원자의 종류에 따라 다르다. 뉴턴의 공간과 시간 개념에 따르면, 전자가 더 높은 에너지 상태에서 더 낮은 에너지 상태로 이동할 때 점진적으로 에너지가 손실되어야 하지만, 보어가 증명한 바와 같이 전자는 그 사이에 존재하지 않기 때문에 실재에서는 이 현상이 혼란스럽다. 더욱이 전자가 위치를 바꾸기 전과 후에 에너지가 일정하기 때문에, 광자가 정확히 언제 방출되었는지에 대한 질문은 논리적으로 답할 수 없다. 이는 '양자 도약'이라 불리며, 전혀 도약이 없는 것처럼 보이는 이 현상에 대한 명확한 설명은 여전히 어렵다.

유령의 존재는 자연의 기이한 행동과 물질의 존재를 '유령화'하는 무한한 가능성에 대한 최선의 설명을 제공한다. 뉴턴의 확신은 사물이 고정된 정의를 가질 수 없으며, 오직 불확정적이고 임의적인 관계 속에서만 존재를 드러내는 실재론에 의해 흔들린다. 이로 인해 '정체성'뿐만 아니라 우리가 익숙한 시간 개념도 훼손된다. 우리는 시간을 현상의 공동-구성 측면으로 고려해야 한다.

식민지 시대의 지우기 관행과 테라 눌리우스Terra nullius(텅 빈 땅) 개념은 '제국 건설 프로젝트에 기여했다(Barad, 2017, 76쪽). 허공 개념은 뉴턴의 고전 물리학 및 그 근간이 되는 인식론의 논리적 확장이었다. 뉴턴에게 우주의 구성 요소들은 식별 가능하고 연속적인 존재로 여겨졌으며, "물질은 불연속적이고 유한하며, 허공은 연속적이고 무한하다"(Barad, 2017, 77쪽). 바라드에 따르면, 양자장 이론에서 진공은 비어 있지 않으며, 공간은 물체를 담는 그릇이 아니다. 전자는 에너지의 도착 또는 소멸에 따라 나타나고 사라지며, 삶과 죽음은 항상 가까이에 존재한다.

나는 과거와 현재, 미래, 현실과 상상의 공간, 지상과 지하, 깨어 있을 때와 잠든 상태, 옷을 입고 있을 때와 벗고 있을 때 얽힌 매듭을 추적하고 따라가는 탐방을 시도한다. 이런 탐방은 단순히 특정 위치에서의 나만의 '반성적' 기억과 인상들을 모아놓은 파스티슈pastiche나 콜라주처럼 제시되는 자기중심적인 의식의 흐름 서사가 아니다. 또 개인적 해결이나 사죄를 위한 '고해성사'도 아니다. 중요한 것은 응답-능력과 책무성이라는 현존하며 지속적인 관계를 인식하려는 노력, 즉 "구체적인 물질적 얽힘 속에서 식민주의의 헤아릴 수 없는 폭력을 이해하려는 것"(Barad, 2017, 70쪽)이다.

붉은 황토색 장

신체를 가로지르는 흔적과 표시의 매핑

물리학과 페미니즘을 이론화한 바라드는 정의의 문제를 지식 생산에 도입한다. 바라드는 양자물리학의 파동 행동 설명, 메스티자mestiza(트랜스/퀴어) 의식에 대한 글로리아 안살두아의 서사, 미국과 멕시코 국경지대에 대한 논의(Barad, 2014), 그리고 하야시 쿄코의 소설(Barad, 2017) 사이를 오가며 다양한 이야기를 통해 시간과 공간을 가로지르는 연결, 구체적이고 우연적인 인과관계, 그리고 얽힘을 드러내는 절단을 만들어낸다. 이 장에서는 이미지와 텍스트를 활용하고, 이미지를 함께 또는 서로 대조적으로 읽으면서 이와 유사한 시도를 한다.

이 장의 색상은 대지의 색을 의미한다. 이 장에서는 인간 이상의 존재, 즉 흙의 존재를 통해 시간, 공간, 물질적 얽힘을 매핑한다. 수면과 죽음(해체와 파괴)은 나무, 아동, 교실, 그림, 감옥, 공원, 미술관, 기록 보관소 등의 생생한 내부-작용을 생략하면서 표현된다.

회절적 사고의 움직임에서 공동-연구자인 아동들이 제시한 '엉덩이'와 '덮개'라는 개념은 '가르칠 수 있는 순간'을 찾고자 하는 인본주의적이고 아동 중심적인 충동을 거부할 수 있게 해준다. 식물의 체관부와 물관부의 구조와 기능을 자연과학적 방식으로 가르치고 싶거나, 겸손에 대해 도덕적으로 훈계하며 아동 발달에서 나타나는 항문 강박증을 조사하고 싶은 유혹이 있을 수 있다. 또 옷을 입거나 벗는 행동을 통해 침묵된 목소리, 과거의 범죄, 규칙 및 규범을 드러내려는 시도를 할 수도 있다. 그러나 포스트휴머

[그림 R0.1] 나무 엉덩이 Ⅰ.

니즘 연구를 수행한다는 것은 이러한 현상의 얽힌 일부로 남아 있는 것을 의미한다. 바라드는 데카르트 이원론과 고전 물리학의 핵심인 이분법이 "모든 폭력의 근원"이라고 주장한다("밤하늘 장" [그림 NS.1] 참조). 주체와 객체, 그리고 '측정 도구'(연구자로서의 아동들)와 '측정 대상'(관심의 초점으로서의 나무) 사이의 엄격한 분리는 회절이라는 방법을 통해 해소된다. 연구자인 나 역시 측정 도구이며, 나무의 벌거벗음을 공감적으로 읽어내는 아동의 시선을 무시하는 것은 또 다른 폭력이 될 수 있다. 바닥이 드러난 나무에 대한 생각은 여전히 내게 강한 인상으로 남아 있다.

푸코의 학교 교육에 대한 계보는 18세기 감옥에서 시작된 감시의 수행과 연결된다(Dixon, 2011; Murris & Kohan, 2021). 이러한 침입적 실천에 대한 강렬하고 충격적인 인식은 이 나무의 벌거벗음과 맞물려 내 신체 안에서 일어나는 내부적인 반응을 일으킨다.

붉은황토색 장

벌거벗음과 식민적 시선

서양의 시각 이미지에서 누드와 나체의 표현은 수많은 연구의 초점이 되어왔다(Barcan, 1992; Clarke, 1954; Elkins, 1996; Levine, 2008; Nead, 1992; Qureshi, 2004). 빅토리아 시대의 상상력 속에서 나체는 식민 세력의 산물로서 "자연에 대한 은유"로 여겨졌으며, 어떤 맥락에서는 순수함과 자유를 의미했지만, 다른 맥락에서는 수치와 타락을 상징했다(Levine, 2008, 209-210쪽). 알몸과 의복은 자연과 문화를 나누는 이분법을 드러내며, 아동과 원주민 같은 '타자'를 자연 상태로 간주했다. 이러한 '타자'들은 미개하고 불경건하여 수치심과 겸손에 관심을 가지지 않는 것으로 여겨졌다(Levine, 2008, 196쪽). 객관적인 과학의 이름 아래 흑인의 신체는 체계적으로 촬영되고 측정되며 분류되었고, 아동의 신체도 여전히 그런 방식으로 취급된다.

1954년 밥 고사니Bob Gosani가 촬영한 강렬한 사진 한 장은 바지가 벗겨진 나무의 모습을 그대로 담고 있다. 이 사진은 타우사Tausa 춤을 보여주며([그림 R0.2]), 알몸 검열이라는 굴욕적 관행이 불법화되었음에도 불구하고 제4교도소에서 여전히 흑인 죄수들에게 행해졌음을 드러낸다(Gillespie, 2015).

고사니의 사진은 베일리 아프리카 기록보관소에 보관되어 있으며, 요하네스버그 브람폰테인에 위치한 올드포트 교도소 단지의 제4교도소 안뜰을 담고 있다. 이 교도소는 처음에는 보어 요새로 사용되었으나, 이후 영국군에 의해 점령되면서 아파르트헤이트 시대의 교도소로 변모했다. 사진은 잡지 〈드럼〉DRUM의 화보 촬영 중 인접한 건물 옥상에서 촬영되었다. 겉으로는 요하네스버그의 스카이라인을 담기 위한 것처럼 보였지만, 실제로는 교도소 마당을 촬영하기 위한 것이었다. 〈드럼〉 팀은 백인 비서를 사진작가로 위장하여 교묘하게 계획을 세웠고, 그녀는 고사니가 촬영하는 동안 건물 관리인의 주의를 분산시켰다(Samson & Gillespie, 2015).

흑인 수감자와 미취학 아동은 푸코가 제시한 바와 같이 합리적 식민 지배의 강고한 관행 속에서 '타자성'이라는 위치성을 공유하며, 이들은 삶의 모든 측면을 통제하는 제도적 관행을 통해 감시, 강압, 굴욕 등의 유사한 대우를 받는다. 유치원에서는 이러한 통제가 먹고, 자고, 배변하고, 말하고, 침묵하고, 앉고, 움직이고, 가만히 있는 모든 행위에 미친다. 이런 통제와 감시의 실천은 '자아', 사생활, 존엄성의 경계를 더욱 예민하게 인식하게 한다. 나무와 나의 지식은 학교 교육이 수행적이고 생산적으로 가하는 잔인함을 날카롭게 인식하게 만든다.

학교 교육의 기원은 서구의 발전 및 문명 개념과 밀접하게 연관되어 있다(Murris, 2016; Murris & Kohan, 2021). 사회 다윈주의는 19세기 초기 진화 이론, 특히 다윈의 자연선택 이론을 왜곡한 이론으로, 19세기 영국 철학자 허버트 스펜서와 미국 교육학자 스탠리 홀이 제안한 이론이다. 사회 다윈주의는 계급, 인종, 성별에 따른 위계질서와 배제를 정당화했으며(Degler, 1991), 성공과 부를 타고난 우월성의 증거로 해석했다. '계통 발생' 이론은 모든 생물체의 발달이 배아 발생 과정에서 진화한 생명체의 단계를 거친다고 설명하며, 이는 "개체 발생은 계통 발생을 반복한다"는 문구로 요약된다(1866

년 에른스트 헤켈이 제안)(Barnes, 2014). 인종화된 인간 발달 버전에서는 선형적 진보, '자연적' 발달, 완전한 인간이 되는 패턴이 아동과 원주민 '타자'에게도 동일하게 적용된다. 아동주의와 인종주의는 함께 진행되며(Murris & Kohan, 2021), 자연에 더 가까운 존재로 여겨지는 아동과 원주민은 길들여지고, 적절하게 옷을 입혀야 한다고 여겨졌다. 아동과 원주민을 자연과 동일시하고 서구의 진보, 개발, 문명 개념에 자연/문화의 이분법을 적용하는 것은 아동과 원주민을 인간보다 덜 인간적인 존재로 만들며, 이로 인해 그들의 권리와 존엄성을 침해한다.

아직 완전한 인간으로 간주되지 않는 '아동'이라는 규범적 개념은 유아교육, 심리학, 아동사회학 분야에서 오랫동안 연구와 비판의 초점이 되어왔다. 이들 연구 중 상당수는 포스트구조주의 또는 포스트휴머니즘적 입장을 취한다. 점점 더 많은 유아 환경 교육학자들이 원주민 존재-인식론, 흑인 페미니스트 지리학, 환경 및 생태 인문학 등을 활용해 유아기의 작업을 보다 근본적으로 맥락화하고 정치화하고 있다(Malone, 2019; Nxumalo, 2019). 이 철학적 모험은 비평을 넘어서 자아를 개념화하는 새로운 방법을 제시하며, 아동과 성인 모두를 인본주의적이고 식민화된 인격의 한계에서 해방시키려는 노력을 기울인다. 포스트휴머니즘의 탈식민주의적 입장은 인간과 자연의 불가분성을 인정하며, 우리는 자연의 일부이자 자연 그 자체라는 점을 인식한다. 무엇보다 우리의 윤리적 선택과 세계에 대한 공동 책임, 그리고 우리의 앎의 방식이 서로 분리될 수 없음을 강조한다.

1950년대 제4교도소는 거의 매일 경범죄자들로 가득 차 있었다. 시민이 될 수 있는 사람들조차도 고무 도장이 찍힌 허가증이 없다는 이유로 범죄자로 낙인찍혔다. 1953년 제정된 편의시설분리법에 따라 이 도시는 흑인, 특히 성인들에게 '출입 금지 구역'으로 지정되었을 것이다. 인종을 완전히 분리하려는 입법 의도에도 불구하고, 백인들의 편의를 위해 흑인 노동자를 고용하는 경우에는 일부 예외 조항이 필요했다(Nodjimbadem, 2015).

이 공원의 '승인된' 흑인 사용자는 주로 교외에 거주하는 백인 아동들의 유모였을 것이다(백인 편의 시설의 유지 관리 직원은 가급적이면 백인이 선호되었을 것이다). 현재 이 지역에 거주하는 인구의 90%가 흑인으로 구성되어 있다. 대부분의 백인 주민은 통행금지법 폐지 이후 더 부유한 교외로 이주했고, 이로 인해 인구 밀도가 높고 인종이 혼합된 이 지역은 더욱 혼혈 지역이 되었다. 공원에서 흑인 아동들을 따라다니며 그들과 교류하는 과정에서 이러한 인구 변화와 역전된 모습을 목격하게 된다.

뜀뛰기 탐방을 통한 회절 실험을 수행하면서, 나는 시간을 보다 현상학적 관계로 접어두고, 논리적이고 연속적이며 순전히 언어적인 논쟁에서 벗어나기 위해 이미지와 글을 결합하고 되돌아보는 방법을 선택했다. 바라드는 콜럼버스가 아메리카 대륙에 도착한 날짜, (텅 빈 사막에서) 핵 실험을 한 날짜, 그리고 나가사키에 원자폭탄을 투하한 날짜가 서로 얽혀 있다고 제안한다(Barad, 2017, 57쪽). 이런 사건들은 1913년, 1936년, 1950년, 1994년, 2015년이 연대기적으로 구분되거나 분리될 수 없는 방식으로 엮여 있다.

타우사의 원본 사진 이미지를 포함하거나 제외하는 방식은 중요한 윤리적 결정이다. 이 그림은 스케치 형태로만 제시되었으며, 일부 부분은 지워지거나 비워두었다. 원본 사진을 제외하기로 한 결정은 윤리적 연구 관행에 대한 '문제 제기'이자 누가 이러한 결정에 대해 '권리'를 가질 수 있는지에 대한 의문 제기다. 식민지 시기 흑인 시신에 가해진 폭력은 아직 '끝나지 않았다.' 이브 터크Eve Tuck와 웨인 양Wayne Yang은 "거부의 교육학"(Tuck & Yang, 2014, 811-818쪽)을 가르치며, 이는 정착민-식민적 학문 지식을 창출하기 위해 학계가 서발턴subaltern의 고통스러운 과거에 접근하고 이를 사용하는 것을 거부하는 것이다. 터크와 양은 미국 남부의 린치 이미지로 작업하는 켄 곤잘레스-데이Ken Gonzalez-Day의 작업에 대해 논의한다(Tuck & Yang, 2014, 814쪽). 그는 린치당한 사람의 주요 전경 이미지를 지우고, 이미지의 다른 부분, 즉 일반적으로 중요하게 여겨지지 않는 부분에 주의를 환기시킨다. 이를 통해 이미지를 사용하는 것이 '허용'되지만, "거기에 없는 사람들… 더 이상 존재하지 않는 사람들 또는 아직 존재하지 않고 살아 있지 않은 사람들"(Derrida, Barad, 2017, 70쪽에서 인용)에 대한 윤리적 민감성을 보여준다.

타우사 이미지(제4교도소 사진)는 이미 공공 도메인에 속하지만, 반복적으로 사용하는 것은 관음증적 침입과 폄하를 무의식적으로 재연할 위험이 있다. 그래서 나는 아카이브에서 이 이미지를 글에 사용할 수 있는 '허가'를 받았지만 사진을 드로잉으로 재현하기로 결정했다. 드로잉을 통해 이미지를 보다 면밀하게 재작업하면서 나의 신체, 손, 눈을 이미지 속 사건에 더 가까이 배치할 수 있었다.

[그림 RO.2] 1954년 타우사에서 밥 고사니가 찍은 사진(베일리의 아프리카역사기록보관소 소장)을 테레사 지오르자가 그림.

고사니의 사진을 드로잉하면서 나는 이미지에 세심하게 집중했다. 특히 벌거벗은 중앙 인물에서 오른쪽에 앉아 있는 다른 죄수들로 초점을 옮길 때, 그들이 거의 '빽빽하게' 앉아 다리가 서로의 신체를 감싸고 있는 모습을 보고 놀랐다. 이 모습은 유치원에서 아동들이 스펀지 매트를 바닥에 깔고 정어리처럼 눕는 장면을 떠올리게 했다. 타우사 사진에서 나는 죄수들이 아무렇지 않은 포즈와 미소를 짓고 있는 모습을 볼 수 있었다. 이는 폭력과 침습적 검열 관행이 어떻게 '정상화'되었는지를 보여준다. 드로잉을 통해 이러한 모습들을 재현함으로써 나는 이미지 속 사건의 진실성과 윤리적 복잡성을 더 깊이 탐구하고자 했다.

붉은 황토색 장

식민지 폭력과 수탈의 얽힘

유치원에서 '정상성'에서 벗어난 가장 주목할 만한 점 중 하나는 아동들과의 관계에서 위협이나 처벌을 사용하지 않았다는 점이다. 유치원에서 내가 여러 번 본 부러진 노란색 메카노 조립 장난감 조각은 떠드는 소리가 일정 수준 이상으로 높아지거나 어른이 통제력을 잃었다고 느낄 때 아동들에게 '경고'하는 용도로만 사용되었다. 노란 막대기를 흔드는 것만으로도 즉각적인 침묵을 유도할 수 있었다. 내가 유치원에서 현장 조사를 하는 동안, 한 교사가 아동을 때렸다는 불만이 제기되었다. 조사는 결론을 내리지 못했고 경고만 받았다. 그 교사는 이후 얼마 지나지 않아 퇴직했다. 남아프리카공화국의 학교에서는 폭력적 형태의 아동 훈육이 대물림되고 있으며, 노란 막대기로 맞을 수 있다는 위협은 아동들의 일상적 삶의 일부로, 일부에게는 웃어넘길 수 있는 일이 되었다. 교육과 학습에서 정상화되고 비가시화된 폭력과 처벌은 아동기의 '식민화'라는 더 광범위하고 중심적인 문제와 직접적으로 관련이 있다.

머리스와 코한(2021)은 학교 교육의 엄격한 발달 연대기를 문제 삼으며 시간표, 정해진 커리큘럼, 진급 및 시험 제도가 이미 정해져 있고 기다리고 있는 미래를 향한 근대화 추진의 일환임을 보여준다. 수동적이고 미발달된 '인간 이하의' 아동 이미지는 "식민지 문명의 근저에 있는" 아동과 원주민 타자 모두를 폄하하는 것이다(Murris & Kohan, 2021, 584쪽). 이런 프레임은 원주민을 "거칠고 무지한" 아동들로 묘사하여 가부장적 식민화 프로젝트를 정당화하는 데 기여했다(Murris & Kohan, 2021, 584쪽). 이 비유는 남아프리카공화국의 광산업에서 인종화된 노동 시스템을 특징짓기 위해 정부와 상업 사이의 경계를 모호하게 만든 식민지 정부의 담론에 명시적으로 등장했다(Giorza, 2021, 139쪽).

19세기 남아프리카공화국의 목축업 생활은 식민지 정복으로 인해 크게 붕괴되었다. 식민지 정복자들은 사람들을 광산 지하 감옥으로 보냈고, 이는 자급자족하던 농업 공동체를 노동 시장으로 끌어들이기 위한 유급 고용이었다. 이러한 전략은 가구당 세금을 충당하고, 토지 압류와 이주로 인해 불가능해진 농업 노동을 대체하려는 목적이었다. 광부들은 자신들이 채굴한 고가의 상품(주로 금)을 구매할 수 없었지만, 생계를 유지할 수 있는 최소한의 수단을 제공받았다. 그들은 정치적 권리도 없었고, 자신의 삶에 영향을 미치는 결정에 대해 발언권이 없는 임금-노예로 전락했다. 여성들은 울며 겨자먹기로 혼자서 아이들과 농장을 돌보거나 백인 가정을 위해 봉사해야 (종종 자신의 아이를 남겨두고서 다른 아동들을 돌봐야) 했다. 흑인들은 권리를 박탈당하고 상속을 받지 못해 땅도 없고 투표권도 없는 상황이었다(Plaatje, 1920). 이 아픈 역사를 지우듯, 현재의 헌법은 '새로운 제로'를 제시하며 더 나은 출발을 위한 시작과 기회를 제공하고자 한다. 헌법은 모든 시민의 "주거, 건강, 식량, 물, 사회보장"에 대한 권리를 보장하면서, 동시에 "재산권을 보호하면서, 정복과 수탈, 1913년과 1936년의 토지법, 그리고 노예, 강제노동, 이주노동, 값싼 무권리노동 등 3세기에 걸친 식민지배와 아파

붉은 황토색 장

르트헤이트 폭력의 결과물, 즉 자본 축적을 기반으로 한 연속적 노동체제의 결과를 승인한다"(von Holdt, 2013, 593쪽)고 명시하고 있다.

요하네스버그시의 광업은 도시의 거의 모든 측면과 직간접적으로 연결되어 있다. 광산, 도시, 학교, 감옥은 모두 식민지 수탈의 얽힌 자기영속적 시스템의 일부로 작동했다. 아파르트헤이트 하에서는 교육이 위계적으로 구조화되어 있었고, 엄격하게 구분된 교육 시스템은 기계로서 착취 가능한 신체를 생산하는 데 중점을 두었다(Christie & Collins, 1982).

위트워터스랜드대학교는 원래 광산대학으로 설립되었으며, 이 대학의 기원은 광업과 산업화의 긴 역사를 반영한다. 이런 역사적 뿌리는 이제 지각에서 드러나 과학자들이 '인류세'라는 새로운 지질 시대를 제안하는 배경이 되었다. 해러웨이(2016)는 인류세라는 개념이 모든 인간을 지구 파괴에 동등하게 연루된 존재로 간주하는 것을 피하기 위해 여러 대안적 명칭을 제안했다. 이런 대안들은 인류의 환경적 영향을 더 세분화해 특정 지역적·사회적·경제적 요인들이 지구적 문제에 어떻게 기여하는지를 보다 정확하게 반영하기 위한 것이다. 해러웨이는 '인류세'라는 명칭이 모든 인간을 동일시함으로써 특정 집단이나 역사적 맥락에서의 책임을 가리기보다는 일반화하는 경향이 있음을 지적하며, 보다 세밀한 구분이 필요하다고 강조한다.

바라드의 주장은 "기억은 세계의 구조에 기록되어 있다"는 통찰을 통해 모든 존재에는 착취의 역사가 내재해 있음을 강조한다(Barad, 2011, 146쪽). 해러웨이의 "트러블과 함께하려면"은 우리가 역사와 이야기의 퇴비를 뒤집어 새로운 시각을 얻고, 표면 아래 또는 현존하는 바로 여기에서 존재하는 것들을 탐색할 것을 요구한다(Haraway, 2016). 이런 접근은 단순히 과거의 기술로 회귀하는 것이 아니라, 현재의 시공간적 물질성의 복잡성과 시간적 회절을 통해 새로운 시각을 제시하고, 다양한 방식으로 공존할 수 있는 가능성에 열려 있으며, 위험을 감수할 것을 초대한다. A/R/토그래피는 예술과 말이 서로 연결되어 새로운 의미를 창출하는 과정을 의미하며, 스프링게이, 어윈, 킨드의 설명에 따르면, 이중 이미지의 과정은 서로를 설명하기보다 엮여져서 새로운 의미를 만들어낸다(Springgay, Irwin & Kind, 2005, 899쪽). 이러한 접근 방식을 통해 고사니의 이미지, 나무, 타우사 댄서, 그리고 공원 공간의 상호작용을 재조명하는 것이다. 여기서 핵심은 타우사와 나무의 이미지를 회절시키기 위해 (백인으로서의) 나 자신을 포함시키는 것이다. 이 방식으로 '인종'을 표현하며, 식민지적 시선을 영속화하고 식민화 패턴을 방해하고자 한다. 그러나 여전히 식민 시대와 아파르트헤이트 법, 그리고 그로 인한 관행들은 인간과 비인간의 신체를 다르게 구분하고, 학대와 특권을 부여하는 잔재로 존재하고 있다는 사실을 인식하는 것이 중요하다. 이러한 연구와 실천은 식민지적 잔재와 지속적 불평등을 비판적으로 분석하고, 동시에 인간과 비인간의 신체가 어떻게 서로 연결되어 있는지를 탐구하는 과정이다. 이는 A/R/토그래피를 통해 새로운 통찰을 제공하며, 지속적인 반성적이고 회절적 탐구를 통해 보다 포괄적이고 윤리적인 접근 방식을 제시하려는 노력의 일환이다.

[그림 RO.3] 나무 엉덩이 II. 타우사 나무 회절(모리스 스미더스와 미트라 마키의 공동 사진작품. 작가들의 사진 제공).

세계(와) 함께하는/안의 신체에는 힘없는 아동과 권위 있는 교육자, 그리고 백인이라는 특권의 기억이 모두 담겨 있다. 나는 (보안 장치, 개인 교통수단 및 기타 편의 시설에 대한 특권적 접근 권한으로 인해 대부분의 여성만큼 취약하지는 않지만) 세계에서 강간 통계가 가장 높은 폭력적 사회에서 여성으로서 취약하다. 나는 성인 흑인 근로자의 특권을 누리는 고용주다(집과 정원을 관리하기 위해 두 명이 파트타임으로 일하고 있다).

용어 정의

'뜀뛰기 탐방 기록자'로 글을 쓰려면 어떻게 해야 할까(Barad, 2017, 81쪽)? 뜀뛰기 탐방 기록자는 자신의 자아를 걸고 글을 써야 한다. 바라드는 히로시마 생존자가 쓴 소설을 양자장 이론을 통해 회절 분석하면서 탐방이란 "물질적 얽힘을 추적하는 것, 즉 특정 식민적 역사의 물질/물질성에 신체를 맡기는 위험한 여정"을 의미한다고 말한다(Barad, 2017, 81쪽). 내 신체와 나무, 그리고 그들의 '엉덩이'는 타우사와 다른 형태의 감옥 통제의 폭력성과 감옥 장치, 학교, 글로벌 산업 채굴 기계 사이의 연결을 떠올리게 한다. 연구 데이터(와) 함께/안에서 신체의 존재는 특권의 '문제'를 어떻게 '견뎌내고'(Barad, 2017), 수용하고 함께-되기의 새로운 방법을 찾아낼 수 있는지에 대한 질문을 제기한다(Haraway, 2016). 유령학과 뜀뛰기 탐방의 부재/존재를 통해 가능해진 시공간물질되기의 추적이 바로 그것이다.

이중 슬릿 실험과 이중 슬릿 지우개 실험에 대한 바라드의 설명은 경험적 과학의 실천에 문제를 제기한다(Barad, 2007, 81-84쪽; Barad, 2014). 이 실험과 장치에 의한 측정은 빛의 정체를 입자 또는 파동으로 고정하려는 모든 시도와 모순된다. '발견된 것'은 신뢰할 수 있는 하나의 '결과'를 고정할 가능성을 무너뜨리며, "과거를 바꾸는" 것처럼 보인다(Barad, 2014, 181쪽).

경험으로서의 실재는 측정에 따라 변화한다. 과거는 고정된 것이 아니라 가능한 모든 미래와 마찬가지로 차이에 열려 있다.

공원에서의 타우사 춤의 이미지로 돌아가면, 정글짐에 앉아 있는 빨간색 옷을 입은 여성의 중심을 벗어난 모습을 발견할 수 있다([그림 RO.3]). 나는 그 여성을 수업에 참여한 아동들 중 한 명의 이모로 알아보았다. 주중과 낮 시간에 여유가 있는 그녀는 '레저'를 위해 설계된 이 공간에서 오전 시간을 보낼 수 있다. 그러나 그녀의 기다림이 과연 여유로운 것일까? 그녀는 약 800만 명의 남아프리카공화국 성인 실업자 중 한 명으로, 대다수는 가족 부양이나 정부 보조금에 의존하며 돈벌이 경제에서 소외되어 있다. 1994년의 희망찬 약속은 여전히 대부분의 시민들에게 미뤄져 있다. 이 여성의 '대기'는 마치 진공 같은 공간에서 기회를 기다리는 모습이다. 공원과 건축 공간의 시각적 중첩은 다른 시공간 물질화와 빛의 유령 같은 흔적과 함께 유령학적인 느낌을 준다. 공공장소에 노출된 신체와 소비주의의 잔여물이 넘쳐나는 쓰레기들은 인간과 비인간의 '폐기물'과 과잉이 얽힌 흔적을 드러낸다.

일하지 않으면 쉬지 말라

수면 시간은 유치원 프로그램에서 매일 반복되는 일이며, 나 자신을 이완시킬 수 있는 이상적인 기회다. 평소 빠르게 움직이던 신체는 이제 가만히 앉아 그림을 그리게 되는데, 고등교육기관에서 전임으로 일하게 된 요즘에는 이런 활동을 덜 하게 되었다.

[그림 RO.4]에는 한 아동의 말이 그대로 인용된 글귀가 써 있

[그림 RO.4] 수면 시간. 연구 현장 노트(테레사 지오르자의 그림).

다: "노란 막대기가 무섭지 않아요." 부러진 메카노 조각은 아동들이 잠자는 동안에도 꿈속에서 폭력적인 존재감을 드러내는 것 같다. 이 이미지 속 엉덩이들은 그 막대기에 도전하고 있는 것일까? 유치원에서 수면 시간은 성인들이 자신과 그들의 일을 정리할 수 있는 시간을 제공하는 일종의 통제 수단으로 작용한다. 놀이 후 휴식을 위해 지정된 이 시간은 한 시간 이상으로 늘어날 수 있다. 수면과 휴식은 "노동자의 신체에서 노동력을 추출"하기 위해 시간을 측정하고 구매하는 인종화된 산업 자본주의 기계와 얽혀 있다(Taylor and Franklin-Phipps, 2022, 118쪽). 휴식 중인 신체들과 함께 붉은 옷을 입은 여성의 모습을 회절시키면 만프레드 리벨Manfred Liebel의 분석(2020)이 떠오른다.

[그림 RO.5] 잠자는 신체. 목탄 드로잉(테레사 지오르자의 그림).

    사회과학자이자 아동 및 노동학자인 만프레드 리벨은 2020년 탈식민주의와 아동기에 관한 저서에서 아동권리 의제의 근간을 이루는 발달주의에 주목한다. 이 프레임워크는 아동을 가족과 지역사회의 능동적이고 공동 생산적인 구성원이 아니라 보호가 필요한 존재로 간주하며, 아동기를 분리되고 안전한 별개의 존재 영역으로 고정시킨다. 그는 발달주의적이고 식민화된 패러다임에서 아동을 착취로부터 보호하는 것이 현대 자본주의 사회에서 아동이 성인으로 성장하는 과정에서 불가피한 착취를 지연시키는 것에 불과하다고 지적한다. 극단적 착취(휴식 없음)와 실업(일 없음)은 자본주의 기계의 상호 보완적이고 상호 강화적인 전략이다.

시간과 물질의 접힘: 1913/1994/2022

[그림 RO.5]에 나타난 잠든 신체들의 윤곽과 형태는 흐릿한 숯 (탄소) 선으로 그려져 있다. 유치원에서 지속되는 관행과 프로그램 속에 축적된 과거와 미래는 아동기에 가해지는 폭력과 실업 및 빈곤의 폭력을 숨기고 있다. 그려진 형태들은 흐릿하며, 잠과 죽음의 경계도 흐려지면서 피카소의 "게르니카"와 헨리 무어의 드로잉 "폭탄 대피소" 같은 다른 형태들을 떠올리게 한다. 현재 대중 매체의 이미지들은 우크라이나 사람들이 지하에서 신체를 웅크리며 이러한 패턴과 자세를 반복하는 모습을 보여주고 있다. 그러나 이러한 일상적 보도에서 아프가니스탄과 팔레스타인 사람들은 보이지 않으며, '무대 뒤로' 사라진다. '정의로운' 전쟁이라는 개념은 이러한 '종말'의 시대에는 통용되지 않는다. 더 정의롭고 평등한 세계에 대한 희망은 인간과 다른 생명체가 존재하지 않는 세계가 올 가능성으로 인해 사라져가고 있다. 탄소는 지구에서 네 번째로 흔한 원소이며, 모든 생명체에 필수적이고, 온실가스인 이산화탄소의 주요 성분이다. 금세기 동안 지구 기온은 2.7도 상승할 것으로 예상되며(UN 기후변화보고서, 2021), 일부 지역에서는 훨씬 더 높은 수준이 될 수 있다(Pearce & Hausfather, 2018). 극지방의 빙하가 녹으면서 해수면이 급격히 상승하고 있으며, 우리 종의 생존 기간은 짧을지도 모른다(Heywood, 2022). 우리는 지금처럼 계속 살아갈 경우 끔찍한 미래가 우리를 기다리고 있다는 것을 외면하고 있는 것 같다. 뉴턴의 시간 개념은 시간이 연대기적 선을 따라 한 방향으로 움직이며,

더 '발전된' 목표, 즉 후쿠야마의 "역사의 종말"을 향해 나아가는 시간을 받아들이는 데 익숙해져 있다. 바라드는 시간이 어떻게 접힐 수 있고 현상적일 수 있는지를 생각해 보라고 요청한다. 1913년이 1994년 안에 있을 수 있고, 그 반대의 경우도 가능할까? 방법론으로서의 시간 탐방은 무한한 가능성을 담고 있는 '점'과 '모든 역사의 중첩'에 대한 시간적 회절이자 유령학이다(Feynman, Barad, 2017, 81쪽, 43쪽에서 인용). 사실 '탐방'은 전혀 존재하지 않을 수도 있다.

연구를 다시-찾기re-searching

: 세계되기 실천으로서의 경계에 대한 고민

조안 피어스

연구를 다시-찾기

이 장에서는 캐런 바라드의 내부-작용적 관계 철학이 연구를 사고하는 방식에 미치는 영향을 초점으로 다룬다. 바라드의 관계 철학을 통해 이제는 연구할 때 관계와 사고를 분리하지 않고 함께 고려해야 할 윤리적이고 지식적인 필요성을 깨달았다(Haraway, 2016). 이 장은 생각, 감각, 기억이 복잡하게 얽혀 있는 것이 모든 보이는 것과 보이지 않는 세부 사항 속에 존재하지만, 아직 그것에 대한 주목이 이루어지지 않았음을 다룬다. 장의 텍스트, 이미지, QR코드 사운드는 페이지 안팎을 넘나들며 움직이고 미끄러지며,

이는 학술적 글쓰기에서 공간적 경계를 파괴하는 의도적인 방법이다. 캐런 바라드가 글쓰기에서 각주의 중요성과 읽기 그룹에서 각주와 함께 작업하는 방식에서 영감을 받은 각주는 특별한 주목을 받을 필요가 있다(Barad, 2007, 466쪽). 각주[1]는 새어 나오는 생각의 흔적을 남기며 이 장이 선형적 시간의 경계에 갇히지 않도록 해준다.

첫 번째는 아니지만,[2] 대학에서 학생으로서 연구와 진지한 학문적 추구에서 배제되기 쉬운 시간, 장소, 수영, 가족, 영성[3]과의 개인적[4] 관계를 분리함으로써 존재하는 구성적 경계선에 대한 나의 경험을 간략히 논의한다. 확실히 두 번째라고 할 수 없지만, 나는 관계의 분리라는 상식을 깨는 여정에 특별한 영향을 준 몽키밸리에서 캐런 바라드와 함께한 세미나로 되-돌아갔다.[5] 이 세미나와

1 각주에 대한 설명은 인간의 신체에서 발이 아래에 있는 방식과는 다르다. 글을 쓰면서 나는 정원에서 묻은 모래와 발 아래 남아 있는 짭짤한 바닷물을 느낀다. 그레이트 데인인 포티의 숨결이 때때로 내 발가락을 덮는다. 이는 내가 함께 걷고 있는 것과 사람들에 대한 끈적한 기억이다. **이런 감각은 내가 각주를 바라보는 방식과 더 가깝다. 글쓰기, 목소리, 그리고 물질을 투과하는 방법으로서 이는 마치 물결이 넘나들듯 활발한 도구가 된다.**

2 학술적인 장에서 1단계, 2단계, 3단계로 전통적인 순서를 따라가는 자동 교정 기능이 내가 매긴 번호 순서를 억지로 고치려고 한다. 다른 단어에서도 파란색 물결 모양의 선들이 계속해서 나를 영어의 경계선 안에 가두려고 한다. 그러나 이 푸른 물결은 나와 함께 유영하는 느낌을 주며, 시간적·공간적 회절의 감각으로 이동한다.

3 "어둠은 세계와 만물이 창조되기 전에 '존재'했지만, 그것은 물질, 모체, 배아, 잠재력과 동일시된다"(Anzaldúa, 1987, Barad, 2014, 171쪽에서 인용). "땅이 혼돈하고 공허하며 어둠이 깊음 위에 있고 하나님의 영은 물 위에 움직이고 계셨다"(Bible, NIV, 1973, Genesis 1:1).

4 '개별적'이라는 단어는 이미 개체의 신체에 속하거나 그 일부로 간주된다. 나는 사실 해체/체화(dis/embodied)라는 단어를 더 선호한다.

5 캐런 바라드는 반사와 회절이라는 친숙한 시각적 은유를 통해 '되돌아감'(returning)과 '되-돌아감'(re-turning)의 차이점을 설명한다. '되돌아감'은 반사(빛이 거울에 부딪혀 원래 왔던 곳으로

그들의 저작을 계속 읽는 독서 그룹, 그리고 다른 물, 연구자, 실무자, 교수, 친족,[6] 작가 및 학자들과 함께하는 '유아기 담론의 탈식민화'DECD 연구 그룹으로 되-돌아가 연구 실천을 얽힌 관계로 질문하고 재구성하는 방법을 더 많이 발견하고 있다. 되-돌아가기[7]는 이러한 연구의 경계선을 문제시하고 이런 경계선을 서로 얽혀 있고, 침투 가능하며, 관계적인 것으로 다시 상상하는 생성적 방법이 된다. 현재 박사 과정의 연구에서도 나는 일상적 관계와 분리된 학생으로서의 경계선을 모호하게 만든다. 행위적 실재론의 관계 철학[8]의 얽힌 선을 따라가다 보면 시간은 누출되는 것으로 드러난다. 시간[9]은 선형적인 것이 아니라 과거, 현재, 미래의 다양체다. 누출하는 시간은 시간의 다양한 감성을 표현하고 다른 관계와 분리되

되돌아오는 현상)와 관련이 있는 반면, '되-돌아감'은 회절과 관련이 있다(Barad, 2014, 184-185쪽). 따라서 되돌아감이 과거의 선형적 시간으로 다시 돌아가는 것을 의미한다면, 연구에서의 되-돌아감은 멀리 떨어져 있지 않은 세계와 항상 이미 얽혀 있는 것을 포함한다.

6 "친족이란 상호적이고, 의무적이며, 선택의 여지가 없고, 불편해지면 그냥 버릴 수 없는 관계를 의미한다. 나에게는 사촌이 있고, 그 사촌에게는 내가 있으며, 나에게는 개가 있고, 개에게는 내가 있다"(Haraway, 2019, Paulson, 2019에서 인용). 나에게는 정원이 있고 정원에는 내가 있다. 씨앗을 뿌리고, 잎이 무성하고, 짭짤한 바닷바람이 불고, 지렁이가 퇴비를 만든다.

7 바라드(2014)는 지렁이가 퇴비를 만드는 과정을 설명하면서 지렁이가 흙을 뒤집고 섭취하며 배설하는 이미지를 사용해 '되-돌아감'을 설명한다(Barad, 2014, 168쪽). 지렁이는 "땅을 뚫고, 땅을 파고, 흙에 산소를 공급하고, 흙을 열고, 새 생명을 불어넣는 모든 수단을 동원하는"(Barad, 2014, 168쪽) 생동감 넘치는 일로 되-돌아감을 실천한다.

8 행위적 실재론은 다른 관계적 개념틀과 다르다. 바라드에게 있어 내부-작용은 상호작용의 개념과 달리 "무한히 얽혀 있는 행위들의 상호 구성을 의미한다"(Barad, 2007, 333쪽). 상호작용은 서로 관련된 사물에서 시작되는 반면 내부-작용은 관계에서 시작된다.

9 "시간은 결합되어 있지 않으며, 회절되어 있고, 다른 방향으로 분리되어 있으며, 그 자체로 동시적이지 않다. 매 순간은 무한한 다중체다"(Barad, 2014, 169쪽).

거나 거리를 두는 학문의 경계를 적극적으로 파괴하는 이동하고 얽혀 있는 시간이다. 항상 세 번째는 아니지만, 대학 도서관과 지역 도서관의 얽힌 선과 함께 연구 실천, 아이디어, 호기심, 연구 제작을 생성하는 관계의 얽힌 본질을 표현하기 위해 글을 쓴다. 마지막으로 이 장에서는 도나 해러웨이의 세계되기 개념과 팀 잉골드의 선 철학에 주목한다.[10] 나는 세계되기의 실천으로서의 연구에 참여할 기회로서 현재 진행 중인 박사 연구 프로젝트에서 연구와 비/체화된 관계 사이의 침투 가능한 경계에 주목한다. 역사, 시간, 공간, 소리, 텍스트, 주제, QR코드, 글쓰기, 수영, 움직임, 독자, 상상의 얽힘은 세계되기의 실천으로서의 연구 수행성을 형성한다.

구체적인 시간

대학은 학생과 학자가 된다는 본질에 영향을 미치는 이론적 틀 및 실천과 함께 존재한다. 교사 교육에서 교육 연구는 미리 정해진 범주화된 인식론적 분야(예: 환경, 언어, 문해력, 수학) 내에서 수행된다. 이러한 범주화는 교육 연구를 분리하고 세분화하며, 연구 관행에 대한 결정적 경계를 만들어낸다(Barad, 2007; Barad & Gandorfer, 2021; Schrader, 2012). 학문 분야, 언어, 관습은 대학의 학문적 틀을 구

---

10 잉골드는 선의 주체가 일상생활의 일부이며 세계와의 관계에서 역동적이라고 제안한다. 이는 "걷기, 직조, 관찰, 노래, 스토리텔링, 그림 그리기, 글쓰기"를 포함하며(Ingold, 2015, 54쪽), 이러한 선은 관계를 구분하는 경계선을 파괴하고 세계와의 관계에서 신체에 주목하는 아이디어와 가능성을 창출하는 세계되기의 일부가 된다(Haraway, 2016).

성하는 구조적 선들 중 일부다. 이런 구조적 선들은 지배적인 이론 및 실천과 얽혀 연구의 경계를 나누고 만들어낸다. 나는 초등교육학 석사 과정에 등록했는데, 이는 특정 교육 이론을 바탕으로 글을 써야 하고 이미 범주화[11]된 '흐름'에 맞춰야 함을 의미했다. 이로 인해 동기를 부여하고 연구하는 데 있어 선형적이고 연대기적인 시간이 필요하다는 것을 깨달았다. 관계성에 대한 호기심[12]을 표현하기 위해 글을 쓰고, 설명하고, 참여하는 데 한계를 느끼고 좌절했던 기억이 난다. 석사 연구를 하는 동안 이론이 먼저이고, 방법은 그 다음이며, 분석은 마지막이라는 말을 들었다. 마치 건물의 시멘트처럼 미리 짜인 연구 단계에 시간을 고정하는 것이었다.

석사 연구를 마친 대학 건물의 콘크리트 냄새가 아직도 생생하다. 그 냄새와 촉감을 느끼면서 학문 분야의 경계가 여전히 허물어지지 않음을 다시금 깨닫게 된다. 시간의 견고한 벽과 시간 및 공간과의 해체된/체화된 감각 및 관계의 침묵[13]은 학생 시기에 환영받던 생각과 반응을 구분하며, 유색인종과 흑인의 배제된 시간

---

11 범주화는 어떤 인식론이 포함되고(예: 교육의 커리큘럼과 정책) 어떤 인식론이 제외되는지(예: 인간 이상의 것)를 구분하는 경계다.

12 나의 호기심은 항상 연구와 얽혀 있다. "내 가슴은 내 머리를 뛰게 한다"(Fanon, 1952, McKittrick, 2021, 140쪽에서 인용). 말과 글로 표현해야 하는 긴장과 힘은 학문적 언어를 통해서만 의미가 검증된다는 것을 보여주는 예다.

13 인본주의적 연구 프레임은 인간의 시각을 기준으로 연구를 수행하여 무엇이 존재하고 무엇이 존재하지 않는지를 결정하는 경향이 있다. 이 접근법은 시공간을 넘나드는 얽힌 유동적인 관계와 다양한 시간성을 무시한다(Barad, 2007). 이러한 인본주의적 프레임은 특정 신체, 예를 들어 아동, 유색인 신체, 또는 인간-이상의 신체에 대한 지우기와 배제를 정당화할 수 있다.

을 남겨놓는다.[14] 고정된 선들은 연구에서 개별 주체의 경계를 강화하고 연구자, 연구 참여자, 환경, 연구 방법을 분리된 것으로 간주한다.[15]

이분법적 사고와 지배적인 인본주의적 세계관은 서구화된 관계 이해를 통해 연구의 가능성을 제한한다. 이는 자연과 문화, 이론과 방법, 학교와 가정, 성인과 아동, 시간과 장소를 이분법적으로 구분하는 방식에서 나타난다. 이러한 연구 실천은 신체가 '타자'(예: 장소, 시간, 기억, 인간-이상의 존재, 물)와의 관계[16]에 앞서 개별적으로 존재하는 경계 있는 개별 실체라고 가정한다.

석사 연구 기간 나는 경계가 있는 교육 분야[17]에 호기심을 고정할 준비가 되어 있지 않았고, 그 결과 초등교육이라는 연구 스트림을 만들게 되었다. 이 대학은 교육과정 연구, 초등교육, 수학교육, 과학교육 등으로 나뉜 스트림 구조로 운영된다. 건물, 서류 작업,

---

14 우리는 모두 학생이며, 모든 사람이 포스트아파르트헤이트 시대의 남아프리카공화국에서 자유롭게 대학에 다닐 수 있다. 피부색이 더 이상 이 대학에서 배제되는 도구로 사용되지 않기 때문에 자유롭다. 나는 공부하기를 원한다면 등록할 수 있지만, 아버지는 인종 분류에 대한 불만이 제기될 때까지 3개월 동안 이곳에서 공부할 수 있었다. 나는 그와 수많은 사람이 불법 체류자로 여겨졌던 땅을 걷고 있다.

15 "다시 말해, 여기서 문제가 되는 것은 다시 한번 행위적 분리 가능성, 즉 타자화 없는 차이, 분리 가능성 없는 배제다"(Barad & Gandorfer, 2021, 46쪽).

16 "관계는 관계항을 따르는 것이 아니라 그 반대다"(Barad, 2007, 136쪽). 즉 관계항은 미리 존재하는 것이 아니며, 신체도 미리 존재하는 것이 아니라 내부-작용 관계를 통해 만들어진다. 신체는 개별적 실체가 아니라 관계적이다.

17 교육은 본질적으로 다른 분야와 학문과 얽혀 있다. 만약 초학제성이 세계의 본래 방식이라면, 연구자로서 우리는 학문적 경계를 형성하는 실천을 통해 학문의 특수성을 어떻게 인식할 수 있을까?(McKittrick, 2021). "물질적으로 얽혀 있다는 것은 단순히 인식론적 영역의 한계를 묻는 것만으로는 충분하지 않다는 것을 의미한다. 내가 주장했듯이, 필요한 것은 윤리-존재-인식론의 통합이다"(Barad & Gandorfer, 2021, 39쪽).

직원, 교과 과정 및 연구 스트림은 학생이 개별 스트림 내에서 학습하는 과정을 지시하는 몇 가지 물질적 방식이다. 이러한 스트림[18]에는 경계와 고정된 선이 있으며, 이런 고정된 선 중 일부는 초등학교에서의 교육과 학습, 발달주의, 개인주의, 사회구성주의와 관련된 아동 이론이다. 나는 학교라는 물리적 장소와 관련된 학습과 교수의 학계 경계선 안에서 고군분투했다. 교실, 담장, 경계선 등 더 견고한 담장들이 이러한 경계선을 형성한다.[19] 이런 범주화는 언어가 보편적인 영어, 흰 종이에 검은 잉크, 균일한 글꼴 크기, 정리된 문장으로 이루어진 학문적 글쓰기를 만들어낸다. 맞춤법 검사를 통한 수정 및 지속적인 수정을 통해 단락을 논리적이고 일관성 있게 유지한다. 과제에서 이미지에 레이블을 지정하면 텍스트와 시각적 이미지 사이에 경계[20]가 생기고, 텍스트와 이미지 간의 관계[21]에 영향을 미친다. 제출물은 정해진 시간 내에 제출해야 하

18   내가 살고 있는 블라이(습지 수역)를 따라 흐르는 물은 인간이 만든 경계에 복종하지 않는다. 그것은 그것들을 통과하거나 그 위로 흐르고 다른 것을 만든다. 물이 조수 웅덩이 벽을 뚫고 누출되는 모습을 보면서 경계란 시간과 공간에 고정되어 있지 않음을 생각하게 된다.

19   학교는 수업 시간, 자유 시간, 정시, 평가 시간 등 다양한 이름을 가진 시간이 존재하는 곳이다. 심지어 숙제 시간을 위해 집으로 이동하는 시간도 있다. 이러한 시간은 학교라는 물리적 공간에 정해진 시간으로 존재하지 않는다. 이 시간들은 대학의 제도적 시간 틀에 맞추기 위한 규율이다. 이 시간들은 진보와 결단력에 대한 가정으로 두껍다.

20   이런 경계는 학술 논문과 글쓰기에서 텍스트를 사용하는 방식에서 볼 수 있다(그림 T.1 참조). 이러한 제약과 함께 작동하며 취소선은 텍스트와 분리된 이미지의 라벨링에 대한 비/가시적 존재로 작동한다.

21   나는 그림 이름을 텍스트-내 캡션으로 제한하지 않고 각주로 가져와서 이 장의 일부지만 텍스트에 묶여 있지 않은 공간을 독자에게 알리고자 한다.

[그림 T.1] 다공성 스캔.

며 지식을 측정한다. 내 손[22]은 텍스트 길이 규칙의 경계선 내에 있는지 확인하기 위해 정기적으로 '도구'를 클릭한 다음 '단어 수'를 클릭한다. 이러한 범주화, 실천, 규율의 경계선은 남아프리카공화국의 식민지 유산을 체현하는 학생들에게 어떻게 지우기를 강화할까?

나는 연구, 시간, 장소, 유령학[23]으로 얽힌 대학 도서관으로 되-

---

22 방금 몇 분 전에 이 작업을 수행했는데 이렇게 쉽게 바로 단축키를 수행할 수 있다. 이 장의 경계를 어떻게 조작하여 투과성과 다공성을 만들 수 있을까?

23 자크 데리다(1994)는 '유령학'(hauntology)이라는 개념을 제안했는데, 이는 프랑스어로 '존재

[그림 7.2] 서가 사이.

돌아가 이 질문에 답한다. 대학 캠퍼스의 중심 건물인 도서관에는 학문 분야에 맞는 도서가 정리되고, 주문되며, 구매되고, 배치되어 있다. 학생증을 스캔하면 출입이 가능하며, 학생증은 내 목에 걸려 있다.

대학 브랜드가 새겨진 파란색 끈이 목에 걸려 있다. 이 허가는 내가 교육관에 들어가 특정 강의에 참석할 수 있도록 해준다. 이 끈은 일종의 스킨처럼 작용하여, 신체 기관이 더 든든하게 느껴지게 한다. 이 스킨을 착용하면 문을 통해 들어가 의자에 앉아 말할 수 있는 권리를 부여받는 것이다. 이 추가 스킨이 있으면 지워진[24] 기억이 진정되는 느낌이 든다. 하지만 이 랜야드 스킨은 도서관 출

론'(ontology)과 발음이 비슷하며, 존재론이라는 단어를 유희하고 이를 붕괴시킨다. 이 유령학 개념은 현재와 과거, 부재와 현재, 산 자와 죽은 자 사이의 비결정적 관계를 통해 생겨난다. 데리다(1994)에게 유령학은 "과거의 유령과의 지속적인 대화이며, 이 대화의 목적은 과거를 고치는 것이 아니라 다른 미래를 발명하는 것"이다(Zembylas, Bozalek & Motala, 2020, 28쪽).

24 "지우기는 세계의 세계되기에 그 흔적을 남기는 물질적 실천이다"(Barad, 2017a, 73쪽).

입증과는 다른 방식으로 작동한다. 도서관으로 향하는 계단은 교육관에서 너무 멀게 느껴지고, 그 땅은 덜 익숙하다. 유령 같은 시간이 내 신체를 휘젓는다.[25]

다른 시간

캐런 바라드가 공간 및 시간 회절에 관한 최근 연구 논문 두 편을 발표했던 연구 세미나로 되-돌아가, 대학 도서관과 관련하여 시간을 다르게 읽었던 흔적을 따라가며 박사 과정 연구 중 지역 도서관과의 만남을 통해 회절해 본다. 뜨개질을 하면서 나는 세미나에서 뜨개질하던 목도리와 바라드의 논문 낭독을 들으며 함께 원을 그리며 생각한 것과 해체/체화를 떠올린다.[26]

세미나를 돌아보면,[27] 대학 도서관과 지역 도서관은 구성과 분해의 수단, 즉 교육 연구를 불안정하게 만드는 개방적 공간으로 작용한다.

---

25 [그림 ̶F̶-̶2̶] 서가 사이. 2018년 4월 9일. 지도교수와 함께 대학 도서관에 가는 중이었다. 석사 논문이 거의 끝나갈 무렵이었는데, 지도교수가 알려준 책들이 대학 도서관 서가에 꽂혀 있었다. 얼마 지나지 않아 내가 실제로는 혼자서 그곳에 가본 적이 없다는 사실을 알게 되었다. 이 기억은 꼭 간직하지 않더라도 다른 관계를 끌어들이는 학문 세계의 구조에 관해 이야기하는 기억으로 다시 돌아온다.

26 [그림 ̶F̶-̶3̶] 누출. QR코드를 통해 듣는 것은 선형적 시간에 누출을 일으킨다. 캐런 바라드는 데이터에 대한 생각을 불러일으키고 연구 실천을 불안정하게 만든다.

27 세미나에서 바라드의 논문 읽기와 관련하여 우리가 개발한 질문을 들고 동그랗게 둘러앉아 나는 질문에 응답하기 위한 대안으로 "머리에서 벗어나 신체로 들어가라"라는 지도교수의 말에 귀를 기울인다.

[그림 T.3] 누출.

나는 페미니스트 학자 도나 해러웨이(1997)가 개발한 회절이라는 은유에 흥미를 느낀다. 해러웨이는 회절을 "세계에서 차이를 만들려는 노력에 대한 광학적 은유"로 제안하며, 이는 원본과 동일성의 복사본을 만드는 관행을 방해한다고 설명한다(Haraway, 1997, 16쪽). 회절은 간섭과 차이의 패턴과 관련이 있다. 해러웨이에게 회절은 "상호작용, 간섭, 강화, 차이의 역사"를 기록한다(2000, 101쪽). 캐런 바라드는 회절에 대한 해러웨이의 연구를 물리학의 세계로 가져가 파동의 굴절과 변화를 탐구한다(Barad, 2007, 80쪽). 이런 탐구의 연장선상에서 바라드(2007, 2014, 2017a, 2017b)는 파동을 사용해 회절을 제안한다.

간단히 말해 회절은 파동이 겹칠 때 결합하는 방식과 파동이 장애물을 만났을 때 발생하는 굴절 및 퍼짐 현상과 관련이 있다. 회

[그림 T.4] 다공성 신체.

절은 수파, 음파, 광파 등 모든 종류의 파동에서 나타날 수 있다. (Barad, 2007, 74)[28]

물과 바다 공간에 대한 내 관심은 회절의 물과 같은 참조와 그 연구 방법으로서의 가능성에 대해 더 깊이 탐구하도록 이끌었다. 바라드는 "서퍼들은 이 현상을 잘 알고 있는데, 때로는 해안가의 큰 바위 뒤에서 정말 멋진 파도를 탈 수 있다"고 주장한다(Barad, 2007, 80쪽).

나는 프리다이빙을 할 때 이 현상을 직접 경험했고, 바위와 대형 갈조류 숲이 파도를 방해하여 회절 패턴을 만드는 방식을 의존하게 되었다. 다이빙을 하면서 물, 빛, 파도, 다시마, 바위가 만

28   [그림 T.4] 다공성 신체.

나 생성되는 패턴 안에서 해안이나 물속 장소로 이동할 수 있었다. 바라드는 이 현상을 "말 그대로 회절 패턴을 타는 것"이라고 설명한다(Barad, 2007, 80쪽). 회절은 특정 조건에서 파동과 간섭이 발생할 때 나타난다. 바라드는 비눗방울 색이 소용돌이치는 현상, 물웅덩이의 기름층, 심지어 관찰자의 위치에 따라 새나 나비 또는 다른 생물의 색상[29]이 변하는 것과 같은 몇 가지 일상적 예를 제시한다(Barad, 2007, 80쪽). 회절 패턴은 단순히 차이가 나타나는 위치가 아니라 차이의 효과를 매핑한다(Barad, 2007, 2014).

바라드(2014)에 따르면, 논문 "회절을 회절하기: 함께-따로 절단하기"에서 "세계는 모든 관계적 선들의 기억을 '보유'하거나, 오히려 세계가 그 기억(주름 접힌 물질화) 그 자체이기 때문에 우리는 현재에서 분리된 후 시간을 거슬러 과거에 영향을 주지 않고 이전 사건으로 돌아갈 수 없다"고 설명한다(Barad, 2014, 182쪽). 이런 방식으로 앎은 세계를 물질적으로 변화시키는 물질적·담론적 실천, 즉 세계되기의 실천이다(Barad & Gandorfer, 2021). 과거와 역사는 단순히 뒤처진 것이 아니라 현재와 미래를 만들어가는 신체에서 그 물질성이 느껴진다는 것이다. 이는 지정학, 역사, 교육이 공간, 신체, 시간의 지속적인 물질화에 얽혀있음[30]을 의미한다. 과거와 현재의 정착민 식민주의는 토지와 신체에 대해 여전히 진행 중이며, 이는 전

---

29 청록색. 장은 '청록색'이다. 청록색은 여러 색의 결합과 혼재, 글쓰기의 경계가 없는 되기다. 학문적 글쓰기 틀의 경계에 안주하지 않고 그 틀 안에서 살아가며 틀을 변화시킨다. 다시마, 물, 소금, 물과 같은 신체가 모여 있는 것처럼 다공성이다.

30 "얽힘이 무한하다고 해서 얽힘의 구체성이 중요하지 않다는 의미는 아니며, 오히려 세부 사항이 중요하다"(Barad, 2014, 185쪽).

세계의 교육과 연구에 대한 이해에 영향을 미친다. 이러한 이해는 연구자들이 인본주의 연구를 주도하고 경계에 갇힌 인간 주체를 중심에 두는 아파르트헤이트 이후 남아프리카공화국의 생활 유산에 내재되어 있다. 이러한 실천은 개인주의와 인간 예외주의에 기반을 두고 있으며, 인간과 환경을 단절시킨다.

누출되는 시간[31]

박사 과정의 일환으로 참여한 '빅 데이터' 프로젝트에서 연구를 수행하면서 연구란 무엇인지, 어떻게 수행되는지, 특정한 답을 얻기 위해 어떤 절차와 관행이 적용되는지, 그리고 이런 관행이 어떻게 특정 방식으로 포장되는지를 지속적으로, 때로는 보이지 않게 의식하게 되었다. 예를 들어, 연구 설계에서 가정 방문을 통해 데이터를 수집하기 위한 설문지를 만드는 과정에서 이러한 절차의 예를 들 수 있다.[32] 이러한 순간들은 나에게 연구 방법, 도구, 이론, 목적 및 연구 현장에 대한 현재의 가정들에 근본적인 문제를 제기하고 혼란을 일으켰으며, 교육 연구의 권력 생산 이분법에 도

---

31 [그림 7.5] 얽힌 신체.

32 [그림 7.3] '누출'에서 세미나에서의 바라드의 답변을 다시 인용한다. "실험실 실험을 이렇게 하면 된다"는 일반적인 방식이라기보다는 "'데이터'가 무엇인지 알아내는 체화된 방식은 이미 주어져 있다"(Barad, 2017b). 이렇게 '데이터'가 무엇'인지' 파악하는 방식은 미리 결정된 것으로 연구 질문에 부합하며, 해체/체화된 호기심이 관계적인 질문을 생성하는 것을 허용하지 않는다.

[그림 T.5] 얽힌 신체.

전해야 한다는 절박함을 느끼게 했다. 프로젝트를 진행하며 연구 현장, 데이터 생성, 연구 설계서 작성, 그리고 이들 간의 관계의 움직임을 통해 정의, 범주화 및 구획화의 어려움과 경계선을 실감했다. 교육 연구에서 분리와 선형성을 강조하는 것은 이론, 신체, 스킬, 방법, 연구 질문 내의/사이의 접힘과 그 다공성 관계를 무시한 것이다. 연구 프로젝트에서, 예를 들어 엄마와 아동과 함께하는 연구 현장(집, 지역 도서관, 학교)에 대한 질문을 구성하는 과정은, 엄마와 아동이 세계와의 관계를 추적하기보다는 개인으로서 자신에 대해 답하도록 요구하는 경우가 많았다. 이는 때로 제한적이고 폭력적으로 느껴졌다. 연구자로서 나는 남아프리카공화국의 지정학적 현실을 반영하지 않은 구체적이고 단일한 질문(예: 기술, 교통, 고용 접근성 등)에 직면해야 했다.

청록색 장

아동과의 만남, 조수 웅덩이에서 수영하기, 지역 도서관[33]으로 가는 선(Ingold, 2015)을 내보냈다.[34] 가족은 매주 짭짤한 바닷바람을 맞으며 집에서 도서관까지 걸어간다. 팰스베이 해변 교외에 가까이 살고 있기 때문에 비슷한 바다 냄새와 소리를 공유한다. 나는 프로젝트에서 커뮤니티 연구 장소로 정해진 지역 도서관에서 그들을 만났다. 각자의 소지품과 이야기를 가지고 도서관 테이블에 앉아 데이터의 공동 생성과 세계되기라는 연구 실천의 관계성[35]을 강조했다. 시간적·공간적 유령과 얽힌[36] 장소인 지역 도서관으로 되-돌아가는 것은 시간 속에 담긴 사건에 대한 아이디어를 흐리게 하고 파열시킨다. 끈, 스킨, 대학 도서관, 책, 조수 웅덩이 영상, 물과의 탐구, 스승의 지도, 나의 짠 모래밭, 강아지의 입김은 분리된 것이 아니라 세계(와) 함께/안에서 계속되는 세계되기다. 그것은 정의된 연구의 선에 차이를 만드는 세계되기다. 인간과 인간 이상의 신체와의 관계적 선[37]이 얽혀 있는 연구는 관계적·수행적 연구

33 대학 도서관을 시간 속에 남겨두지 않는다. 그것은 시간을 통해 누출되는 선처럼 이동한다.

34 선을 긋는다는 것은 분해하고 구성하는 것이며, 확정적이고 고정된 연구 패턴에 저항하고자 하는 사람들이 해야 할 일은 접촉 지대에 거주하는 것이다(Haraway, 2016, 12쪽). 이러한 접촉 지대는 아동, 학습, 개념, 물질성, 공동체, 협업, 물, 개, 정원, 장소, 단선적인 선, '탈주선'(Deleuze & Guattari, 2014)이 지속적으로 재구성되는 힘의 일부인 장소이다.

35 인간과 인간 이상의 존재 사이의 관계성은 올바른 관계를 보장한다(Haraway, 2008). 이런 형태의 관계성은 연결성, 반복 패턴, 발명에 의존하며, 어느 하나가 다른 것 위에 위치하지 않고 오히려 친족 관계와 관계적 행동을 위한 의미 있는 협력이 된다.

36 "우리가 일부인 얽힘은 우리의 존재, 정신, 상상력, 제도, 사회를 재구성하며, '우리'는 재구성되는 것의 나눌 수 없는 일부다"(Barad, 2007, 383쪽).

37 해러웨이(2008)는 이런 얽힌 관계를 '세계되기'라고 부른다. '되기'로서의 세계되기, 세계처럼 되기, 지속적인 세계되기는 나의 연구 과정을 세계되기의 실천으로 발전시켰다.

[그림 T.6] 누출되는 시간.

실천을 낳고(Barad, 2007), 인간에게 있지 않은 행위성과 무엇이 연구
인지에 대해 다르게 생각하게 만든다. 이론과 함께 하는 이러한 사
고는 존재론적으로 행위성이 개별 인간의 신체와 연구 실천이 물
리적으로 시공간에 갇혀 있고 경계가 있는 것으로부터 벗어나는,
누출되는 곳을 생성한다(Neimanis, 2017).[38]

지역 도서관 서가에 꽂힌 책, 테이블, 의자, 대학 도서관에서
지도교수와 내가 앉았던 카펫은 한 장소나 순간에 정착하지 않고
교란을 일으킨다.

다양한 탐구와 연구 방식의 가능성을 여는 것은 연구의 관계
적 유령이 인간과 인간 이상의 존재를 매듭짓고, 선으로 연결하고,
얽히고, 접고, 재구성하는 방식에 기반한다. 이후[39] 나는 연구 글쓰

---

38 [그림 T.6] 누출되는 시간.

39 '그때'는 뒤에 남겨진 시간을 의미하는 것은 아니다. "이처럼 '그때'를 넘어서는 것도,

기를 다르게 접근해야 한다는 점에 대해 더 신중하게 생각하게 되었으며, 이는 필요하지만 항상 쉽지 않은 작업임을 느꼈다. 이런 불안정성은 연구 과정에서 식민화의 영향[40]을 명확히 드러냈고, 탈식민적 연구를 향한 긴급한 움직임을 촉발시킬 만큼 실천을 오염시켰다. 이에 반응하기 위해 우리는 시간의 선형성과 학문 기관의 틀에 대한 재구상과 문제 제기를 환영해야 한다. 시간성은 장, 참고문헌, 각주 등의 경계를 가진 연구 구조에 스며들어야 하며, 그 중요성의 힘을 신체 전체로 느껴야 한다. 연구, 이론, 관계성, 응답-능력은 미리 정해진 구조를 거부해야 한다. 공간, 시간, 물질과의 관계의 불가분성은 주체성에 대한 개념을 재구성하고 관계를 재구성한다. 나는 회절이 연구 관행에 새로운 호기심과 질문을 불어넣는다고 생각하며, 관계를 분리된 것이 아니라 항상 이미 얽혀 있는 것으로 이해하는 연구 방법을 도입해야 한다고 믿는다. 세계되기 실천으로서의 연구는 역사, 시간, 텍스트, 주제, 글쓰기, 상상력이 얽히며, 그 흔적이 방법과 데이터 생성으로 새 나온다.[41] 잉골드

'오래된 것'을 남겨두는 것도 없다. 여기-지금과 저기-그때 사이에는 절대적 경계가 없다"(Barad, 2014, 168쪽).

40 크리스티나 샤프(Christina Sharpe)는 식민지적 연구 행위와 관련해 소유권, 점유, 개입, 발견 및 주장 같은 개념들에 대한 심층적인 통찰을 제공했다(Sharpe, 2016). 이런 연구를 통해 우리는 물속에서 어떻게 숨을 쉴 수 있는지를 탐구하며, 우리 신체가 식민지적 행위의 지속적인 힘에 어떻게 저항할 수 있는지에 대한 답을 모색할 수 있다. 이런 저항의 방법 중 일부는 글쓰기 방식의 변화, 데이터 개념화의 재구성, 그리고 시간에 대한 새로운 시각을 통해 새로운 연구 방식을 제안하는 것이 될 수 있다.

41 "연구와 창작을 모두 진지하게 받아들이고, 그 상호 함의를 통해 생성되는 것을 진지하게 받아들이는 것"(Truman, 2022, 158쪽). 나는 2022년에 출간된 사라 트루먼(Sarah Truman)의 최근 저서에서 그녀의 연구에 빠져들었고, 이 글을 제출하고 나서 다시 한번 읽어보고 싶다. 그녀의 책 페이지가 내 형광펜과 손을 기다리고 있다.

(Ingold, 2007, 2011, 2015)에 따르면, 그물망은 서로 얽힌 흔적들로 구성되며, "그물망의 선은 삶이 살아가는 흔적"이고 그 안에서 주민들의 움직임이 세계와 직조된다. 즉 학생, 도서관, 영성, 참여자, 연구는 단순히 물리적 위치나 피부에 묶여 있는 실체가 아니라 시공간을 가로질러 연결되어 있으며, 관계의 선과 누출물이 생동감 있게 얽혀 있다는 것이다(Neimanis, 2020). 이를 위해 연구자들은 제도적 시간과 개인적 시간의 경계에서 누수를 만들어야 하며, 우리는 시간을 회절적으로 다루고 종종 배제되는 것에 더 세심한 주의를 기울여야 한다. 콘크리트에서 다른 냄새가 누출되고 새고 있다.

감사의 글

LEGO 재단이 지원한 이 연구 프로젝트 "아동 기술과 놀이" 동안 데이터의 공동 생산에 참여해 준 아동들, 가족 연구자들, 문어, 그리고 짠 바다에 깊은 감사를 표한다. 또 카린 머리스와의 물과 같은 즐거운 관계와 우리가 함께/그 안에서 춤추는 세계되기에 대한 감사의 마음을 전한다. 마지막으로 나의 반려동물인 포티, 다냐, 호프에게 그들의 숨결과 냄새에 대한 깊은 감사를 전한다.

여파, 내세, 잔상

애드리엔 반 이든-워튼

~상륙

공기는 쌀쌀하고 축축하다. 땅은 여전히 젖어 있다. 며칠 전 갑작스러운 홍수를 일으켜 테이블마운틴 국립공원 채프먼스피크 구간 반대편에 있는 이미자모예투[1]에서 수백 명의 가족을 대피시킨 강력한 북서풍과 폭우에서 잠시 벗어났다. 몽키밸리 비치 네이처

---

[1] 이미자모예투(Imizamo Yethu, '우리 공동의 노력으로'라는 뜻의 이시코사어)는 케이프타운 인근 하우트베이에 있는 마을로, 남아프리카공화국에서 극심한 대조를 이루고 있는 사회경제적 불평등과 공간적 분리를 보여주는 대표적인 곳이다. 이미자모예투의 많은 지역은 아직 공식적인 기반 시설이 설치되어 있지 않으며, 이미 3개월 전에 일어난 엄청난 화재로 수천 명의 주민이 집을 잃었다.

리조트의 회의 시설과는 동떨어진 세계지만 차로 금방 갈 수 있으며, 대서양을 내려다보는 유료도로로 이어져 있다. 이 도로는 가파른 암벽을 뚫고 노역으로 건설된 지 백 년이 되었다.

높은 파도와 비를 동반한 폭풍이 케이프 페닌슐라 남부 해양기후의 특징이지만, 세 번의 겨울에 연속으로 상륙한 한랭 전선은 너무 적고 빈번하지 않았다. 워크숍이 진행되는 동안 겨울 날씨, 바람과 파도의 내부-작용, 흐름, 소용돌이, 눈에 띄지 않는 해류의 움직임에 대한 생생한 경험으로 관심과 대화는 이어졌다. 웨스턴 케이프에 닥친 다년간 지속된 가뭄과 케이프타운 대도시의 전례 없는 물 부족 상황은 곧 '데이 제로'로 알려진, 시의 수도관이 말라버릴 날이 올 것이라는 두려운 예측으로 이어졌고, 이는 거의 상상할 수 없는 일이었다.

캐런 바라드는 행위적 실재론은 "정적으로 주어진 것이 아니다"라고 말한다(Juelskjær 외, 2021, 134쪽). 그가 워크숍에서 "회절을 회절하기: 함께-따로 절단하기"(Barad, 2014)와 "시간 교란하기와 무의 생태학: 되-돌아가기, 기억하기, 그리고 헤아릴 수 없는 것과 마주하기"(Barad, 2017a)의 초기 버전을 읽은 것은 공식적인 컨퍼런스 발표도, 무대에서 공연한 강연도 아니었지만 그 뒤에 공명하는 문젯거리는 내게 계속 남아 있으며 나와 함께 움직인다. 중얼거림, 메아리, 이는 파도처럼 다시 접히고 퇴각하며 겹쳐지고 다시 접히고 후퇴하고 겹치고 두 배가 된다. 내가 사랑하는 것에 대해 어떻게 책임질 수 있을까?

나는 길을 잃고 돌아서면서 《소금-물-신체: 상실의 아틀라스로부터》*Salt-Water-Bodies: From Atlas of Loss* (2015-2019)[2]와 현재 진행 중인 신작 《물/통나무》*Water/Log*를 통해 몇 가지 측면을 살피면서 이 장 역시 시간과 정의의 불가분성에 대한 불안정한 대화, 즉 공모와 고조된 위태로움, 애도와 위트의 미완의 노동, 더 깨어 있고 정의로운 행성의 미래에 대한 갈망을 다루는 신호가 되기를 바란다. 바라드는 "해결책은 없다"고 말하며, "단지 우리의 대응 능력, 즉 책임을 사용해 각 만남 각 행동에 열려 있고 살아 있게 하여 각성을 돕고 정의롭게 살 수 있는 새로운 가능성에 생명을 불어넣는 지속적인 실천이 있을 뿐"이라고 제안한다(Barad, 2007, x쪽).

벵겔라해류의 차가운 물 속에서 수년간 걷고, 잠기고, 잠수하는 경험을 통해 형성된 소금-물-신체는 남아프리카 서해안의 대서양 연안과 인접한 섬에서 마주친 포토미디어[3]와 라이브 아트를 통한 응답이다. 지구상에서 상실과 교환의 역사를 간직한 이 수륙의 장소는 폭력적 유산, 무분별한 환경 착취, 무관심에 시달리고 있다. 고래, 바다표범, 바닷새, 구아노 '남획'과 같은 무차별적이고 점점 더 조직적인 살육과 생태 파괴의 역사는 정착민 식민주의, 제

---

2 《소금-물-신체: 상실의 아틀라스로부터》는 원래 엘리자베스 건터(Elizabeth Gunter)의 지도를 받은 연구실습 박사 학위 논문(스텔렌보쉬대학교)의 일부로 이 장은 부분적으로 이 논문(van Eeden-Wharton, 2020)을 바탕으로 작성되었다. 《물/통나무》와 함께 나는 《소금-물-신체》를 더 큰 규모의 창작물로 발전시키고 있다.

3 조안나 질린스카(Joanna Zylinska)는 복잡한 빛 기반 현상으로서의 포토미디어를 과정적이고 역동적이며 관계적으로 이해하는 포토미디에이션(photomediation)이라는 개념적 틀을 제안한다(Zylinska, 2016, 11-12쪽). 나는 고정된(움직이는) 이미지와 상호작용하여 창조하는 효과적이고 윤리적인 실천을 불러일으키기 위해 수정된 구두점을 사용해 포토미디에이션을 사용한다.

국, 국가 통제, 인종 분리, 토지 수용, 강압적 노동 관행, 군사화 및 산업화와 떼려야 뗄 수 없는 은밀한 장소에서 이루어진다.

발 플럼우드(Val Plumwood)의 은밀한 또는 거부된 장소 개념, 즉 "경제적 및 생태적 지원의 여러 무시된 장소", "우리의 지식과 책임을 회피할 가능성이 있는" 인식되지 않은 "물질적으로 지원하는" 장소(Plumwood, 2008, 139, 145쪽)는 다층적인 수준에 걸쳐 해양 생태학살을 보이지 않게 만들고 시야에서 사라지게 하는 과정을 설득력 있게 환기한다. 남단이라는 것은 종종 시야에서 더 멀어진다는 것을 의미한다. 《물/통나무》는 식민주의, 수탈주의, 군산복합체 확장의 지속적인 여파 속에서 물질적·지정학적 흐름을 따라 아프리카 남부 해안의 본토 해안과 섬, 남대서양, 남인도양, 남극해의 원양 및 저서 지역, 아남극의 섬들, 그리고 마지막으로 얼어붙은 '지구의 끝' 남극 대륙에 이르기까지 남쪽으로 더 멀리[4] 재탐사를 떠난다.

(몽키밸리가 위치한) 남극 케이프반도에는 다른 얽힌 역사가 남아 있다. 남아프리카공화국의 다른 해안 지역과 마찬가지로 아파르트헤이트 시절 강제 이주와 분리된 해변을 통해 지역사회 전체가 바다와 분리되었을 뿐만 아니라 경제적 격차도 지속되었다. 컨퍼런스 시설의 독특한 위치, 직원들의 친절한 환대, 세심한 답변으로 활기를 띠는 두터운 물질적-담론적 연결은 모두 학술-워크숍-이상의 방대한 경험을 제공하는 데 기여하지만, 해변과 바다를 내려다

4　'해양의 남부'에 대한 멕 새뮤얼슨(Meg Samuelson)과 찬 래버리(Charne Lavery)의 제안도 참조하라(Samuelson & Lavery, 2019).

볼 수 있는 산 중턱에 위치한 장소의 독점성과 높은 위치는 특권, 직업, 거리를 극명하게 상기시켜 준다.

~울트라마린

깊고 어둡고 선명한. 파란색. 아프가니스탄에서 수입한 변성 암인 청금석을 갈아 만든 르네상스 예술가들이 가장 귀하게 여긴 물감 안료. 라틴어 *ultramarinus*('바다 너머')는 단어를 형성하는 요소 *ultra*('너머', '반대편 또는 더 먼 쪽', '과거, 건너편, 너머', '극도로')와 원시 인도-유럽어 어근 *★mori*-('물의 신체')에서 유래한 *marinus*('바다의') 또는 *mare*('바다')가 결합한 것이다.[5]

바다 그 이상의 색인 울트라마린은 단순히 시야를 넘어서 존재하는 것이 아니라, 항상 동시에 깊고 이해할 수 없는 해저를 떠올리게 한다. 이 색은 '우리가 볼 수 있는' 가시광선 스펙트럼[6] 너머의 파장인 자외선의 울트라를 포함하고 있지만, 보이지 않는 바다의 색이기도 하다. 숨겨진 색이다. 울트라마린은 우리가 상상하는 무궁무진하고 깨끗한 자원이지만 균질하고 사람의 손길이 닿지 않은 바다의 색으로, 이상하게도 비물질적이고 멀게 느껴진다.

---

5   단어 연관성, 동의어, 어원을 찾기 위해 여러 사전과 유의어사전을 활용했다. 읽기 편하
    도록 이러한 참고자료는 참고 목록에만 나열되어 있다.

6   스펙트럼과 스펙트럴(spectral)은 원시 인도-유럽어의 어근 *★spek*-('관찰하다')을 공유하며, 라
    틴어 *specere*('바라보다')에서 유래한다.

[그림 U.1] 《소금-물-신체: 상실의 아틀라스로부터》(2015-2019). 대서양의 세인트헬레나 베이 서쪽(애드리엔 반 이든-워튼의 사진).

건너고 정복해야 할 광활한 빈 표면이자 잉여와 과잉물, 폐기물을 버려야 할 심연이다. 우리의 죄를 씻어주기를 기꺼이 기다리는 것이다.

　"물(다양한 형태의 해양 제국주의)", "물의", "물을 통한", "물의 이념에 의한" 식민화를 포함하는 이사벨 호프마이어(Isabel Hofmeyr)의 물 식민주의 개념적 틀(Hofmeyr, 2022, 15-16쪽)은 광범위한 함의를 내포하고 있다. 중요한 것은 호프마이어가 "바다 자체가 익사한 노예와 다른 강제 이주민의 시체를 버리는 장소로 기능"하는 "식민 통치의 폐기물-처리 시스템"임을 강조한다는 점이다(Hofmeyr, 2022, 16쪽).[7] 허공으로 생각되는 바다는 오늘날에도 수많은 폐기물 처리를 가

7　이 책 "검은 피가 중요하다 장"도 참조하라.

능하게 한다. 수많은 해양 동물 사체 처리 잔여물, 원치 않는 혼획물, 양식 폐수. 선박 평형수, 준설 및 해저 채광 배출물. 도시 하수 및 우수부터 발전소의 사용 후 냉각수에 이르는 폐수, 합성비료 및 살충제의 농업 유출수, 독성 산업 배출물 및 화학 오염물, 방사성 폐기물, 기름 유출. 고철, 석탄재, 고의로 침몰한 선박, 전쟁 및 무기 실험의 잔해. 분실, 버려지거나 폐기된 화물과 어구, 그리고 어디에나 존재하는 석유화학 플라스틱 더미.

바라드는 뉴턴 철학과 고전 물리학에서 허공은 "말 그대로 중요하지 않은 것"이라고 강조한다(Barad, 2017a, 77쪽). 부재 또는 결여, 즉 '비움'de-void의 관점에서 이해되는 허공은 공간을 "풍요롭기보다는 비어 있는", 즉 "식민주의, 인종주의, 자본주의, 군국주의, 제국주의, 민족주의, 과학주의를 위해 사용되는 익숙한 도구"로 표현할 수 있게 해주며 "지우기와 말살a-void-ance의 실천"을 정당화한다(Barad, 2017a, 77쪽; 2019, 529, 539쪽). 여기에는 인간 이상의 거주자가 살 수 없는 공간을 만드는 것도 포함된다. 워크숍 문제 제기의 핵심인 핵 군사 산업 단지에 대한 바라드의 미묘한 탐구는 남부 아프리카와 남극의 해안 및 섬 공간, 남대서양, 남인도양 및 남해의 해역에 얽힌 약탈적이고 군사적인 역사와 풍부한 공명을 불러일으킨다. 예를 들어, 오늘날 남아프리카 해안에는 원자력 발전소, 무기 실험 시설, 매립지, 채굴장, 그리고 20세기 전쟁에서 포경 산업이 깊숙이 관여한 결과 여러 군사 훈련 기지의 부지가 된 옛 포경기지가 여전히 남아 있다.

울트라마린은 케케묵은 항해 노트의 카본지 색이다. 이 수첩

[그림 U.2] 《소금-물-신체: 상실의 아틀라스로부터》(2015-2019). 항해 노트, 대서양의 다
쎈섬(애드리엔 반 이든-워튼의 사진).

에는 쌀, 담배, 양말, 양파절임, 잼, 커피, 식초 등의 배급량과 함께
수천 개의 펭귄 알, 물개 가죽, 상어 간, 구아노와 인산염 모래 봉지
등의 흔적이 남아 있다. 그것은 바로 중복 송장과 집계표, 세관 서
류, 임대 신청서, 양허서, 장문의 서신, 해독된 전보가 가득 담긴 곰
팡내 나는 기록 보관함에서 제국과 국가가 고래류, 기각류, 조류의
시체와 신체 부위를 세세하게 통제했음을 자세히 보여준다.

하지만 울트라마린은 바다의 변화와 바다에 있을 때 침수, 포
화, 익사 등을 상징하는 색이기도 하다. 시선을 안정시키려고 애쓰
지만 초점을 맞추기 어려운 변화무쌍한 수평선의 색이기도 하다.
그리고 온도 역전으로 인해 사물이 뒤틀리고 뒤집히고 두 배가 되
는 신기루의 색이기도 하다. 울트라마린은 뱃멀미를 떠올리게 하
며, 갈망의 색이자 바다가 건강하지 않고 숨을 쉴 수 없는 상태를
나타내는 색이기도 하다. 그리고 이 색은 나 역시 물의 한 신체라
는 것을 상기시키는 뜬금없고 본능적인 반응을 불러일으키는 색

울트라마린 장

이다.[8] 움직임과 지각이 조화를 이루지 못한다. 방향이 없고, 질서가 없고, 일치하지 않는다. 메스꺼움, 구토, 어지러움을 멈출 수 없고 억제할 수 없다. 불안정하고, 부조화하고, 노출된 상태, 안팎이 뒤집힌 상태.

~돌리다

회전, 회전 또는 이동하다. 영향을 주거나 바꾸다, 선이나 모양에서 벗어나 비틀다. 변환 또는 변형하다, 되게 하다. 바꾸고 교환하다. 뒤집다 또는 뒤집다. 슬픔으로 인해 혼란스럽거나 화를 내거나 정신이 나갔거나 불안해하다. 신체나 주의를 기울이다, 적용하거나 헌신하다. 방향을 굽히거나 바꾸다, 방향을 돌리다, 후퇴하게 하다. 접거나, 반동하거나, 되돌아가다. 변절하다. 의지하다, 의뢰하다 또는 의지하다. 거부하거나 거부하다, 버리다. 파헤치다, 휘젓다. 그립을 잃거나 느슨하게 하다. 표류하다.

대화는 친밀한 물질적 담론의 전환과 교환이다. 라틴어 어근인 *conversus, conversare* 또는 *convertere*('돌아서거나 약하게, 함께', '바꾸다', '변형하다')와 *conversari*('함께 거주하거나 거주하다', '함께 지내다', '함께 살다', '함께 거주하다')는 단어를 형성하는 요소 *com-*('함께', '함께')와 *versare* 또는 *vertere*('돌리다', '뒤로 돌리다', '변형하다', '바꾸다')를 결합한 어근이다.

---

8   나는 아스트리다 네이마니스(Astrida Neimanis)의 '물과 같은 신체'에 대한 강력한 현상학에서 많은 영향을 받았다(Neimanis, 2013, 2017 참조).

워크숍의 세심한 회절적[9] 대화와 마찬가지로, 2년 전에 참여했던 비판적 포스트휴머니즘 프로젝트의 독서 그룹 세션은 내가 '안정감'을 찾는 데 큰 도움이 되었다. 이곳에서 《우주와 중간에서 만나기: 양자물리학, 물질과 의미의 얽힘》(Barad, 2007)을 천천히, 함께-따로 읽었다. 머뭇거리고, 흔들리며. 발가락을 삐끗하고 발을 헛디뎠다. 손바닥에 있는 조약돌처럼, 신발 속에 있는 돌멩이처럼 풍화된 손글씨 노트와 두껍고 매듭지어진 물질되기를 본토와 섬 해안을 따라 들고 다닌다.

바다와 연안은 추상적 은유도 아니고 인류 역사의 수동적인 배경도 아니다. 바라드의 행위적 실재론의 윤리-존재-인식론은 행위적 수륙의 물질성과 관계-내-윤리를 고려하기 위한 강력한 프레임워크를 제공한다. 이들의 감동적인 표현을 빌리자면, 물질은 "형태학적으로 활동적이고, 반응적이며, 생성적이고, 설명할 수 있는 것"(Kleinman, 2012, 80쪽), "역동적이고 변화하는 관계의 얽힘"(Barad, 2007, 35쪽), "느끼고, 대화하고, 고통받고, 욕망하고, 갈망하며, 기억하는 것"(Dolphijn & van der Tuin, 2012, 59쪽)이다. 행성의 생명체는 바람으로 인한 표면 해류의 소용돌이, 흐름, 회오리, 온도와 염분 차이로 인한 느리고 심연의 움직임, 달과 태양의 중력에 반응하는 주기적인 조석 변화에 의해 유지된다. 진동, 소용돌이, 순환, 선회 등 바다는 회전하고 선회한다.

9   탐구 방법으로서 회절은 "차이의 관계의 세부 사항과 구체성, 그리고 그것이 어떻게 중요한지", "무엇이 배제되는지, 그리고 그런 배제가 어떻게 중요한지", "아이디어와 다른 자료의 얽힘을 존중하는 데 있어 서로를 통해 통찰을 읽는 것"을 수반한다(Barad, 2007, 29-30쪽, 71쪽).

존재론적 구분과 거리를 고유하고 기초적인 것으로 간주하는 고정적이고 보편적인 데카르트적 절단과 달리, "내부-작용은 절대적 분리를 만들어내는 것이 아니라 오히려 함께-따로 (단번에) 절단하는 행위적 절단"(Barad, 2014, 168쪽)을 제정한다. 우리의 육지 중심 지도와 해안 경화 시도가 암시하는 것과는 달리 해안/선이란 존재하지 않는다. 해안은 만들어지고 해체되며 항상 함께-따로 전환한다. 이질적인 물리적·화학적·지질학적·대기적 힘은 시간, 거리 또는 규모에 대한 안정적인 이해를 방해한다. 조간대의 추이지역은 끊임없이 변화하는 침수와 노출 상태에서 무수히 많은 생명체와 공존co/in/habit하며, 썰물에는 버려진 유독성 물질이 뒤엉켜 있다. 좌초된 나일론 섬유 유령, 끊임없는 혼획물의 순환. 흩어진 잔해는 썰물과 밀물 때마다 이상하고 예상치 못한 방식으로 재구성되며, 동시에 모였다가 흩어진다.

이 비결정적인 바다의 가장자리, 즉 정말로 수륙의 접촉 지대다.[10]

산타크루즈 근처의 태평양 해안을 따라 걷기 시작했고, 몽키 밸리의 워크숍 장소 주변 공기는 대서양 바닷물 냄새가 짙게 깔린 가운데 바라드는 이렇게 읽는다: "우리는 흙과 바람, 자욱한 안개에 휘둘리고 있다. 다양성, 그 특수성의 무한함이 지금 여기에 응축되어 있다. 모래 한 알, 흙 한 톨이 시공간을 가로질러 회절되고/

---

10 여기서 나는 첫 만남의 장소로서 해안에 대한 많은 탈식민 연구(Pratt, 2008 참조)와 동물학적으로 접촉 지역을 개념화한 역동적이고 불편하며 자연문화적이고 다종교적인 "필멸의 세계를 만드는 얽힘"(Haraway, 2008, 4쪽)을 참고한다.

[그림 U.3] 《소금-물-신체: 상실의 아틀라스로부터》(2015-2019). 대서양의 식스틴마일비치(애드리엔 반 이든-워튼의 사진).

얽혀 있다"(Barad, 2014, 184쪽). 도나 해러웨이의 영향력 있는 정의에 따르면 회절은 "반사와 굴절처럼 '동일한' 변위를 생성하지 않으며", 오히려 "간섭의 매핑"이다(Haraway, 1992, 300쪽). 물리적 현상으로서 회절은 예를 들어 파도가 "장애물을 만났을 때" 또는 "방파제나 상당한 구멍이나 틈이 있는 매우 큰 장벽에 충돌할 때" 튀고, 밀리고, 구부러지고, 퍼지고, 겹치는 등의 교란에 의해 생성되는 중첩 및 간섭 패턴을 수반한다(Barad, 2007, 74-76쪽 참조). 중첩은 이분법을 무효로 한다고 바라드는 설명한다.

해양에서 찾을 수 있는 회절의 예는 자연 항구가 거의 없고, 종종 격렬한 폭풍이 몰아치며, 해안 경화와 매립의 유산이 지속되고 있는 남아프리카 해안에 특히 적합하다. 회절의 라틴어 어원인

울트라마린 장

[그림 U.4] 《소금-물-신체: 상실의 아틀라스로부터》(2015-2019). 대서양의 식스틴마일비치(애드리엔 반 이든-워튼의 사진).

*driffractio*와 *diffrangere*('조각으로 부서지다', '부서지다')는 단어를 형성하는 요소인 *dis*('떨어져서', '멀찍이')와 *frangere*('깨지다')에서 유래한 것으로 다양한 형태의 부서짐/물결을 떠올리게 한다. 대양의 파도는 에너지의 전달이며, 바람에 의해 발생하는 마찰에 의존한다. 부서지는 파도의 에너지에 의해 생성된 장거리 해류는 침식과 퇴적의 오랜 주기로 해안을 따라 모래와 퇴적물을 이동시킨다. 그러나 물질의 이동을 방해하면 간섭 패턴이 발생하고 하구와 석호를 침식하고 해변을 파헤친다.

나는 수년 동안 여러 종의 죽음이 한데 모이는 현상을 추적해 왔다.[11] 고고학자와 고생물학자 들은 사후 한데 모이는 생명체의 유해를 타나토코노시스*thanatocoenosis*라는 용어를 사용한다. 유령이

---

11   뒤따름과 추적에 대한 미묘한 탐구는 데리다(2008)를 참조하라. 이 접촉구역은 역동적이고 불편하며 자연문화적이고 다중의 '중요한 세계되기의 얽힘'이다.

함께 모인다는 뜻의 난파 지역이나 해안 공동묘지가 그것이다. 어떤 것들은 해류에 의해 그곳으로 운반되고 다른 것들은 남겨진다. 일부는 친족과 멀리 떨어진 곳, 즉 과거 도살 및 가공 현장, 박물관 서랍, 상자 및 전시물, 유해 폐기물 매립지에 묻힌다. 나미비아에서 매년 대량 도살되는 수천 마리의 케이프모피물범과 인공 플랫폼에서 구아노를 채취하는 것을 제외하고는 더 이상 이 지역에서 공식적으로 '착취되는' 것은 아니지만 고래, 바닷새, 물범의 삶은 기름 유출, 플라스틱, 독소 및 소음 공해, 혼획과 얽힘, 선박 충돌, 서식지 손실, 질병, 기아 등으로 인해 위태로운 상태에 놓여 있다.

상륙과 출항. 방파제 및 해체 플랫폼. 용천수, 저류 및 만조. 유령 그물과 인어의 눈물. 조각조각, 부분적으로 전해지는 이야기들.

나는 그들과 함께 앉아 그들에게 감동을 받는다. 그들의 냄새를 가지고 다니며 내 피부에 짠 잔여물을 맛본다. 나는 그들의 정지된 (움직이는) 신체를 돌고 있다.

~후

제자리에서 뒤에. 나중에, 다음에. 추구하다, 따르다. 때문에, 이외에도.

시간성과 인과관계에 대한 선형적 목적론-크로노스-논리적 개념의 후는 발터 벤야민이 "균질하고 텅 빈 시간"이라고 부르는 것에 속한다(Benjamin, 2006, 395-397쪽). 시계 시간, 크로노스 시간, "불연속적인 순간의 연속에 맞춰진" 시간(Barad, 2017a, 60쪽). 바라드는 "기차선, 조립선, 통신선, 시간선"의 연대적이고 질서 정연한 진행을 "근대성, 자본주의, 식민주의, 제국주의, 산업주의, 군사주의의 시간"이라고 썼다(Barad, 2017b, 28-29쪽). 그리고 동물의 신체를 무수히 인식할 수 없는 형태로 난도질해 산업 규모로 도살하고 처리하여 수익성 있는 제품으로 만들어내는 체계적이고 산업적인 과정의 일부이기도 하다. 조각으로. 부분적으로.

인도양 연안에 위치한 옛 유니언 포경회사는 공기가 무겁고 극심한 습도로 숨이 막힐 지경이다. 무너져가는 건물 벽은 수년간 군사 훈련장으로 사용되어 총알구멍으로 가득하다. 천천히 수천 마리의 수염고래와 향유고래 사체가 지나간 흔적이 남아 있는 곳을 따라간다. 더반 항구의 진수로에서 고래를 운반하는 기차선로, 해체 플랫폼, 지하 압력솥, 냉동실, 포장실, 보관실, 저장 탱크, 그리고 고래 사체가 살코기, 고기 추출물, 육골분, 고래기름, 정자 기름으로 남는 과정까지. 계절에 따라 남극 포경지역으로 출항하는 공장 선박을 위해 공정은 더욱 간소화되었다. 고래기름은 폭발성이 강한 니트로글리세린을 생산하고 군함, 전투기, 잠수함, 무기 공장, 총, 시계, 크로노미터의 윤활유로 사용되었다고 기억한다. 시간을 지키고, 시간을 죽이고, 시간을 폭발시킨다.

데보라 버드 로즈Deborah Bird Rose는 "생명의 생태학에서 죽음은 필수적인 파트너"지만 "이중 죽음"은 "윤리적 시간의 다종 매듭" 안에서 삶/죽음이 분리되거나 부서지는 것을 말한다(Rose, 2012, 127-128쪽). 제임스 해틀리James Hatley의 "윤리적 시간의 살인"이라는

[그림 U.5] 《물/통나무》(2021년 진행 중). 인도양 블러프 군사지원기지, 옛 유니언 포경회사(애드리엔 반 이든-워튼의 사진).

개념을 바탕으로, 로즈는 생태적 관계, 세대, 리듬, 주기를 해체하는 것이 "생태적 학살"이라고 제안한다(Rose, 2012, 128쪽). 바라드가 1945년 나가사키 원폭 투하에 대한 논의에서 "끝나기를 거부하고 시간이 지남에 따라 부식되지만 영원히 계속 일어날 사건"(Barad, 2017a, 69쪽)을 떠올리게 하는 것처럼, 여기에는 선명한 구분선이 존재하지 않는다. "과거는 결코 닫히지 않으며, 단번에 끝나지 않는다"(Barad, 2010, 264쪽). 종의 멸종조차도 한 번에 식별할 수 있는 '종말'이 아니라 오랫동안 "연결성과 상호성의 상실"(Rose, 2012, 138쪽)이 서서히 진행된다. 톰 반 두렌Thom van Dooren은 이러한 지연된 가장자리를 "멸종의 뭉툭한 가장자리"라고 부른다(van Dooren, 2014, 45-61쪽).

여진과 무한히 미세한 진동. 해저 지진파 탐사, 해저 채굴, 초

울트라마린 장

[그림 U.6] 《물/통나무》(2021년 진행 중). 인도양 블러프 군사지원기지, 옛 유니언 포경회사(애드리엔 반 이든-워튼의 사진).

음파, 선박 엔진, 폭발, 준설, 저인망, 시추. 잠수함 불협화음. "서서히 눈에 띄지 않게 발생하는 폭력, 시간과 공간에 걸쳐 분산되는 지연된 파괴의 폭력"(Nixon, 2011, 2쪽)인 느린 폭력의 거의 감지할 수 없고 서서히 진행되는 파괴. 수많은, 눈에 띄지 않는 형태의 죽음 이후. 메아리, 중얼거림, 잔향, 떨림. 후유증.[12]

벤야민에게 있어 바라드는 "시간 자체를 진보로 간주하는 개

---

12 그리셀다 폴락(Griselda Pollock)은 "트라우마의 시간적 변위"와 "즉각적으로 표현할 수 없는 것의 흔적 또는 잔여물"과의 미적 만남의 영향을 불러일으키기 위해 후유증(after-effect)이라는 결합된 용어를 사용한다(Pollock, 2013, xxx, 27쪽). 다른 곳에서 에린 프라이스(Erin Price)와 나는 (Æ 집단으로서) 합자 철자(정동/효과)를 사용하여 이중으로 관련된 의미로 정동과 효과를 나타낸다. 마찬가지로 우리는 미적 문제와 윤리적 문제가 분리될 수 없음을 알리기 위해 Æsthethical을 사용한다. Price & van Eeden-Wharton(2022) 참조.

넘"에서 "정의 추구에 결정적인 것은 진보의 시간성 붕괴"라고 설명한다(Barad, 2017b, 28쪽). 윤리적-정치적 문제(들)로서의 시간성과 씨름하는 과정에서 벤야민의 또 다른 개념인 나흐레벤Nachleben은 나에게 깊은 울림을 준다. 원래 미술사학자 아비 바르부르크(Aby Warburg)가 고전 예술 작품에서 (의미, 파토스의) 지속성과 생존을 암시하기 위해 사용한 나흐레벤은 "살아 있음Fortleben, 살아 있음 이후, 살아남음Überleben, 사후 세계 또는 다음"(Richter, 2011, 2쪽)이라는 의미를 담고 있다. 게르하르트 리히터Gerhard Richter는 벤야민의 작품 전반에 걸쳐 얽힌 나흐레벤의 실타래를 짚어낸다. 나흐레벤은 전통적 역사주의의 선형적 시간성과 인과성에 문제를 제기하고, 현존이나 동시성에 의존하지 않으며, '실망(약속-파기)'의 '아쉬움'을 환기시키면서도 동시에 너무 늦었고, 더 이상도 없으며, 오지 않은 것을 나타낸다(Richter, 2011, 2-7쪽). 리히터의 신조어인 '후성'afterness도 마찬가지로 "뒤늦음, 초월, 후발성", 뒤따름과 그 이후에 오는 것에 대한 확장된 개념을 나타낸다(2011, 9쪽).[13] 그러나 리히터가 지적한 것처럼 "부채, 해결되지 않은 관계, 유령이 없는 후란 있을 수 없다"(2011, 6쪽)고 할 수 있다.

내세(죽음 이후)로서의 나흐레벤(삶 이후)은 삶/죽음, 부재/존재 이분법을 불안정하게 만든다. 로즈는 "우리는 타인의 죽음이 우리보다 앞섰다는 의미에서 죽음 이후에 살지만, 동시에 타인의 죽

---

13 독일어 나흐(Nach)에서 형성된 다양한 단어는 공간적 차원과 시간적 차원을 모두 가지고 있다. 이후와 근처를 뜻하는 나흐와 나헤(Nahe)는 항상 함께 사용된다(Richter, 2011, 10쪽 참조).

울트라마린 장

음 이후에도 살아간다. 그래서 우리는 타인의 죽음과 함께 살아간다. …우리는 그들이 죽어가는 동안에도 계속 살아가고, 그들이 죽은 후에도 계속 살아간다"(Rose, 2013, 4쪽). 의무와 빚의 관계를 상기시킬 때도 '이후'는 우리에게 "(과거와 미래로부터) 물려받은 것에 대해 응답하고, 책임지고, 책임을 져야 한다"(Barad, 2010, 264쪽)고 요구한다. 하지만 나에게 있어 다음과 같은 상황에서 일한다는 것은 항상 이미 실망(약속-파기)의 긴장감이 존재한다. 늦게 도착하고 시간 부족에 대한 긴장. 시간을 잃는다는 것. 긴급하고 위급한 상황에서 느리게 일해야 할 때. 팬데믹 시대, 멸종 시대, 종말(의) 시대.

여운과 잔감, 잔상, 여파, 여운의 후는 시기적절하지 않은 귀환, 불안한 잔재의 단어다.

~퇴비

퇴비의 라틴어 어원인 *compositus, componere*는 *com*('함께', '같이')과 *ponere*('위치하다', '배치하다')에서 유래한 '함께하다'를 의미하지만, 그 안에 단어 형성 요소인 *post*('이후', '다음', '뒤')와 발송, 파견, 전달의 *post*도 포함하고 있다. 한 번에 함께-이후 및 위치-함께. 퇴비는 수류으로서 퇴적, 축적, 매몰이라는 인간보다 더 복잡하게 얽힌 시간성, 즉 비옥함과 고갈의 순환을 떠올리게 한다. 이것이 바로 "반복적인 내부-작용의 퇴적된 접힘"으로서의 기억이다(Barad, 2014, 182쪽). 물질을 분해하고 재구성하는 퇴비는 삶과 죽음이다. 참으로 시

[그림 U.7]《소금-물-신체: 상실의 아틀라스로부터》(2015-2019). 대서양의 맬거스섬(애드리엔 반 이든-워튼의 사진).

공간물질되기의 문제다.

라틴어 *sedimentum*과 *sedēre*의 합성어인 침전sediment은 가라앉거나 내려앉는 것을 의미한다. 찌꺼기, 흔적, 지게미. 진흙, 수렁, 슬래그. 배설물, 침식, 찌꺼기, 유출물. 기다림과 가중치, 느려짐과 예기치 않은 동요. 썩어가는 유기물, 퇴적물; 따뜻한 표층수가 강력한 남동풍에 의해 밀려나면 영양분이 풍부한 차가운 벵겔라 용천수가 솟아나와 식물 플랑크톤이 번성하고 복잡한 먹이망이 형성된다. 그러나 고래, 바다표범, 바닷새를 번성케 할 수 있었던 동일한 환경은 또한 그들의 신체를 가장 유용한, 가장 착취할 수 있는 것으로 만들었다.

구아노 퇴적물이 농업 비료가 되어 빈곤한 토양에 영양분을 공급하는 바닷새들의 번식지인 남부 아프리카 연안의 섬들은 그림자 장소의 강력한 예다. 19세기에서 20세기에 걸친 국제 구아노

울트라마린 장

무역은 생태 제국주의, 자본주의적 상품화, 영양소 순환의 파괴를 전형적으로 보여주지만, 복잡한 삶/죽음의 관계, 여러 세대가 얽혀 있는 가능성의 해체가 다양한 모습으로 나타난다는 것을 상기시킨다. 수천 년 동안 축적된 구아노 퇴적물과 인산염이 함유된 모래를 벗겨내면서 수많은 바닷새가 적절한 둥지 재료를 얻을 수 없게 되었고, 여기에 알을 '채취'하고 번식지를 공간적으로 통제하려는 시도가 더해졌다. 중요한 것은 이 '눈에 띄지 않는' 정부의 구아노 섬들은 여러 측면에서 빈 공간으로 개념화되었다는 점이다. 그러나 "삶과 죽음의 대립을 (중요한 물질적 차이를 붕괴시키지 않으면서) 문제 삼는 생생한 긴장", "죽음으로 삶을 연결, 삶으로 죽음을 연결"(Barad, 2017a, 78쪽)로 이해하는 것은 퇴비화되고 침전된 삶/죽음을 통해 허공을 양자적으로 이해하는 사고에 풍부한 울림을 제공한다.

이 섬에서의 만남은 본능적이고 때로는 압도적이다. 다른 계절의 번식 노력을 포기한 채 계속 줄어드는 케이프가넷의 개체수는 한때 번성했던 여러 종의 공동체를 거의 상상하지 못하게 만든다. 고르지 않은 땅은 한때 피난처이자 집이었던 수많은 아프리카펭귄 굴을 떠올리게 한다. 그리고 다양한, 시끄러운 새 소리는 돌아오지 않은 이들의 부재를 표시하는 케이프가넷 서식지 주변의 빈 둥지가 늘어난다는 사실을 숨긴다. 유령 같은 바람과 구아노 먼지는 모든 것에 달라붙고 공기에는 악취가 가득하다. 살아 있는 자들은 죽은 자의 뼈들 위에 둥지를 짓고, 무수히 많은 매장이 이어져 퇴비화com-post되고 함께/이후로 남는다. 그리고 비가 내리면 굳

[그림 U.8]《소금-물-신체: 상실의 아틀라스로부터》(2015-2019). 대서양의 맬거스섬(애드리엔 반 이든-워튼의 사진).

은 유골이 녹아 진흙이 되고, 흘러내린 물은 영양분을 바다로 돌려보낸다.

재에서 재로. 층층이 쌓인 먼지. 먼지로. 소금물은 소금물로.

몽키밸리 컨퍼런스센터에서 열린 워크숍에서 카이 우드 마, 패트릭 리버스, 그리고 내가 발표한 후에 진행된 생성적 대화에서 우리는 부패와 시간 문제, 그리고 예상치 못한 생명체에 의해 손상되거나 버려진 공간(인간 중심 용어로 허공)이 다시 재생되는 것에 대해 다시 생각해 보았다. 바라드는 체르노빌 원자력 발전소 방사능 조사 지역에서 균류가 번성한 사례를 예로 들며, 이를 통해 생존 가능성에 대한 복잡한 문제를 함께 생각해 볼 수 있다고 말한다. 폐허가 된 포경 기지를 뒤덮은 풍부한 열대 식물의 생동감 넘치는

　　　　　　　　울트라마린 장

재/구성, 구아노 노동자들의 비좁은 숙소로 사용되던 버려진 건물에 둥지를 튼 새들의 모습도 볼 수 있다. 내게 있어 작업은 바로 이곳, 퇴적된 흔적에서 시작된다. 바라드는 워크숍에서 감동적인 읽기를 마친 후 "부식토를 뒤집는 것"에서 우리는 "우리의 비인간성의 무한한 깊이를 받아들이기 시작하고, 그로 인한 황폐함에서 벗어나 다른 식으로 살아가기와 죽어가기 위한 무한히 풍부한 가능성의 토대를 북돋울 수 있다"(Barad, 2017a, 86쪽)고 결론을 내린다.

~돌아가다

뒤집다, 그리고 뒤집다. 돌아가다, 다시 오다 또는 어디에서 오다. 방문하다, 자주 방문하다. 되돌리고, 되돌려주고, 주고, 가져오고, 보내다. 이익을 돌리다, 수익률. 답장하다, 보답하다, 요구하다 또는 현물로 응답하다. 복원하다, 갚다.

다시 돌리다re-versing, 다시 이야기하다라는 뜻의 되돌아가기re-turning는 우회와 응답을 모두 의미한다. 라틴어 어원으로 거슬러 올라가면, *replicare*('반복하다', '뒤로 접다', '뒤로 구부리다')는 단어를 형성하는 요소인 *re-*('뒤로', '다시')와 *plicare*('접다')가 결합된 것으로, 원시 인도-유럽어 어근 ★*plek-*('엮다')에서 유래한다. 선회, 방향 전환, 이탈. 시간과 조수의 감싸고, 다시 접고, 겹치는 것. 벗어나고 어긋나서 신체는 혼란에 빠진다. 또 이리저리 왔다 갔다 하는 불안정한 방향 전환이라는 뜻도 있다. 차가운 대서양, 소금기가 가득한 바람과 그

[그림 U.9]《소금-물-신체: 상실의 아틀라스로부터》(2015-2019). 옛 포경 터. 대서양의 덩커갓 군사훈련 지역(애드리엔 반 이든-워튼의 사진).

해안선을 따라 펼쳐진 메마른 풍경부터 인도양의 무더운 열대 습기까지, 미지근한 바닷물까지 사이클론이 팽창한다, 서양에서 동양까지.

되-돌린다는 것은 깔끔한 타임라인이나 주 서사의 단어가 아니며, "과거를 반추하거나 과거로 돌아가는" 안전한 거리두기가 아니라 "새로운 시간성(시공간성)을 만들기 위해 반복적으로 반복적으로 돌리고, 반복적으로 내부-작용하고, 다시 회절하고, 새롭게 회절하여 새로운 시간성(시공간물질되기)을 만드는 과정"(Barad, 2014, 168쪽)이다. 결정적으로 바라드는 워크숍 내내 되-돌아가기는 "기억의 체화된 실천"이라고 강조한다. 그것은 "파괴를 설명하기 위해 정의를 행하고, 새로운 가능한 역사를 생성하기 위한 시도"에서 폭력과 지우기의 얽힌 물질적-담론적 역사를 추적하는 어려운 작업을 수반한다(Barad 2017a, 62-63 쪽).

되-돌아가는 것은 경계하고 관찰하며 뒤돌아보고 다시 보는 것이다. 라틴어 *respectus*와 *respicere*('바라보다', '뒤돌아보다', '고려하다', '감안하다')에서 유래한 존중respect은 원시 인도-유럽 어근 *spek-*('관찰하다')를 spectral(유령)과 공유한다. 이것은 "특정한 관계성"을 불러일으킨다고 해러웨이는 "다른 사람을 배려하고, 다르게 보고, 존중하고, 뒤돌아보고, 배려하고, 바라보고, 다른 사람의 배려에 감동을 받고, 주의를 기울이고, 돌보는 것"(Haraway, 2008, 164쪽)이라고 말한다. 세계로부터의 거리와 분리는 이성의 목적에 도움이 되지만 우리가 감당할 수 없는 사치다.

고대 프랑스어 *hanter*('정기적으로 방문', '친숙해지다', '자주')에서 유래한 유령haunt은 또 다른 형태의 되-돌아오기를 제안한다. 데리다에게 유령은 과거/현재/미래, 죽음/삶, 부재/존재 사이를 절대적으로 문제 삼으며, "돌아오는 것으로 시작되는" 망령의 출몰이자 "예측할 수 없는 미래로 '오는'" 도착자의 손짓이다(Derrida, 1994, 11쪽, 168쪽). 이것은 '뒤틀린' 시간이다(Derrida, 1994). 양자 지우기는 과거, 현재, 미래가 "반복적으로 재작업되고 포섭"되며 "서로를 관통"한다는 증거라고 바라드는 설명한다(Barad, 2010, 244, 260쪽). "정의의 잠재력이 존재"하는 벤야민의 "지금-시간"Jetztzeit 개념과의 공명을 탐구하면서, 바라드는 "현재를 통해 회절된 과거의 결정체"(Barad, 2017b, 21,25쪽), "순간들의 별자리 또는 얽힌 구성"(Juelskjær 외, 2021, 134쪽)인 "두꺼운 지금"을 제안한다.

[그림 U.10] 《소금-물-신체: 상실의 아틀라스로부터》(2015-2019). 대서양의 식스틴마일 비치(애드리엔 반 이든-워튼의 사진).

되-돌아가기는 또한 응답이다. 라틴어 *responsum*('답변')과 *re-spondere*('대가로 약속', '답변')에서; *re-* 및 *spondere*('서약')에서. 워크숍에서 바라드는 정의를 위해 필요한 문제들, 즉 미리 결정할 수는 없지만 "얽힌 타자에 대한 지속적 책임"이라는 구체성에서 비롯되는 문제들을 상기시켜 준다(Barad, 2010, 264-265쪽).

되-돌아가기는 (함께) 움직인다는 것이다. 눈과 손으로 체로 치다. 화석화하다,[14] 버려진 유골을 줍다. 운반하다, 끌다. 다시 모으다, 다시 기억하다. 이것은 귀찮고 지루한 일이다.

---

14 포식이란 주로 호주에서 사용되는 용어로, 특히 폐광산 탐사와 관련해 사용된다. 나는 앤 브루스터(Anne Brewster)의 연구(2009)에서 이 용어를 처음 접했다.

울트라마린 장

~유령 목격(함께 있음) wit(h)ness

망막에 남아 있는 유령의 출몰, 잔상은 완전히 존재하지도 않고 부재하지도 않는다. 이동하고 사라지며 기억과 망각 사이를 오간다. 이것이 바로 우리를 괴롭히고, 우리를 따라다니며, 되-돌아가게 하는 환영이다.

울리히 베어 Ulrich Baer 는 '유령 증거'라는 놀랍도록 연상적인 문구를 사용한다. 베어는 예측 가능한 선형적 시간 흐름으로서의 역사에 대한 이해와 사진이 이 꾸준하고 순차적인 흐름 속에서 '시간의 한 조각' 또는 '정지된 순간'이라는 가정에 혼란을 주는 이미지가 있다고 제안한다(Baer, 2002, 2쪽). 이러한 이미지는 "반드시 목격해야 한다"는 증언이 필요한 반응을 강요하며, "보고 이해하기 쉽지 않다"(Baer, 2002, 2, 13쪽). 도나 브렛 Dona Brett 은 여파 또는 최근 사진술의 미학, 즉 "보는 것과 시야를 가리는 것, 사건을 경험하는 것과 그 여파를 관찰하는 것 사이의 불안한 긴장"과 "부재, 허공, 구멍의 반복적인 비문"을 난시 또는 주변시와 연관시킨다(Brett, 2016, 2-3, 50쪽). 삶/죽음과 존재/부재의 이분법을 무너뜨리는 이러한 이미지는 설명이나 면죄부를 제공하지 않으며, "우리는 속하지 않는다", "우리는 사실 확인 이후 너무 늦게, 어쩌면 헛되이 도착했다"는 압도적인 감각으로 표시되며, 여기에는 "볼 것이 아무것도 없다"는 것처럼 보인다(Baer, 2002, 63, 66쪽).

그러므로 잔상은 장엄하지 않다. 그러나 "부분적인 관점"(Haraway, 1988)으로서 잔상은 만남의 역사, 느린 폭력과 지속적인 여파

[그림 U.11] 《소금-물-신체: 상실의 아틀라스로부터》(2015-2019). 대서양의 다쎈섬(애드리엔 반 이든-워튼의 사진).

에 대한 흔적의 증거다. 사진 증거에 대한 재현주의적 가정(더 정확하고 따라서 더 나은 재현)으로 되돌아가는 것을 거부할 수 있다면, 잔상은 사후 애도와 신비적-물질적 목격(함께함)의 실천으로 간주될 수 있을까? 주디스 버틀러가 간결하게 요약한 것처럼, 애도는 "중요한 삶의 전제"다(Butler, 2009, 14쪽). 바라드는 워크숍 대화 내내 "'인간'과 그 타자를 차별적으로 묘사하고 정의하는 경계 설정 실천에 대한 설명"의 중요성을 상기시킨다(Barad, 2007, 136쪽). 버틀러의 말을 빌리자면, 물질되기에서 배제된 인간 이상의 존재에서 행성적 의미로 이해되는 신체는 "이름 붙일 수 없고 슬퍼할 수 없는 존재"로 남게 된다(Butler, 2004, 150쪽). 식민주의와 죽음자본주의의 지우기에 직면하여 우리는 신체와 물질을 슬퍼하고 애도할 수 있으며, 즉

울트라마린 장

덜 일회용이고 덜 죽일 수 있고 덜 잊혀질 존재로 만들 수 있는 응답 능력을 갖추게 되었다. 그러나 애도는 "정치적으로 헌신하는 일"(Barad, 2017a, 64쪽)로서, 캐스린 유소프Kathrin Yusof의 표현을 빌리자면 "거의 보이지 않는 삶과 죽음의 현장"(Yusof, 2012, 578쪽)을 '드러내'려면 목격의 윤리와 씨름해야 한다.

해류와 조수는 그들이 운반하는 물질을 존재론적으로 구분하지 않지만 해안은 어떤 신체가 다른 신체보다 더 중요하다는 것을 상기시켜 준다. 육지에 상륙한 해양 포유류는 버려야 할 것이 아니라 선물이었던 시절이 있었다. 해양 포유류는 많고 우리는 적었던 시절이 있었다. 이제 유해 폐기물 매립지에는 부서지기 쉬운 대형 고래류 뼈가 겹겹이 쌓여 있고, 그 사이로 소비자들이 버린 쓰레기가 산재해 있는 기이한 중간지대가 되었다.

인간을 전문가나 "사물 세계의 복화술사"(Haraway, 1997, 24쪽)로서 중심에 두지 않는 목격의 형태를 모색하면서, 나는 물질이 "자신의 역사를 서술할 수 있는" 것으로 이해되는 수잔 셔플리Susan Schuppli의 물질적 증언 개념과 "자신의 손상된 상태를 기록하는"(-Schuppli, 2016, 200쪽) 환경에서 행위적 실재론과 공명을 발견했다. 중요한 것은 물질적 증언이 "언어적 표현 형식"이나 "관찰과 측정을 통해 직접 주어진 물리적 세계에 대한 실증주의적 개념"에 의존하지 않는다는 점이다(Schuppli, 2016, 203쪽). 지진 폭발, 저인망, 해저 채굴의 흔적이 바닥에 남긴 "지상의 사진"(Barad, 2017a, 75쪽)은 무엇일까? 회절되고 움직이는 이미지로서, 점점 더 오염되는 바다와 빠르게 녹는 극지방 얼음은 무엇을 증언할까?

[그림 U.12] 《소금-물-신체: 상실의 아틀라스로부터》(2015-2019). 비써쇼크 유해 폐기물 매립지(애드리엔 반 이든-워튼의 사진).

해러웨이의 겸손한 목격자는 목격자로서 애도하는 데 필요한 또 다른 긴장에 주목하는 방법을 제시한다. 과학의 분리된 관찰자와는 달리, 겸손한 목격자는 위치지워져 있고 관련되어 있으며, "보는 것, 증명하는 것, 자신의 비전과 표현에 대해 공개적으로 책임을 지고 심리적으로 취약한 상태에 서는 것"(Haraway, 1997, 267쪽)으로 정의된다. 캐스린 길레스피Kathryn Gillespie도 목격을 관음증의 "자기 이익에 따라 보는 방식"과 거리두기 관찰에 내포된 "객관적·제거적 또는 잠재적으로 비정치적인 관점"과 구별하는 것은 "관련된 정치적 동기와 응답"이라고 제안한다(Gillespie, 2016, 573쪽). 이는 브라차 에팅거Bracha Ethinger의 미학적 목격(함께하기) 개념과 함께, 함께 그리기, 함께 거주하기, 증언을 남기기(Ethinger, 2001, 2006)를 수반하며,

울트라마린 장

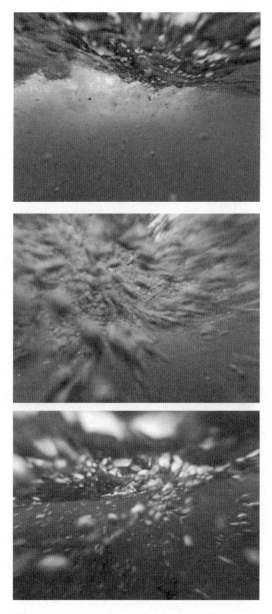

[그림 U.13] 대서양의 노르트훅 앞바다(애드리엔 반 이든-워튼의 사진, 2022).

애도와 증언이 물질적이고, 구체화되며, 취약하고, 연루되며, 상호적이고 증언적인 미학적 관계-내-만남의 가능성을 시사한다.

미완성의 유령적 형태의 목격과 애도는 우리에게 되-돌아갈 뿐만 아니라 머무를 것을 요구한다.

~떨어져 나감offing

4년이 지난 여름이다. 남동쪽이 울부짖는다. 날씨는 덥고 건조하다. 고대 유목 나무의 달콤하고 약간 매운 향기가 공중에 떠다닌다. 나는 워크숍 장소에 있지 않고 다른 해안에서 일하지 않을 때 거의 매일 방문하는 모양이 바뀌는 해변 아래에 있다. 해수면에서. 가까이서 보면 이른바 청정한 모래사장은 온갖 쓰레기로 뒤덮여 있다. 소위 깨끗한 모래가 파편으로 뒤덮여 있다. 그리고 너무도 익숙한 또 다른 냄새가 난다. 지난여름보다 훨씬 더 많은 수의 남아프리카물개의 부패한 사체가 해안 곳곳에 널려 있다. 나는 그들과 함께 앉아 감동을 받는다. 그들의 냄새를 신체에 지니고 다니며 피부에 남은 짠맛을 느낀다. 나는 그들의 여전히 (움직이는) 사체들 주변을 맴돈다. 그리고 전에도 수없이 그랬던 것처럼 바다로 걸어 들어간다. 가슴이 아프고 눈이 따갑다. 나는 (다시) 뱃멀미를 하고 마른 땅에서 익사한다.

공학 및 의학 교육을 위한 제스처

: 바라드와의 만남을 통해

시디크 모탈라, 베로니카 미첼

서론

몇 년 동안 캐런 바라드의 글을 연구한 후 2017년 6월에 그를 직접 만났다. 바라드는 "식민주의적 지우기와 회피의 관행"이라고 불리는 숨겨진 얽힘을 탐구한 최근 노작 "시간 교란하기 무의 생태학: 다시 돌아보기, 다시 기억하기, 그리고 헤아릴 수 없는 것과 마주하기"라는 제목의 논문을 읽어주었다(Barad, 2017, 56쪽). 바라드는 시간을 문제 삼는 것이 중요한 통찰력을 제공할 수 있으며, 특히 과학 분야에서 정의에 대한 질문은 윤리적 문제라는 점을 상기시켜 주었다.

이러한 실제 만남은 박사 과정의 여정을 시작하는 초기 연구자들에게 이론적 영감과 동기를 부여해 주었다. 우리는 고등교육에 대한 공통 관심을 통해 지형정보학과 산과학이라는 학문 분야에서, 그리고 그 사이에서 서로 연결되었다. 우리는 정의의 문제를 중심으로 한 교육과 연구에서 시공간물질되기를 제정하는 얽힌 관계를 탐구해 왔다.

2022년, 우리는 박사 연구 프로젝트와 관련된 교수 및 학습 경험으로 되-돌아가며 우리에게 남아 있는 얽힘과 새롭게 떠오른 새로움을 기억하고 있다. 수년간의 공유 독서 그룹에서 발전한 우리의 협력적 우정은 다양한 집합체에서 간헐적인 대화적 상호작용을 통해 풍부하고 역동적이며 확장된 과정으로 이어졌다. 이 장에서는 기숙 세미나 동안 바라드와의 교류를 추적하면서 학문적·제도적 맥락과 관련된 침묵과 폭력에 대한 감각을 느꼈다. 우리는 학생들과의 교류를 설명하며 우리의 연구-교육 활동을 계속해서 풍요롭게 하고 추진하는 '빛나는' 두 가지 교육적 만남을 주의 깊게 반영하려고 한다.

바라드는 선형적 시간 개념에 의문을 제기하며, 회절 과정을 통해 "매 순간은 무한한 다양체"로서 결코 닫히지 않고 끝나지 않는 "여기-지금, 저기-그때"의 시간을 문제 삼을 수 있다고 제안한다(Barad, 2014, 169쪽). 시간에 대한 이러한 회절적 접근은 비선형적 감수성을 필요로 한다(예: Barad, 2010, 2014, 2017 참조). 이 장에서는 '시간 교란하기'를 예로 들어 이런 관점을 설명하려고 한다.

최근까지 시디크는 웨스턴케이프의 케이프페닌슐라공과대학

교에서 측량 및 지리정보시스템GIS 자격증을 취득하기 위해 공부하는 학생들을 가르치는 지리정보학 강사였다. 그는 GIS 수업에 스토리텔링을 도입해 역사적 서사를 공유하고, 학생들이 자신만의 디지털 스토리를 만들도록 유도했다(Motala & Musungu, 2013). 그의 학생 중 한 명인 자녹솔로Zanoxolo[1]의 디지털 스토리는 시디크의 교육 레퍼토리에서 중요한 부분이 되었다. 베로니카는 의학교육 분야에서 활동하고 있으며, 지난 15년 동안 케이프타운대학교 산과에서 학부생들을 대상으로 보건 및 인권 워크숍을 진행해 왔다. 그는 실험적이고 퍼포먼스적인 참여형 워크숍을 도입해 산과 폭력[2]과 같은 심각한 문제를 강조하는 데 있어 학생들이 창의력을 발휘할 수 있도록 장려했다. 학생 봉가니Bongani[3]의 스토리텔링과 그림에 대한 기여는 베로니카의 교육과 연구에서 문제를 제기하는 강력한 정동적 힘이 되었다.

얽힘

윤리성의 섬세한 조직은 존재의 골수를 관통한다. 윤리를 벗어날 수는 없다. 물질되기는 역동적으로 현존하는 세계 존재론의

---

1   자녹솔로 파마(Zanoxolo Pama)는 GIS 실무자이자 시인으로, 자신의 스토리를 바탕으로 글을 쓰고 이름을 사용하도록 허락해 주었다.

2   산과 폭력은 남아메리카에서 만들어진 용어로 이 어려운 글로벌 이슈를 다루는 데 중요한 의미를 갖는다.

3   가명을 사용했다.

필수적인 부분이다. 단 한 순간도 스스로 존재하지 않는다. '이 것'과 '저것', '여기'와 '지금'은 이미 존재하는 것이 아니라 만남 이 있을 때마다 생겨나는 것이다. 세계와 그것의 되기 가능성은 매 순간 새롭게 만들어진다. (Barad, 2007, 296쪽)

비가 내리고 추운 겨울날 몽키밸리 컨퍼런스센터에서 우리는 대화와 식사, 창작 활동, 프레젠테이션을 통해 바라드와 만나고 큰 감동을 받았다. 우리 작업이 과학 분야의 기존 경계를 무너뜨리고 예술과 과학이 교차하는 중간 공간으로 나아가며 윤리와 사회정 의에 관한 질문을 불러일으키는 초학제적 행동주의(Motala & Stewart, 2021)가 되고 있음을 인식했다. 이틀간의 리트릿은 다른 종류의 존 재가 되기 위한 지속적인 영감을 제공했다. 우리는 몇 개의 슬라이 드와 짧은 동영상을 사용해 현재 진행 중인 박사 연구 프로젝트를 발표할 기회를 갖게 되어 감사했다.

시디크의 박사 연구는 공학교육에 대한 비판적 포스트휴머니 즘적 입장을 매개로 스토리텔링과 비판적 교육학을 결합하여 지 형정보학 교육에 유용한 통찰력을 얻을 방법을 모색하는 것이었 다(Motala, 2017). 그는 자신의 교육에 스토리텔링과 GIS를 결합한 방 법을 설명하기 위해 초기 남아프리카 식민지에서 코이족Khoi과 네 덜란드인의 접촉에 관한 이야기를 들려주었다. 이야기의 중요한 부분은 케이프에 있던 네덜란드 사령관 얀 반 리베크Jan van Riebeeck가 원주민 코이족이 네덜란드가 점령한 땅에 들어오는 것을 막기 위 해 경계 울타리를 세우기로 한 결정이었다. 시디크는 경계 울타리

적갈색 장

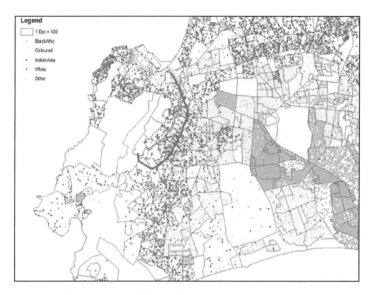

[그림 RB.1] 인종 범주별 인구 점밀도 지도에 겹쳐진 반 리베크의 울타리 위치(모탈리 제공, 2020).

의 위치를 현재 케이프타운 지도 위에 겹쳐놓아, 원래 울타리가 있던 곳이 대부분 흑인과 백인 사이 분리선을 나타낸다는 것을 설명했다([그림 RB.1]). 시디크에게 놀랍고 인상적이었던 것은 바라드의 반응이었다. 바라드는 회절 분석에서 과거에서 미래에 대한 제스처를 식별하는 것이 중요하다고 강조했다. 네덜란드인이나 코이족이 제스처로 가리킨 미래는 무엇이었을까? 바라드는 "그 울타리를 만드는 데는 특정한 미래가 있었다"고 말했다. 이를 통해 시디크는 우리 주변의 모든 제스처를 식별하고 분석할 수 있다는 사실을 깨달았다. 제스처에 대해 더 깊이 생각하면서 그는 스토리와 지도를 연결하고, 미래에 대한 긍정적 제스처를 가능하게 하는 실험적인 수업 실습에 대한 자신감을 키울 수 있었다.

베로니카의 발표는 산과 폭력에 대한 토론과 관련해 연구 참여자들로부터 새로운 통찰을 이끌어내기 위해 그림을 사용하는 것의 영향을 중점적으로 다루었다. 그는 학부 의대생들이 분만실에서 임상적으로 폭력을 경험하는 것이 잊을 수 없는 일이라고 언급한다. 이러한 외상 경험의 강도는 해당 전공의 순환이나 의과대학 졸업 후에도 사라지지 않고 학생과 인간 및 인간 이상의 타자들과의 관계에 지속해 영향을 미친다(Mitchell, 2019). 수련 기간에 관찰된 여러 학대 사례에 대한 학생들의 이야기가 미치는 영향에 대해 고민하던 베로니카는 바라드의 현재 속 미래에 대한 언급이 특히 인상 깊었다.

원자폭탄 개발과 같이 물리학이 연루된 불의에 대한 통찰을 바탕으로 철학을 통해 물리학 윤리를 탐구한 바라드의 이야기를 들었다. 바라드는 과학의 미래를 위해 긍정적 제스처를 취하는 것이 필수적이라는 사실을 일깨워주었다. 우리는 바라드의 연구를 바탕으로 과학 분야에서 사회정의에 초점을 맞출 필요가 있음을 인식하며, 우리 분야에서 발생하는 해악(침묵과 폭력)을 탐구하고 있다. 이 장의 갈색과 붉은색은 대지의 토양과 태반에 생명을 주는 혈액을 포함하여 매우 다른 두 연구 분야를 시각적으로 통합한 것이다.

그러나 우리는 우리가 (모든 유령과 함께) 제도적 집합체의 일부임을 인정하며, 내부에서 학계를 비판하는 것이 어렵다는 것을 인식하고 있다(Spivak, 1993). 이러한 유령이 깃든 기관에서 교육과 연구를 수행하려면, 과거와 미래의 유령에 대한 응답-능력(Bozalek 외,

2018)이 필요하다. 이를 위해 폭력적 역사의 얽힘을 추적하고, 유령의 물질성에 주의를 기울이며, 식민지 시대의 지우기와 회피 프로젝트에 대응하기 위한 노력이 필요하다(Bozalek 외, 2021).

시간 교란하기

지형정보학과 의학은 크로노스가 중심이 되고 재현적이며 종종 시간을 가만히 붙잡아 두기도 하는 왕실과학[4]이다(Braidotti, 2013). 학계에서 시간은 항상 부족한 재화다. 현대의 공학 및 의학 교육은 기술의 시간성(종종 시장경제 논리에 의해 결정됨), 시간표, 개별 커리큘럼, 졸업생 속성이라는 '최종 결과물'에 초점을 맞춘 평가 등 여러 가지 리듬에 맞춰져 있다. 포스트휴머니즘적 관점을 취하면서 우리는 다양한 생각과 아이디어를 탐색하고, 학습의 비선형적 특성에 대해 질문을 제기하며, 제도적 시간과 학생의 관계를 문제 삼도록 권장받았다. 우리는 고등교육에서의 교수와 학습이 주기적이고, 리드미컬하며, 아이온적aionic이고, 반복적이며, 정동적일 수 있다고 제안한다.

시간에 관해 브라이도티(2006, 2013)는 들뢰즈에 기반하여 크로노스chronos와 아이온aion 개념을 확장한다. 크로노스는 선형적이고 기록되는 시간으로, 몰적이며 헤게모니적 정치 질서의 타임라인

---

4 왕실과학은 서구 세계에서 과학이 높은 지위를 차지하고 있다는 것을 말하며, "프로토콜에 묶여 있다"(Braidotti, 2013, 165쪽)는 의미다.

이다. 바라드가 지적했듯이, 시계의 시간은 "자본주의, 식민주의, 군사주의의 시간"(Barad, 2017, 60쪽)이다. 반면 아이온은 역동적이고 불연속적이며 순환적인 존재의 시간으로, 분자적이고 여성적인 것과 관련이 있다. 크로노스는 존재적이고 몰적이며 남성적인 것과 관련이 있다(Braidotti, 2006, 151쪽). 그러나 크로노스와 아이온은 이원론적 관계에 있지 않다. 브라이도티는 크로노스와 아이온의 차이점을 설명한다.

> **전자가 프로토콜에 묶여 있다면, 후자는 흥미를 따라가며 과학적 기획을 새로운 개념의 창조로 정의한다. 창조성과 비판은 함께 나아가면서 긍정적 대안을 모색한다. 이런 대안은 되기로서의 창조와 상상력으로서의 기억이라는 비선형적 전망에 의존한다.** (Braidotti, 2013, 165쪽)

남아프리카공화국의 차별적인 과거는 여전히 우리 교육 시스템에 스며들어 있다. 많은 사람이 고등교육을 받을 수 있게 되었지만, 아프리카 지식 시스템의 '지식살해'epistemicide[5]가 여전히 존재한다(Fataar & Subreenduth, 2016). 고등교육 평가 관행의 리듬이 학생들에게 인식적 폭력을 가할 수 있다는 사실에 놀라움을 금치 못한다. 학생들은 자신의 성과를 평가 시간표에 맞춰 조정해야 하며, 특정 등급이나 할당된 만큼 기술을 달성하지 못하면 유급으로 간주된

---

5   우리의 맥락에서 지식살해는 헤게모니적 서구 과학이 아프리카 지식을 지우기하면서 문제없이 유통되는 것을 의미한다.

적갈색 장

다. 이로 인해 학생들은 과목의 수강 기간을 연장하거나 과정을 반복하거나 대학을 중퇴해야 할 수 있다. 예를 들어, 산과학 순환근무를 거치는 의대생은 임상 플랫폼에서 정해진 시간 내에 특정 개수의 술기를 수행해야 하며, 이는 로그북에 공식적인 서명으로 기록된다. 이는 종종 환자 치료를 촉진하느라 희생된다(Mitchell, 2019). 일반적으로 학생들이 평가에서 실패하는 것은 과중한 커리큘럼 내 시간 관리와 관련이 있지 과제를 이해하는 능력과는 관련이 적다. '유급' 또는 '중도 탈락'한 학생에게는 그러한 라벨이 붙으며, 이 라벨은 계속 유지된다. 이는 원자폭탄 생존자인 히바쿠샤의 체내 방사능을 떠올리게 한다(Barad, 2017).

　스토리텔링과 드로잉 개입에서 우리는 크로노스와 아이온의 시간을 과정 존재론에 따라 활용하여 학생들이 창조 과정에 집중할 수 있도록 했다. 시디크의 스토리텔링 개입은 흑인의 결핍적 묘사를 불안정하게 만들었다(Motala, 2020). 그는 스토리 서클, 스토리보드, 비디오 편집과 같은 일련의 활동을 통해 내부-작용했고, 디지털 스토리의 수업 프레젠테이션으로 등장했다(Motala, 2017). 베로니카는 유사한 반복적인 대화형 과정을 통해 입문 강의실/Zoom 워크숍에서 산과에서 만연한 학대에 대해 학생들이 인식하도록 했다. 그녀는 학생들이 어려운 상황에서 자신의 위치를 고려해보도록 독려했으며, 이후 진행된 참여형 워크숍에서는 학생들이 자신의 구체적 경험, 특히 기억에 남는 경험을 공유할 수 있는 윤리-존재-인식론적 공간을 마련했다. 이후 구글드라이브를 통해 학생들의 통찰을 온라인으로 공유할 수 있었고, 학생들은 자신에게 중요한 순간과 그 반응에 대해 글을 쓰고, 그림을 그리고, 오디오를 녹음할 수 있었다. 이러한 게시물은 다른 사람의 경험을 통해 사고하는 회절적 과정을 가능하게 했다. 학생들 피드백에서 알 수 있듯이 후자는 매우 강력한 도구였다. 이는 학생들이 종종 외상 사건을 극복하고 그것이 개인적 무력감 문제가 아니라 체계적인 폭력과 침묵이 훨씬 더 큰 문제라는 것을 깨닫는 데 도움이 되었다(Mitchell, 2017). 디지털 스토리와 그림은 최종 결과물로 볼 수 있지만, 우리는 그것들이 더 개방적이고 앞으로 더 발전할 잠재력을 가지고 있다고 주장한다.

우리의 교육적 실천은 회절을 사용하여 탈영토화와 같은 과정을 실험적으로 접근하며 탈주선을 가능하게 하는 방법을 모색했다(Deleuze & Guattari, 1987). 상호작용적인 과정은 중요한 차이를 촉진했다. 예를 들어, 자녹솔로와 같은 학생들에게 창의성을 발휘하도록 격려함으로써 강력한 교육 자료인 디지털 스토리가 생성되었으며, 이는 기존의 교사-학생 위계질서를 전복시켰다. 자녹솔로의 이야기에서는 시간의 선형적 특성이 퀴어화[6]되며, 현재 반복되는 조상의 여정을 조명하여 바라드(2010)가 주장한 "시작과 끝을 연결하는 매끄러운 시간적(또는 공간적) 토폴로지topology는 없다"는 관점과 일치한다(244쪽). 바라드는 회절에 대한 논의를 통해 양자 시간성에 대한 감수성을 요구하는 새로운 시간성 또는 시공간성이 어떻게 형성될 수 있는지를 제시하며, "경로와 역사의 다양성, 시간

---

6 바라드(2011)는 인간의 수행성을 중시하는 퀴어이론의 인간중심주의에 도전한다. 그녀는 수행성의 적용 범위를 비인간 및 시간과 같은 다른 현상까지 확대 포함하도록 촉구한다.

의 위치성"(2017, 61쪽)을 인식하게 한다. 베로니카에게 봉가니의 스토리텔링은 새로운 수업 상호작용으로 확장되어 미래 학생들이 가혹한 학술적 현실에 적응할 수 있도록 돕는 중요한 도구가 되었다. 우리는 아이온을 통해 여러 시간을 연결하면 복잡한 역사와 대응 능력을 이해할 수 있다고 주장한다. 다음 단락에서는 두 학생, 자녹솔로와 봉가니를 통해 제정된 현상에 대해 설명할 것이다.

자녹솔로

시디크의 GIS 수업에서 제작된 스토리는 대개 지도, 이미지, 음악, 내레이션을 결합해 동영상으로 편집되었다. 그의 학생용 디지털 스토리 레퍼토리 중 대표적인 작품은 2013년에 자녹솔로가 제작한 "은딩구바니 나?"Ndingubani na?[7].[8] 당시 시디크는 아프리카 반투족의 대이동 지도 제작에 관심이 있었고, 이 관심을 학생들과 공유했다. 토론은 남아프리카공화국에서 증가하고 있던 외국인 혐오 폭력으로 옮겨갔으며, 주로 아프리카인과 가난한 남아프리카공화국 이주민이 표적이 되었다. 외국인들은 현지인의 일자리를 빼앗아 빈곤의 악순환을 부추긴다는 비난을 받았다. 자녹솔로는 이런 상황에서 창의적 잠재력을 발휘해 조상들의 이주에서 영감을 얻은 중요한 디지털 스토리를 만들었다.

---

7 번역: "나는 누구인가?"

8 동영상은 https://youtu.be/560BukipHJU 참조.

그는 자신의 부족 이름을 선언하는 것으로 이야기를 시작하며, 이는 다른 부족 이름과 자신을 연결하는 관계적인 행위로, 가장 중요한 부족의 이름인 음폰도미즈Mpondomise를 사용한다. 그는 일부 이름과 자신을 분리하면서 동시에 자신의 문화유산을 통해 다른 이름과 자신을 연결한다. 이 이야기는 지도, 이미지, 코사족 노래를 사용하여 반투족의 장대한 남하 이주 여정을 추적한다. 자녹솔로는 조상들이 어떻게 국경(당시의 물리적 경계는 나중에 국가 경계가 되기도 했다)을 넘어 남아프리카공화국 동부에 정착하게 되었는지를 보여준다. 이 이야기는 공간과 시간을 넘나드는 이동에 관한 이야기로, 조상들의 이동은 케이프타운으로 향한 자신의 이동으로 다시 이어진다. 자녹솔로는 바라드의 "문제적 시간들"에서의 분석에 공감하며 과거가 끝났다고 가정하지 않는 시/공간을 통한 움직임을 추적한다:

> 서기 3세기 초, 나의 조상들은 중앙아프리카에서 남동쪽으로 이주해 우간다, 탄자니아, 케냐 국경에 위치한 아프리카의 큰 호수 근처 가나지 마을이라는 곳에 정착했는데, 그곳에서 응구니가 태어났다.

그는 조상 응구니를 통해 4세기에 큰 호수에서 잠베지강을 건너 모잠비크까지 여행한다. 그런 다음 그는 에스와티니, 콰줄루나탈, 그리고 마지막으로 힘든 여정 끝에 이스턴 케이프까지 이동한다:

적갈색 장

1800년경, 매우 긴 여정 끝에 비옥한 빈 땅을 발견하고 이곳에 손사Xonxa라는 이름을 붙였다.

아파르트헤이트 시대 동안:

안타깝게도 1970년, 음폰도미세는 땅을 빼앗겼다.

자신의 삶으로 돌아가 자녹솔로의 자부심은 분명하다:

손사는 이제 이스턴 케이프에서 가장 아름다운 마을 중 하나로 많은 관광객이 찾아온다. 여기가 제 집이에요.
여기가 제가 다니는 초등학교인 손사 주니어 스쿨입니다.

이야기는 이렇게 끝난다:

사실 저는 코사Xhosa이고, 라콤펠라Laqhomfela의 손자이자 파마Pama의 증손자인 피킬레Fikile의 아들입니다. 나는 음포도미세입니다. 저는 반투입니다. 저는 큰 호수 출신입니다. 저는 중앙아프리카 출신입니다.
엠보! 엠보! 나는 아프리카에서 왔습니다.
(큰 호수! 큰 호수! 사람들이 옛 방식대로 사는 곳, 나는 담배를 피우고, 나는 아프리카인입니다).

시공간 물질의 회절을 통해 여기/저기, 우리/그들, 그때/지금의 이분법은 문제가 된다. 자녹솔로는 이 이야기를 자신의 이야기라고 주장할 수 있지만, 이 이야기는 그 이상으로 인종화된 타자성의 타자에 대한 강력한 이야기이기도 하다. 한 사람의 이야기이지만, 이 이야기를 보는 많은 사람에게 동일성 또는 차이의 패턴을 이끌어낸다. 또 이 이야기는 역사를 추적하면서도 아프리카 사람들의 지속적인 이주와 그들이 직면한 어려움을 시대를 초월하여 공감하게 한다. 특히 아프리카의 어린 학생들이 배움의 여정에서 겪는 어려움을 잘 알고 있다. 그들은 "식민주의, 인종주의, 군사주의의 역사와 그것을 구성하는 것들, 모든 시도된 지우기"와 밀접하게 얽힌 인종주의, 생태 파괴, 강제 이주, 편견의 알려지지 않은, 그리고 부분적으로 지워진 역사를 가지고 있다(Barad, 2017, 75쪽).

자녹솔로의 이야기가 만들어내는 행위적 절단은 강력한 정동적 힘을 발휘한다. 자녹솔로는 이야기를 통해 '외국인' 아프리카인들과 관계를 맺으며 시민/외국인의 경계를 허물어뜨린다. 그는 큰 호수를 찬양하는 노래로 이야기를 마무리하고, 이제 더 이상 말을 하지 않겠다는 의미로 '담배를 피운다'. 흑인 학생들(특히 코사어 사용자)이 이 이야기를 듣게 되면 종종 박수 소리가 터져 나오며 자부심이 표현된다. '외국인' 아프리카 학생들은 아프리카의 다른 지역에 대한 관심에 감사를 표한다. 이 이야기는 부족주의와 민족주의를 넘어 조상의 지식과 장소의 관계적 가치를 보여주는 흑인의 자부심을 표현하는 수행이다. 이전에 침묵된 사람, 사물, 시간에 주의를 기울이고 조명하는 것은 우리가 이전에 응답-능력의 교육학

적갈색 장

(Bozalek 외, 2018)과 유령학 교육학(Zembylas 외, 2021)이라고 불렀던 것에 부합하는 전략이다. 세심한 주의를 기울이려면 학생과 교육자 모두 인간 이상의 관계적 감수성을 조율할 수 있도록 집중적 노력을 기울여야 한다.

조상 숭배는 많은 남아프리카공화국 원주민에게 여전히 현실이기 때문에 선형적 시간성 개념을 당연하게 받아들일 수 없다. 브라이도티의 말을 빌리자면, 아이온에 맞춰진 감성이 스토리를 통해 활성화된다. 바라드에게 과거와 현재, 미래는 시공간을 넘나드는 이질적 반복을 통해 서로 얽혀 있다. 이야기는 조상에 대한 존경심을 표현하며, 이를 돌봄의 행위로 볼 수도 있다. 트론토는 "돌봄 활동은 문화적으로 크게 정의되며 문화마다 다를 것이다"(1993, 103쪽)라고 말한다. 조상을 자신과 분리된 존재로 보지 않는 사람들에게 조상을 돌보는 것은 자신과 자신의 일족을 돌보는 것이다.

외국인 혐오 폭력의 맥락에서, 우리는 친절과 보살핌이 기대되는 출산 시설에서 젠더 기반 폭력의 한 형태로 간주될 수 있는 예상치 못한 형태의 폭력을 경험할 수 있다.

봉가니

봉가니는 학부 의학을 공부하기 위해 웨스턴 케이프로 이주한 코사족 학생이었다. 그는 의사가 되어 현재 자신이 일하고 있는 이스턴 케이프에서 지역사회에 봉사하는 것을 목표로 삼았다. 이는 과거로 돌아가 현재에서 빈곤한 지역사회의 필요를 해결하고, 미래를 향해 다시 돌아가는 것이다. 베로니카는 봉가니와의 연구 인터뷰와 강의실 대화를 통해 산과에서의 경험을 공유하는 그의 개방성과 관대함에 깊은 인상을 받았다.

> 사람들이 깨닫지 못하는 한 가지는 학생으로서 그곳에서 겪는 일이 트라우마가 될 수 있다는 것이다... 그것에 대해 이야기하지 않거나 무언가를 하지 않으면 그것이 자신에게 잘 맞지 않고 자신을 갉아먹는 것이 될 수 있다고 설명했다. (인터뷰, 2016)

(다양한 형태의 예술 창작을 포함하는) 베로니카의 참여형 워크숍은 4학년 학생들 사이에서 어려운 대화를 나눌 수 있는 장을 열어주었다. 그림, 공연, 텍스트 등 학생들이 내부적으로 상호작용하는 이 시간 동안 베로니카는 학생들이 윤리적 딜레마와 교과 과제에 몰입하는 과정에서 드러나는 이러한 딜레마와 관련된 물질성에 대해 생각하도록 독려했다. 이는 특히 의료 시스템에 만연한 불의와 관련이 있다. 봉가니는 자신과 동료 학생들이 수업 시간에 역할극을 하고, 그림을 그리고, 나중에 분만실에서의 의미 있는 순간을 다시 글로 표현하는 데 기여했다. 초청 게스트로서 나중에 여러 학생 집단에 직접 자신의 경험을 공유한 것은 이 장과 가장 관련성이 높다. 그는 임상 산과에 진입하게 된 흥미진진한 이야기를 들려주었으며, 의원성[9] 피해를 목격하면서 무력감과 무기력함을 느꼈던 학생으로서 자신의 처지를 솔직하게 설명했다. 이후 그는 베로니

적갈색 장

카의 박사 연구 프로젝트에 참여했고, 그의 이야기는 여전히 베로니카에게 '핫스팟'으로 남아 있다(MacLure, 2013). 베로니카는 의학교육이 산과 진료에서 어떻게 폭력을 조장하는가라고 질문한다.

20여 년 전, 쥬케스Jewkes·아브라함스Abrahams·음보Mvo(1998)는 남아프리카공화국과 국제적으로 출산 여성 학대에 대한 인식이 부족하다는 점을 지적했다. 지난 10년 동안 산과 폭력을 심각하게 다루기 위한 연구와 노력이 증가했으며, 대개의 초점은 환자 사례 폭로를 통해 이루어졌다(Chadwick, 2017; Cohen-Shabat, 2021). 최근의 국제 연구는 이러한 폭력이 널리 퍼져 있다는 통계적 증거를 제공한다(Bohren 외, 2015).

식민주의는 노예제도 및 생명정치와 얽혀 산과 진료에 큰 영향을 미쳤다(Van der Waal 외, 2021). 조산원에서 학대가 체계적으로 일상화되었으며, 쥬케스·아브라함스·음보(1998)는 산과에서 드러나는 폭력이 택시 폭력, 범죄 폭력, 높은 강간 및 살인율, 개인 가정 폭력 등 만연한 사회 폭력과 공명한다고 지적한다. 최근 산과 폭력 퇴치를 위한 운동은 "산과 기관이 근본적으로 근대적이며 근대적 폭력과 식민지 권력의 중심지로 볼 수 있다"고 지적하며 출산 탈식민화를 요구하고 있다(Van der Waal 외, 2021).

학생 봉가니는 분만 중인 여성의 자궁 압박(지금은 금지된 구시대적 관행)을 관찰했던 경험을 떠올리며, 교실에서 그린 그림에 대해 의미심장하게 설명했다. 그 그림은 봉가니가 직면한 예상치 못한

---

9 '의원성'은 의학적 개입으로 인한 피해를 의미한다.

상황을 묘사한 것이었다. 인터뷰 중에 그는 그림에 더 자세한 설명을 덧붙였으며, 그림과 관련된 행위적 절단은 여성의 의복, 복도의 공간, 갓 태어난 신생아와 관련된 힘의 예기치 않은 내부-작용과 관련이 있음을 분명히 했다. 이 그림은 긴급한 상황에 대한 그의 재빠른 대응을 묘사했으며, 그는 이를 자랑스럽게 공유했다. 나중에 그는 아기가 바닥에 떨어지는 것을 방지하기 위해 분만 중인 여성의 치마 아래로 긴 팔을 뻗어 표현함으로써 그림을 더 세부적으로 묘사했다([그림 RB.2]). 배제되고 표현되지 않은 것은 그에게 충격과 불편함을 남긴 또 다른 만남이었다. 그는 다음과 같이 설명했다:

이것(그림)을 그릴 때 학대 장면을 표현하고 싶지 않았고, 우선 종이에 어떻게 표현해야 할지 몰랐던 기억이 납니다.

봉가니가 무력감을 느꼈던 불편한 경험은 조산사가 분만 중인 젊은 여성에게 가하는 자궁저부압박[10]을 목격했을 때였다. 이런 관행은 여성에게 극심한 고통을 주기 때문에 해로운 것으로 간주되며, 자연적인 수축 파동을 방해하고 자궁 파열을 초래할 수 있다. 파렐Farrell과 패틴슨Pattinson(2004)은 골반 압박이 산과에서 학생들이 목격하는 여섯 번째로 해롭고 비인도적인 관행이라고 주장하며, "분만 2단계에서 비협조적인 환자를 관리하는 이상적인 방법"으로 학생들에게 '권장'되고 있다고 지적한다(897쪽). 학생들은 트

---

10 자궁저부압박(fundal pressure)은 더 이상 허용되지 않지만 여전히 시행되고 있다. 분만의 두 번째 단계를 가속화하기 위해 자궁에 (보통 팔꿈치로) 압력을 가하는 수동 기법이다.

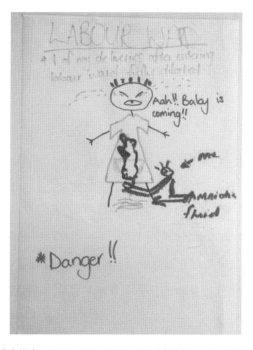

[그림 RB.2] 아기 받기(봉가니, 2015. 박사 과정 연구의 일환으로 사전 동의로 허가받음).

라우마가 있는 사건보다 기분이 좋은 사건을 공유하는 것이 더 편안하고/위안이 되며/더 영웅적이고/쉬운 일이라고 느끼는 경향이 있다. 이러한 불편함에 대한 침묵은 드문 일이 아니다. 노동에 종사하거나 가정폭력에 직면한 여성은 여러 차원의 취약성으로 인해 무력화되는 경우가 많다. 현재 산과적 폭력이라고 불리는 분만 여성에 대한 학대는 종종 숨겨지는 젠더 기반 폭력의 한 형태로 간주된다. 최근에야 의학교육에서 "남아프리카공화국의 침묵하는 공중보건 전염병"으로 분류되며 친밀한 파트너 폭력 및 관련 학대 행위를 해결해야 할 긴급한 필요성에 대응하기 시작했다(Gordon,

2016, 962쪽). 식민주의적 지우기와 회피 관행이 보건 시스템 내에서 학대를 일상화하는 데 기여해 무의식적으로 현재 전염병 수준의 사회적 폭력에 기여하고 있지 않은가?

시/공간 뜀뛰기

몽키밸리로 돌아가는 길에 우리는 한 시공간 지점에서 다른 시공간 지점으로 뜀뛰기 이동하며[11] 식민 역사와 얽힌 다양한 교육적 만남에 다시 관심을 돌린다. 우리는 자녹솔로와 함께 아프리카의 큰 호수에서 출발한 조상들과 함께 우간다, 케냐, 탄자니아, 모잠비크, 스와질란드/에스와티니, 남아프리카공화국으로 식민화할 땅들을 여행한다. 다양한 환경과 사람들을 아우르는 아프리카의 여러 세대에 걸친 장대한 여정은 오늘날까지 계속되고 있다. 우리는 전쟁과 난민, 식량 부족으로 고통받는 사람들의 울부짖음을 듣고, 시비시데Sibiside 왕과 그의 후손 말랑가나Malangana 같은 용감한 아프리카 여행자에 대한 이야기를 들으며 자부심을 느낀다. 그들은 자녹솔로의 조상이며, 자녹솔로와 그의/그들의/우리의 여정을 안내하고 있다.

우리는 4학년 산과 커리큘럼에 속해 있으며, 학생들은 8주 동안 순환근무를 통해 출산 시설에서 실습을 한다. 우리는 학생들과

---

11 이 단락은 "시간 교란하기"에서 바라드가 묘사한, 하야시의 소설 주인공의 뜀뛰기 탐방 모습에서 영감을 받았다.

적갈색 장

함께 이론과 실습을 통합하는 다양한 공간과 만남을 이동한다. 봉가니와 그의 반 친구들은 6학년으로 되-돌아가서 졸업 후에도 이러한 첫 만남에서 비롯된 수많은 출산의 순간을 다시 경험하게 된다. 봉가니는 엘리베이터에서 출산 중인 산모와 마주하고, 산모의 자궁저부압박을 목격하며, 현재와 과거, 미래의 폭력에 맞서고 있다. 그가 얼마나 많은 폭력과 어느 정도 연관되어 있는지 측정할 방법은 없다. 이런 폭력은 셀 수도 없고, 책임질 수도 없으며, 설명할 수도 없다. 그가 전문적 지식을 쌓아가는 과정에서 지워질 것으로 추정된다. 외상성 분만 경험을 겪고 태어난 일부 개인은 어머니의 고통을 알고 평생 고통을 안고 살아간다. 이는 식민화와 민족국가의 고통스러운 탄생을 담고 있는 현재진행형 과정이다. 자녹솔로가 무대에 올라 "Ma-Afrika Amahle, Ubambiswano Ngamandla"(아름다운 아프리카인, 통일은 지배다)라는 새로운 시를 낭송하고 있다. 그는 자신의 시적 목소리와 아프리카 영성, 조상과의 연결고리를 찾았다. 그는 스토리텔링 개입이 시적 여정에 도움이 되었다고 시디크에게 말한다.

6학년이 된 봉가니는 4학년 교실로 되돌아가 새로운 산과 입문 학생들에게 자신의 이야기를 들려준다. 학생들은 경외심과 호기심으로 경청하며, 필요 시 연락처를 물어보기도 한다. 베로니카는 연구의 내부-작용으로 되돌아가, 학생들에게 친숙한 학습 장소인 산과 박물관에 포커스 그룹을 설치했다. 이곳에서 베로니카는 학생 그룹을 둘러싸고 있는 선반 위 병에 담긴 죽은 태아 표본을 살펴본다. 보존액에 담긴 작은 태아의 시신은 출산 공간에 스며들어 있는 위험을 조용히 다시 기억하게 하며, 학생들에게 숨겨진 두려움과 불안감을 불러일으킨다. 애도하거나 상실감을 느끼거나 외상성 노출에 대해 보고할 기회나 시간이 거의 없다. 현재는 과거의 트라우마로 가득 차 있다. 우리는 어떤 제스처가 변화를 가져올 수 있을지 궁금하다.

폭력

학생들의 이야기는 시간이 지남에 따라 폭력, 지워짐, 움직임에 대해 행위적 절단을 제정한다. 우리는 시간 회절을 통해 아이온의 시간과 양자 시간성 사이의 공명을 포착한다. 바라드는 다음과 같이 지적한다:

> 경로와 역사의 다양체, 시간의 위치성 또한 양자 시간성의 한 측면이며, 이는 (특정) 양자적 접근과 (특정) 토착적 접근이 동일하거나 상응하거나 동일한 효과나 지분을 갖는다는 것을 시사하는 것은 아니지만, 동질적인 빈 시간 개념에 큰 혼란을 야기할 수 있다. (Barad, 2017, 61쪽)

자녹솔로의 이야기는 아프리카인에 대한 폭력에서 영감을 얻었으며, 민족주의적 차이를 뛰어넘어 폭력의 본질을 탐구하는 데 중점을 두었다. 최근 2021년 7월에 발생한 콰줄루나탈KwaZulu-Natal

과 가우텡Gauteng에서의 광범위한 수탈과 폭력 사건은 만델라의 '무지개 국가'가 아직 실현되지 않았음을 상기시키며, 아파르트헤이트 이후 시행된 외형적 변화가 가난한 사람들의 참혹한 현실을 지울 수 없다는 사실을 드러낸다. 바라드는 "'과거'가 바뀌었음을 암시하는 특정 흔적을 지울 수는 있지만, 이것이 역사의 모든 흔적을 지울 수 있다고 믿는 것은 환상"이라고 지적하며(2017, 73쪽), 외국인 혐오의 상처와 같은 '새로운' 남아프리카공화국의 자해적 상처를 강조한다. 산과에서도 외국인 혐오 폭력은 명백히 존재하며, 베로니카는 학생들로부터 외국인 여성에 대한 무례한 행동에 관한 일화를 자주 듣는다. 이런 폭력에 대처하기 위한 방안은 무엇일까? 우리는 예술을 기반으로 한 내부-개입의 물질성이 담론과 얽히면서, 시간을 교란하는 초학문적 행동주의의 미시적 사례로 작용하는 것을 볼 수 있다. 이러한 미시적 사례는 학생들의 폭력적 경험과 이를 예술적 방식으로 표현하고 반응하는 과정에서 드러나는 시간의 복잡성을 탐구하는 데 기여한다. 예술적 개입은 이론적 논의와 함께 폭력의 실질적인 영향을 이해하고, 치유와 반성을 위한 공간을 제공하는 중요한 도구로 작용할 수 있다.

지우기

측정은 단순히 계시적인 것이 아니라 수행적인 행위다. 측정은 측정되는 것을 구성하고 구성하는 데 도움을 주는 행위적 실천이다... 측정 내부-작용이 측정되는 것에서 구성적인 역할을 한다면, 무언가를 탐구하는 방식이 중요해진다. (Barad, 2012, 6쪽)

측정은 학문 분야를 이해하는 데 중요한 역할을 하지만 모든 것을 보여주지는 않는다. 공학과 산과 교육에서는 정량적 측정이 필수적이지만, 이것만으로는 문제의 전체적인 모습을 파악하기 어렵다. 측정은 때로 불공정한 점을 숨길 수 있고 실제로 그렇게 되기도 한다. 기술적인 측정에 집중하면 감정적 반응과 사회적·정치적·환경적 인식의 중요성이 간과될 수 있다. 행위적 실재론은 이러한 침묵에 주목함으로써 학생들이 커리큘럼을 통해 배우는 과정에서 어떤 부분들이 자주 무시되는지를 이해하는 데 도움을 준다. 교육자로서 우리는 이런 실천을 통해 우리의 주관적 시각을 드러내게 된다.

공학 교육에서는 기술적인 문제들, 예를 들어 정확도 향상, 흐름의 효율성, 설계 최적화 등이 커리큘럼에서 우선으로 다뤄진다. GIS 실무자들은 종종 자신의 업무가 정치적 문제와는 관련이 없다고 생각하지만, 지도는 제국이라는 강력한 신화를 만드는 데 기여했다. 비판적 지도학과 함께 바라드의 비-재현적 통찰을 읽으면서 지도가 세계를 설명하는 것이 아니라, 만들어지는 세계의 이미지를 제공한다는 것을 이해하는 데 도움이 된다(Harley, 1989; Motala & Bozalek, 2022). 대담한 식민지 개척자들의 업적은 역사 기록에서 지배적 위치를 차지하고 있으며, 그 결과 원주민과 다른 흑인들을 쫓아내고 지배한 사실, 그리고 '진보'라는 명목 아래 자연환경을 파괴한 사실이 은폐되었다. 게다가 자녹솔로의 조상처럼 용감한 아프리카 여행자들을 위한 공간은 거의 없다. 그들은 침묵했지만 완전히 지워지지는 않았다. 그들의 경험은 정설로 여겨지는 얀 반 리베크의 이야기와 같은 사건과 비교할 때 희미해진다.

의학은 증거 기반 관행을 엄격하게 준수하며, 역학 통계는 지역사회와 시설의 건강 상태를 직접 평가하고 모니터링한다. 그러나 이런 접근 방식은 관계적 경험을 지우는 것처럼 보일 수 있다. 머천트Marchant·부르마Boerma·디아즈Diaz(2020)는 신생아, 산모, 아동 건강에 관한 기사에서 "데이터가 곧 힘"이라고 지적하며, 코로나19 팬데믹이 시작된 현재 상황에서는 "누가 그 권력을 쥐고 있는지, 그리고 그 권력이 전 세계 보건을 개선하는 데 얼마나 잘 사용되는지 성찰하는 것이 중요하다"고 강조한다(Marchant, Boerma & Diaz, 2020, 1쪽). 산과에서 신생아 및 산모 사망률은 전 세계적으로 불평등하게 나타나며, 지난 10년 동안 많은 국가, 특히 글로벌 남부에서 예방 가능한 사망이 감소했지만 여전히 국제적으로 큰 차이를 보인다. 이로 인해 의료 서비스 제공자에게는 추가적인 부담이 가해지고, 많은 불안과 공포를 야기하고 있다. 의료의 질은 측정 가능하고 비교 가능한 프레임워크에 맞지 않지만, 관계적 존재론은 돌봄을 재구성하며, 이는 다방향 내부-작용을 통해 물질화된다.

몽키밸리에서 바라드와 논의한 바와 같이, "행위성을 분리하는 경계 설정 과정"이다(7:15-11:50, "밤하늘 장" [그림 NS.1] 참조). 공학 및 의학 교육의 전통적이고 구조화된 커리큘럼 활동은 학생들의 개인적인 경험과 역사를 다루는 것을 피했다. 또 전통적인 선형적 시간에 초점을 맞추면 "책임 문제를 회피하는 마취 효과"가 있다 (Barad, 2017, 58쪽). 교육 측면에서 공학 및 의학 커리큘럼은 나선형 커리큘럼으로 구성된 반복적 프로세스를 기반으로 졸업생 속성으로 대표되는 측정 가능한 기술과 지식을 개발하도록 구조화되어 있다. 우리의 내부-작용은 학생 자신의 계보적 역사와 커리큘럼 과제에 대한 개인적 참여와 관련된 얽힌 연결을 강조한다. 우리는 우리의 역사 역시 이런 실험적인 교육적 실천과 얽혀 있음을 인정한다. 우리는 이전에 이러한 실험을 정의에 대한 인식, 다가올-정의에 대한 제스처에 구성적 역할을 하는 세심한 교육학(Bozalek 외, 2018)이라고 불렀다(Bozalek 외, 2021).

움직임

포스트휴머니즘적 분석은 연구자들이 움직임에 주목하도록 장려한다. 우리는 모듈 평가와 같은 최종 결과물에 초점을 맞추기보다는 역동적인 학습 과정에 주목한다. 자녹솔로의 이야기나 봉가니의 이야기는 수업에서 커리큘럼 참여로 끝나지 않았다. 그들은 아이온 시간의 순환적 특성을 강조하면서 잘 정립된 여러 경계를 넘나들며 영감을 받았다. 자녹솔로는 디지털 스토리 제작이 시에 대한 새로운 애정을 갖게 해주었다고 말한다. 그는 현재 남아프리카의 낭송시 부문에서 시인으로 활동하고 있으며, 솔로 또는 밴드와 함께 정기적으로 공연을 하고 있다. 또한 그의 여정은 그를

적갈색 장

아프리카의 영적 실천에 더 깊이 빠져들게 했다.

베로니카는 "나와 나의 딜레마"라는 제목의 워크숍을 통해 학생들에게 산과 폭력의 현실을 소개하고, 제도적 장치 안에서 자신의 위치와 불의에 맞설 수 있는 가능성에 대해 생각할 기회를 제공했다. 봉가니는 시간표와 진도 규칙이 만든 학년 간의 경계를 넘어 후배들 속으로 다시 들어가 자신의 경험을 나누었다. 그는 자발적으로 다른 학생들의 공간에 들어가 자신의 시간을 아낌없이 제공하며 경험을 공유했다. 5년 후, 베로니카는 봉가니와의 짧은 후속 연락을 통해 후배 의사인 그에게 가해지는 엄청난 압박에 대해 들었다. 그는 다른 의사들과 마찬가지로 전통적인 성 역할이 가부장적 헤게모니 관계를 조장하는 농촌 지역의 높은 수준의 폭력 속에서 취약한 공중보건 시스템의 현실에 직면하고 있다.

남아프리카공화국 맥락에서 학생들의 피지배 지식을 전면에 내세우는 것은 "구체적인 물질적 얽힘 속에서 식민주의의 헤아릴 수 없는 폭력을 해체하려는 시도에서 식민주의적 사고를 잘라내고 무효화하려는 체화된 물질적 노동"을 필요로 하는 탈식민 운동이다(Barad, 2017, 70쪽). 우리 작업에서 제정된 행위적 절단을 통해 구체적인 얽힘은 외국인 혐오 폭력과 노동 여성 학대를 조명한다.

되-돌아가기

지우기는 세계의 세계되기에 그 흔적을 남기는 물질적 실천이

다. (Barad, 2017, 73쪽)

이 장에서는 2017년 바라드와의 만남과 "시간 교란하기"를 읽으면서 학생들이 제작한 인공물과 관련된 우리의 교육 및 연구 관행에 대한 통찰을 얻었다. 바라드와의 만남은 파격적이었지만 새로운 실험의 가능성을 열어주었다. 우리는 회절 패턴을 이끌어낼 수 있는 아프리카의 시공간적 연관성을 발견하여 연구와 실천을 더욱 풍요롭게 했다. 우리는 지식 실천에 대한 논쟁을 넘어 학생들의 커리큘럼 경험에서 함께 구성되고 드러나거나 지워지는 윤리-존재-인식론적 얽힘에 초점을 맞췄다. 전통적인 지형정보학과 의학 커리큘럼의 제도적 배열은 학생들이 아프리카 조상들의 여정과 그 장소에 기반한 윤리적 관심사에 참여하게 하는 경험이나, 분만실에서 여성 학대에 대한 침묵과 마주할 수 있는 준비를 시켜주지 못했을 것이다. 커리큘럼 설계는 위에서 설명한 바와 같이 경성/연성 과학, 과학/미신, 이성/정동, 수용/차별과 같은 경계를 영속화하는 식민지적 행위로 볼 수 있는 절단들을 제정한다. 이는 수반되는 지우기와 함께 분리 가능성을 초래한다. 우리는 교실과 온라인에서의 내부-작용과 다양한 형태의 폭력 출현을 탐구했다. 우리는 집단적 참여의 확장성(시공간을 초월한)에 놀랐고, 다가올-정의를 향한 제스처를 보였다. 인식론적 불의는 인식론적 폭력의 원인으로 작용하는 것으로 보인다. 공학 및 의학 지식은 대부분 양적 지식이며, 학생 교육은 예측 가능성, 결정성 및 증거 기반 정확성을 유지하기 위해 윤리물/물질과 물질되기를 배경화하고 분리하

적갈색 장

는 경향이 있는 사전 구조화된 커리큘럼 틀에 기반을 두고 있다. 바라드의 시기적절한 개입을 통해 고등교육에서 물질적-담론적 실천에서 장소와 물질의 중요성이 강조되었고, 시간이 문제시되었다.

감사의 글

이 연구는 남아프리카국립연구재단(보조금번호 120845)에서 부분적으로 지원한 연구를 기반으로 했다.

회절적 드로잉

카이 우드 마, 패트릭 린 리버스

서론

캐런 바라드의 내부-개입은 여러 학문 분야에 걸쳐 영향을 미친다. 그들의 영향력은 우리 작업에서 학제 간 및 학제 내 디자인, 사회과학 연구와 제작까지 확장된다. 바라드가 우리 실천에 미친 영향은 2017년 몽키밸리 세미나에서 더욱 명확해졌다. 그 이후 우리는 새로운 감수성으로 더 많은 그림을 그리고 더 많은 글을 썼다. 바라드와의 지속적인 교류 덕분에 우리는 이제 우리의 드로잉

---

1   오렌지색, 특히 사프란은 역동적이고 지속적인 깨달음을 추구하는 것과 관련이 있기 때문에 불교에서 특별한 공감을 불러일으킨다.

을 '회절적'이라고 부른다. 회절적 관점에서 우리 작업을 이해하는 것은 건축가, 사람, '자연' 및 '건축' 환경 사이의 얽힘과 내부-관계를 '일반적인' 건축 실무에서는 쉽게 인식하지 못하는 방식으로 파악하는 데 결정적으로 도움이 된다.

세미나 영상을 주의 깊게 다시 살펴본 결과, 회절적 드로잉은 매체로서 드로잉의 힘에 대한 중요한 질문을 제기한다. 영상 중 하나에서 우리는 바라드에게 프로젝트의 윤리적-정치적 측면에 대해 질문한다. 이 질문은 1979년 미국의 백인 2세대 페미니스트들이 주최한 컨퍼런스에서 오드리 로드Audre Lorde가 제기한 문제에 뿌리를 두고 있다. 로드는 "주인의 도구"를 사용하여 "주인의 집을 해체"할 수 있는지 여부에 대해 수사학적으로 의문을 제기했다. 로드의 도발적 질문은 백인 페미니스트들이 인종차별적 가부장제가 유색인종 여성, 레즈비언, 가난한 여성을 억압하기 위해 사용하는 바로 그 도구에 의존할 때, 사회적이고 정치적인 변화를 이룰 수 있는지에 대한 것이다. 로드는 제3세계 페미니즘에 대한 신념을 바탕으로, 제도적 도구를 사용한다는 것은 "가장 좁은 범위의 변화만이 가능하고 허용된다"는 것을 의미한다고 주장했다(Lorde, 1983, 25쪽). 이는 "주인의 도구로는 결코 주인의 집을 해체할 수 없다"는 제2물결 페미니즘에 대한 비판으로 절정에 이르렀다. 그녀는 계속해서, "(그러한 도구들로) 우리가 일시적으로 그의 게임에서 그를 이길 수는 있겠지만 진정한 변화를 가져올 수는 없다"(Lorde, 1983, 27쪽)고 덧붙였다.

로드의 분석과 판결을 참고하여 우리가 바라드에게 던진 근본적인 질문은 "(제도적) 물리학을 물리학으로 해체할 수 있는가?"였다. 이 질문의 핵심은 바라드와 그 대담자들이 제도적 물리학을 물리학 자체를 통해 '해체'할 수 있는지를 가정하고 있었다. 우리는 바라드가 이 질문에 대해 '예'와 '아니오' 모두의 입장을 취해야 한다고 생각했다. 즉 바라드가 제안하는 방법이 문제를 완전히 해체할 수 없다는 결론을 내릴 수 있겠지만, 동시에 제도적 권력에 굴복하는 것을 넘어서야 한다고 이해했다. 우리는 바라드가 제도적 권력에 대한 정기적인 심문을 통해 제도적 권위와 권력을 점진적으로 약화시키는 방향으로 나아가야 한다고 보았다.

이 장에서는 바라드의 연구와 제도적 물리학에 대한 논의를 우리의 작업과 제도적 건축에 적용해 보려 한다. 핵심적으로, 우리는 건축가라는 직업의 본질적 요소인 드로잉을 통해 제도적 건축을 '해체'할 수 있는지 질문하고자 한다. 하지만 우리 도면은 '일반적인' (즉, 제도적) 건축 실무에서 사용되는 드로잉과는 크게 다르다. 우리의 드로잉은 회절적이다.

회절에 대하여

회절에 대한 우리의 개념은 글로리아 안살두아, 도나 해러웨이, 트린 민-하의 아이디어를 확장하는 바라드의 연구에서 주로 파생되었다. 바라드는 회절을 반사와 대조해 설명하면서, "회절은 반사에 유용하게 대조할 수 있다"고 말한다(Barad, 2007, 71쪽). 고전 물

리학에서 반사는 주로 "미러링과 동일성"을 강조하는 반면, 양자
장 이론에서의 회절 개념은 "차이의 패턴"을 강조한다(Barad, 2007, 71
쪽). 특히 양자장 이론에서 회절 격자는 "결합될 때 개별 파동의 상
대적 특성(즉, 진폭과 위상)에 차이를 만드는 패턴을 생성"한다(Barad,
2007, 81쪽). 이 패턴을 통해 인간은 원인과 결과를 중시하는 고전 물
리학보다 덜 선형적이고 결정론적인 방식으로 파동과 입자를 이
해할 수 있다.

양자장 이론 관점에서 회절을 생각하면, 회절이 단순한 거울
이상의 역할을 하며 "비-재현적 방법론적 접근법"(Barad, 2007, 88쪽)으
로 기능할 수 있음을 상상할 수 있다. "분석 도구로서의 회절"(Barad,
2007, 72쪽)은 "차이를 만들어내는 차이의 패턴"(Barad, 2007, 72쪽)을 강
조하기 때문에 특히 두드러진다. "차이의 패턴"은 양자장 이론이
파동과 입자가 동시에 존재하는 방식을 이해하도록 유도하는 것
과 비슷하게, 우리 자신과 다른 물질을 관계적 관점에서 이해하도
록 돕는다. 이런 차이의 패턴은 단순한 인간의 인식 범위를 넘어서
는 것을 가시화해 대조를 드러내기 때문에 중요하다.

회절의 결과로 인간에게 가시화되는 차이는 또한 상호 의존성
을 강조한다. 회절은 우리가 다른 인간, '비인간', 그리고 '무기물'과
어떻게 다른지를 보여주면서도, 인본주의적 이분법과는 달리 모
든 물질을 묶는 내부-작용을 결코 축소하지 않는다. 바라드는 구조
적 위계의 근간을 이루는 인간-비인간, 유기-무기 이분법을 넘어
회절이 "이분법을 퀴어화한다"고 설명한다(Barad, 2014, 171쪽). 물리
학에서든, 바라드가 2014년 〈패럴락스〉*Parallax* 기사에서 광범위하

게 인용한 글로리아 안살두아의 복잡한 정체성에서든, 회절은 "내부 특성들이 함께하는 것"을 볼 수 있게 한다(Barad, 2014, 174쪽). 바라드가 더 간결하게 표현한 것처럼, 회절은 "함께-따로 잘라내기"를 가능하게 하여 내부의 차이보다는 내부의 관계를 강조할 수 있다. 다시 말해, 차이를 만들어내면서도 동시에 얽힘을 강조한다.

바라드의 회절에 대한 최근의 학문 연구는 이 개념을 사용하는 사람들이 얼마나 광범위하고 다양한지를 보여준다. 연구 분야에는 장애예술 탐구(예: Cisneros & Lawrence, 2020; Rice 외, 2022), 중독에 대한 생각(예: Pienaar 외, 2017), 다른 사람들과 대화하면서 바라드를 자세히 읽기(예: Hollin 외, 2017; Murris & Bozalek, 2019; Sehgal, 2014), 스포츠 및 "여가 과학" 연구(예: Brice & Thorpe, 2021; Clarke & Thorpe, 2020), 아동기(예: Ottersland, 2021; Yuniasih 외, 2020), 박물관학(예: Bergsdóttir, 2016), 사이보그(예: Barnes & Netolicky, 2019; Putnam, 2020; Rotas, 2018) 등이 포함된다. 많은 출판물은 여러 그룹에 속할 수 있으며, 성별은 분류되지만 인종은 분류되지 않는 경우가 많아, 이는 저자의 다양성에 따라 달라진 결과일 수 있다. 특히 수행, 방법론, 접근 방식 사이의 교차점에서 바라드의 회절에 관한 연구가 주목받고 있다(예: Jenkins 외, 2021; Kara, 2017; Taylor, 2016; Whalley, 2020).

바라드와 함께 사고하고자 하는 수행 기반 글쓰기는 단순히 수행 그 자체를 다루는 것을 넘어 수행적인 것을 탐구한다는 점에서 흥미롭다. 이러한 글쓰기는 독자로 하여금 수행이 단순한 광학적 은유를 넘어 성찰에서 얻은 지식의 기초가 되는 인본주의적 가정을 해체할 수 있는지에 대해 의문을 제기하게 한다. 수행은 종종 권력과 강자가 '정상'으로 표현하는 것을 반복하는 경향이 있지만, 회절로서의 수행은 이러한 반복적인 헤게모니적 관행을 파괴하고 심지어 해체할 수 있기 때문에 변화와 변혁을 촉진한다. 해체적인 질문은 젠킨스(Jenkins) 등의 최근 연구에서 삽화를 사용하여 연구 참여자의 개방형 응답을 유도하는 데 영향을 미쳤다. 젠킨스 등(2021)에 따르면, 삽화는 참가자들이 서로 더 자유롭게 회절하도록 장려함으로써 연구 참가자들의 보다 수행적인 응답을 촉진한다. 이를 통해 젠킨스 등(2021)은 수행이 무엇을 할 수 있는지 묻게 된다. 삽화는 포스트휴머니즘(또는 해러웨이에 따르면 '퇴비주의'), 동물, 다종교적 전회 등 새로운 관점을 쉽게 받아들이게 해준다. 연구진은 개, 치매 환자, 비네팅vignetting을 대상으로 한 프로젝트에서 이러한 관점의 터치를 모든 연구 대상자에게 소개한다. 삽화는 젠킨스 등(2021)에게 중요하다, 왜냐하면 그것들이 수행적으로 전개되며, 그 수행적인 것이 회절로 인해 더욱 강화되기 때문이다. 개와 인간 사이의 관계에서 상호성을 이해하는 데 사용되는 회절 삽화는 연구자가 떨어져 있어도 "그들과 복잡하게 얽혀 있는 생동감 넘치는 발화의 조립체로 더 잘 이해될 수 있다"[2](Jenkins 외, 2021, 985쪽). 즉 삽화가 회절될 때 연구자들은 "차이를 생성하고 언어, 행동, 신체 내적 변형의 복잡하고 내재적인 관계와 그것이 어떻게 중요한지 관찰"할 수 있다(Jenkins 외, 2021, 985-986쪽). 따라서 삽화는 목적론에서 수행성으로, 즉 선형적이고 고정적이며 정적인 것에서 덜 규정된

---

2 "활기찬 집합체"는 들뢰즈와 가타리를 참조한 것이다. 들뢰즈와 가타리(1987)을 참조하라.

다른 무엇으로 초점을 이동시킨다. 이런 초점은 답보보다는 평가적인 질문을 만들어낸다. 젠킨스 등은 수행성에 초점을 맞추면 방법론 측면에서 "새로운 가능성"(Jenkins 외, 2021, 987쪽)이 열릴 뿐만 아니라, 이데올로기로서의 휴머니즘이 구조적 불평등의 근간이 되는 방식을 이해할 수 있다고 말한다. 따라서 젠킨스 등의 프로젝트 핵심은 "삽화가 무엇을 할 수 있을까?"에 대한 호기심이다(Jenkins 외, 2021, 985쪽). 분명한 것은, 젠킨스 등에게 삽화는 실질적이고 중요한 일을 할 수 있다는 것이다.

젠킨스 등(2021)이 주디스 버틀러의 수행성 개념을 직접 언급하지 않으면서도 버틀러의 접근방식을 참고하는 것처럼 보이는 것은 그들의 연구와 버틀러의 이론 간의 유사성을 잘 보여준다. 버틀러는 젠더와 행위성에 중점을 두고 수행성을 탐구했으며, 대표 저서로는 1990년 출간한 《젠더 트러블》(문학동네, 2008)과 1993년에 출간한 《의미를 체현하는 육체》(인간사랑, 2003)가 있다. 버틀러의 이론은 질 들뢰즈와 연관성이 있으며, 들뢰즈는 스피노자를 인용해 신체가 수행적으로 무엇을 할 수 있는가에 대한 질문을 다룬다(들뢰즈, 1992). 하지만 바라드는 버틀러의 수행적 접근에 대해 비판적이다. 바라드는 버틀러의 수행이 "인간중심적 잔재"와 "물질을 고정되고 영구적으로 구속된 실체로 간주하는 물질되기에 대한 시간적 설명"과 함께 전개된다고 지적한다(Barad, 2007, 135쪽; 192쪽). 바라드에 따르면, 버틀러의 수행은 인간 중심적일 뿐만 아니라 언어와 담론에 의존하기 때문에, 물질이 어떻게 물질이 되는가에 대한 질문이 더 중요하다고 주장한다(Barad, 2007, 192쪽). 이로써 바라드는 물질의 역할과 물질성에 대한 질문을 통해, 단순히 인간중심적이고 담론 중심적인 접근을 넘어서는 물질-담론적 실천을 강조한다. 젠킨스 등(2021)은 버틀러와의 직접적 연관성을 명시하지 않으면서도 수행성 개념을 활용하여 연구에서 새로운 가능성과 방법론적 접근을 제시한다. 젠킨스 등은 수행이 단순히 권력의 반복적인 헤게모니적 관행을 강화하는 것이 아니라, 그러한 관행을 변혁시키고 심지어 해체할 수 있는 잠재력을 가졌다고 본다. 이는 바라드의 회절적 접근과 유사하게, 수행이 권력 구조와 얽힌 관계를 재구성하고, 기존의 인간중심적 가정을 넘어서는 방식으로 다뤄질 수 있음을 시사한다. 결국 젠킨스 등의 연구는 버틀러의 수행성과 바라드의 회절적 접근 사이의 교차점을 탐구하며, 수행이 권력 구조를 어떻게 변혁시킬 수 있는지를 묻고 있다. 이러한 접근은 기존 방법론과 이론적 틀을 넘어서서, 물질과 담론의 얽힘을 보다 깊이 이해하려는 노력의 일환으로 볼 수 있다.

우리는 우리의 회절적 드로잉이 버틀러(1990, 1993)에 대한 바라드(2007)의 비판과 젠킨스 등(2021)의 바라드와의 만남을 다른 방식으로 표현한다고 생각한다. 우리는 이 작업을 통해 제도적 건축의 권력을 수행적으로 해체하기 위해 드로잉이 무엇을 할 수 있는지 질문한다. 특히 디자인 실무자와 학자로서 프로젝트에 참여 관찰자로 참여하는 경우가 많은 우리는 난민이나 강과 같은 대상에 감정을 공유하는 것을 부끄러워하지 않듯이, 제도화된 디자인 실무자와 사회과학자 커뮤니티에도 부끄러운 기색 없이 연루되어 있다. 우리는 단어와 이미지를 재현하는 방식으로 작업하지만, 관계를 매핑하고 차이를 가로지르는 얽힘을 강조하기 위해 우발적 회절 언어로 드로잉을 활용하기도 한다. 재현을 위해 드로잉을 사용하지 않을 때, 예를 들어 건축 허가 및 제작을 위한 건축 도면 제출 등 이해를 구하기 위해 드로잉을 사용하는 경우, 우리는 "교묘하게 예의를 차리며"(Bhabha, 1985) 회절하기 위해 드로잉을 사용하며, 인종, 국가, 탈식민지의 중요성을 결코 잊지 않으려고 한다. 반항적인 성격을 띠는 우리의 드로잉은 기존의 건축 실무에서 '정상적으로' 여겨지는 기존의 것 또는 계약을 반영하는 현실의 축소 버전으로서 동일성을 묘사하지 않는다. 대신 우리의 실무에서 드로잉은 구축된(그리고 곧 보게 되겠지만 발굴된) 건물을 퀴어하게 만들고, 돌아가거나, 가로지르며, 상황을 위치한 지식으로 이해하도록 한다. 우리는 맥락을 설명하기 위해 그리는 것이 아니라, 과거에 있었을 수도 있고, 지금도 있을 수 있으며, 아직 눈에 띄게 얽혀 있는 관계와 중요한 차이점을 반복적으로 열어보고 확장하고 살펴본다. 회절적 드로잉은 이러한 가능성을 제공하며, 기존 건축 도면에서는 숨겨지고, 가려지고, 너무 미묘하고 너무 광범위해서 볼 수 없었던 관계를 볼 수 있게 해준다. 회절적 드로잉은 건축 실무자가 한 번에 여러 장소, 사람, 사물을 포함하는 상황과 시간성을 통해 배울 수 있는 것을 가시화한다. 회절 도면을 그리는 건축가는 쉽게 표현할 수 없는 것 또한 중요하다는 것을 배우게 된다. 이런 점만으로도 회절적 드로잉은 단순히 제도권 건축을 동요시키고 불안정하게 만드는 것 이상의 의미를 지닌다.

회절적 드로잉

　우리 주장을 입증하기 위해 곧 출간될 책(Mah & Rivers, 2022)에서 회절적 드로잉을 다시 살펴본다. 이 프로젝트는 디자인과 사회과학의 교차점 및 내부 교차점에 놓여 있는 우리의 혼종적 실천에 대한 호기심과 좌절감에서 비롯되었다. 호기심과 좌절은 우리의 작업이 단순히 디자인으로 구현되는 것이 아니라 정치로 구현되어야 한다는 우리의 주장에서 비롯된다. 이 목표를 달성하기 위해서는 수많은 윤리적-정치적 문제들이 빠르게 수렴하고 소멸하는 과정을 거쳐야 한다. 호기심을 충족하고 좌절감을 생산적으로 극복하기 위해, 우리는 우리가 선호하는 5개 프로젝트를 수행하는 5개 대륙에 있는 일곱 개 건축사무소들의 실무 브레인을 선정하는 조사에 착수했다. 이 건축사무소들은 아디스아바바와 제네바, 방콕, 몬트리올, 상파울루, 파리에 기반을 두고 있다.

　이 장에서는 아디스아바바와 제네바의 건축사무소가 수행한 프로젝트에 초점을 맞춘 사례 연구를 소개한다. 2012년, 파실 기오르기스 컨설트(아디스아바바)와 세계기념물기금(제네바)의 건축가들은 에티오피아 북부의 작은 도시 랄리벨라에 있는 석굴 교회 중 하나인 비에테 가브리엘-루파엘Biete Gabriel-Rufael을 보존하기 위한 프로젝트에 착수했다. ('비에테'는 암하라어로 '교회'를 의미하며, 가브리엘과 루파엘은 아브라함 종교에서 존경받는 두 대천사다.) 서기 1181년에서 1221년 사이에 바위를 파내서 만든(지어지지 않은) 에티오피아의 석굴 교회는 에티오피아의 자그웨Zagwe 왕조 왕 중 한 명인 랄리벨라 왕의 유산으로 남아 있다. 신자들은 예루살렘이 오스만 제국의 지배를 받던 시기에 랄리벨라 왕이 아프리카에 '새 예루살렘'을 세우라는 신성한 계시를 받았다고 믿는다. 신자들은 교회가 인간과 천사의 공조로 만들어졌다고 믿는다.

파실 기오르기Facil Giorghi와 스티븐 배틀Steven Battle은 각각 소규모 건축사무소인 파실 기오르기스 컨설트와 지역사회가 책임감 있게 참여하는 역사 보존 프로젝트로 유명한 국제 비정부기구인 세계기념물기금the World Monuments Fund을 통해 이 프로젝트에 참여했다. 에티오피아 건축가이자 건축학 교수인 기오르기는 이 프로젝트의 과학위원회 위원으로 활동했다. ('과학위원회'라는 용어는 역사 보존 분야에서 국제 규격 및 표준에 따라 프로젝트를 완료하는 데 필요한 전문 지식을 갖춘 위원회를 지칭하는 데 일반적으로 사용된다.) 과학위원회 위원들은 한편으로는 지역사회의 이질감과 차이, 갈등을 완화하고, 다른 한편으로는 프로젝트 계획의 실행을 맡은 주로 유럽 출신의 외국인 전문가들을 끌어들이는 연락팀으로서의 핵심 역할을 담당했다. 백인 영국 건축가인 배틀은 현장에서 세계기념물기금을 대표해 프로젝트 매니저로 일했다. 기오르기와 배틀과 따로 오랜 시간 대화를 나누면서 느낀 점은 건축가로서 기오르기와 배틀이 비에테 가브리엘-루파엘 프로젝트를 통해 얼마나 많은 변화를 겪었는가 하는 것이었다. 특히 랄리벨라와 랄리벨라를 감싸고 있는 종교 문화를 잘 알고 있는 기오르기는 자신의 조상들이 이 프로젝트를 신앙 고백으로 깨달았다는 사실을 알고 흑인 건축가로서 느낀 자부심을 전했다. 따라서 그는 유럽계 미국인 직업 규범에 의해 형성된 자신의 건축 정체성과 교회가 신적 차원의 기적 때문에 존재한다고 믿는 신자들을 포함하는 문화유산을 일치시킬 수 있었다(2020년 12월 23일, 파실 기오르기와의 대화). 논의 초기에 역사 보존 작업을 하는 전문가가 보존해야 할 대상을 지칭할 때 '대상'을 반복적으로 사용했던 배틀에게 건축적 정체성과 문화유산은 비교할 수 없는 개념이었으며 특별히 본능적인 것이 아니었다. 그는 처음에 왜 비에테 가브리엘-루파엘에 적용된 표준 역사 보존 방법이 지역사회로부터 격렬한 의문을 불러일으켰는지 이해하지 못했다고 말했다. 배틀은 '대상'을 구성하는 유형 및 무형의 복잡한 내부-작용에 대해 지역 주민들이 부여한 '의미의 무게'를 스스로 구현해보고 나서야 비로소 이해하게 되었다(2020년 11월 10일, 스티븐 배틀과의 대화). 배틀은 제도권 건축학 커리큘럼에 포함되지 않은 것들을 신자들로부터 배우면서 실천가로 변모했다.

비에테 가브리엘-루파엘은 그룹 2에 속하는 랄리벨라의 다섯 개 바위로 지어진 교회 중 하나다(두 개의 그룹이 있다). 표준 대지배치 도면([그림 O.1])은 이들 교회의 위치를 식별할 수 있지만, 보존 프로젝트의 무형적 차원은 나타내지 못한다. 이런 유형의 재현 도면은 건축 실무에서 위치와 치수를 정하는 데 필수적이지만, 불확정적이고 무형적인 요소를 표현하지는 않는다. 전형적인 대지배치도면은 랄리벨라의 물질, 특히 영토와의 얽힘을 포착하지 못하며, 이러한 측면은 눈에 보이지 않는다. 드로잉의 회절은 주로 보존 관행을 형성하는 시간, 풍화 및 기타 힘이라는 모호한 개념을 넘어서는 암석과 장소에 대한 다양한 관점과 관계를 가진 이해 관계자의 경

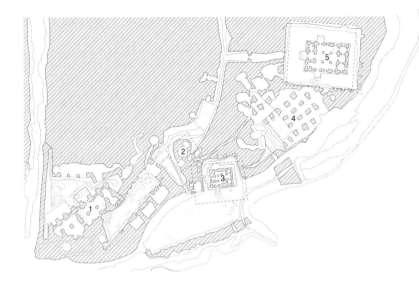

1. 비에테 가브리엘-루파엘
2. 비에테 레헴
3. 비에테 아바 리바노스
4. 비에테 메르코레우스
5. 비에테 아마누엘

[그림 0.1] 어필드(Afield)의 배치도면. 비에테 가브리엘-루파엘은 교회 단지의 남서쪽 코너에 있다(Battle, 2016, 35쪽).

험을 열어준다.

　이 글을 읽는 동안 에티오피아의 지형은 눈에 띄지 않게 움직인다. 그것은 끝없이 변화하며 끊임없이 움직인다. 우리는 지질학적 물질에 대해 이야기하고 있다. 랄리벨라 교회들이 세워진 땅에서, 수십억 년 동안 빙하의 후퇴와 침식으로 형성된 지질 구조는 시간이 지남에 따라 변화한다. 더 정확히 말하자면, 12세기 교회의 최초 건축업자들이 교회를 파낸 것은 건축이라기보다는 축소 행위라고 할 수 있다. 따라서 교회의 위치는 실용적으로 의미가 있다. 최초의 건축가들은 첫 번째 화산 활동에서 생성된 붉은색의 다공성 화산암인 응회암이 있는 유일한 지역에 교회를 세웠다. 이는 또한 주변의 단단한 현무암 암석보다 작업이 용이하기 때문이다. 따라서 [그림 O.2]의 이 도면을 사용하여 현상을 더 큰 풍경의 일부로서, 다른 암석 구조와 함께 회절시킬 수 있다. 일반적인 부지 도면([그림 O.1])은 공간 좌표에 교회 클러스터를 배치한 반면, 회절 도면([그림 O.2])은 기존의 지질학적 물질인 측면의 애쉬튼산과 교회 주변에 공존하는 다양한 지질학적 사건에 의해 형성된 여러 암석의 고리를 '핵심 구역'으로 표시하여 정보를 제공한다. 이 회절 도면은 가브리엘-루파엘 교회와 다른 교회들을 시간의 흐름 속에서 지질학적 물질과 내부-관계에 배치하며, 모두를 동시에 그림에 나타낸다. 실제로 지질학자의 훈련된 눈 없이는 암석의 다양성과 나이를 알 수 없지만, 그렇다고 해서 교회가 이 얽힌 지형의 일부라는 사실은 변하지 않는다. 교회들은 지역사회가 지형과 연결되어 있다는 무형의 느낌과 공명한다.

우리는 메시mesh를 중첩시켜 수많은 자연적 및 인위적 힘의 존재를 간접적으로 나타낸다. 교란은 균열과 침식된 표면과 같은 악화된 흔적을 제외하고는 대부분 표현되지 않는다. 따라서 일련의 도면에서 메시를 수행적으로 사용한다. 이는 표현보다는 회절에서 비롯된다. 메시를 통해 유기물과 무기물, 인간과 인간 이상의 존재 사이 관계에서 상호성을 이해하도록 초대한다. 메시에는 미리 규정된 것이 없으며, 메시 자체가 스스로 형태를 만들어낸다.

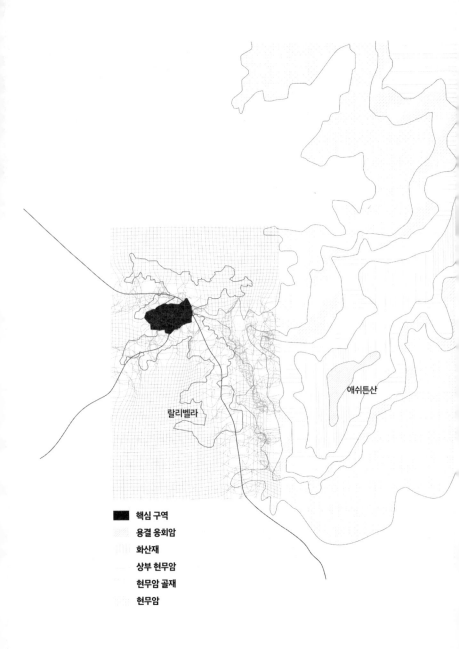

애쉬튼산

랄리벨라

■ 핵심 구역
  용결 응회암
  화산재
  상부 현무암
  현무암 골재
  현무암

[그림 0.2] 어필드의 회절 도면 #1. 지질학적 물질(Sani 외, 2012, 175쪽).

오렌지 장

우리에게 있어 메시란 회절적 언어와 물질적 관계를 표현하는 수행적인 것이다. 자연의 움직임, 인간의 움직임, 물이 암석으로 침투하는 작은 순간부터 교회를 잠식하는 생물학적 유기체에 이르기까지 다양한 교란점을 매핑하여 메시를 그린다. 이러한 힘은 무한하며 시간이 지남에 따라 변화한다. 그런 다음 메시를 점에 중첩시킨다. 컴퓨터로 메시를 조작하여 점을 강도로 등록하고, 이를 통해 메시의 변형된 모양을 관계적으로 부여한다. 매핑된 포인트의 위치, 패턴, 강도에 따라 메시의 구체적인 생동감이 달라진다. 교회는 교회에 작용하는 힘에 따라 끝없이 변화하기 때문에 그림은 결코 완전하지 않다.

예를 들어, 시간만큼이나 무형적이며 지질학적 물질을 통해서만 볼 수 있는 것은 퇴적층이 층층이 쌓여가는 지층이다. 보존팀이 더 이상의 균열을 막기 위해 작업한 교회의 균열에서도 시간의 흔적을 볼 수 있다. 시간은 보통 '정상적인' 도면으로 표현할 수 없기 때문에 보존 프로젝트를 비-재현적으로 만든다. 그 결과, 랄리벨라의 보존 전문가와 건축가들은 상황을 공식문서화하는 데 어려움을 겪었다. 설령 공식문서화한다 해도 해석적으로, 잠정적으로만 설명할 수 있다.

풍화와 침식을 통해 발생하는 교회의 변화도 표현할 수 없다. 다시 한번, 교란을 나타내는 메쉬를 비에테 가브리엘-루파엘의 단면도에 적용한다. 단면도는 재료를 절단하여 바닥과 벽(건물의 경우)과 지면(조경의 경우)으로 구분된 구획 공간을 볼 수 있는 표준 직교 도면 기법이다. 또 높이(바닥에서 천장까지), 두께(바닥) 및 연결(자재 조

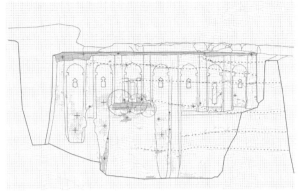

비에테 가브리엘-루파엘
외관에 작용하는
모든 교란 요소가
중첩 표시된 도면.

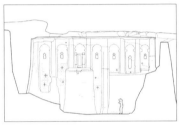

교회의 주요 외관에 영향을
미치는 침식과 균열.

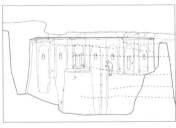

지붕과 생물 유기체를 통한
물의 유입으로 외관 악화.
이런 요인들로 수평-하부 골절도
발생한다.

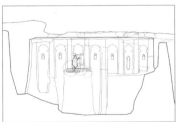

주요 복도와 계단 및 접근 경로
침식은 사람들의 사용과
관광객들로 인해 발생한다.

[그림 0.3] 어필드의 회절 도면 #2. 침식 및 열화의 힘(Battle, 2016, 31쪽, 기본 도면 및 이
도면을 설명하는 추가 기술 정보에 대한 전체 보고서).

오렌지 장

립)을 나타낸다. 하지만 단면 도면은 시각 중심적이기 때문에 독특한 관점을 제공하는 특권을 누릴 수 있다. 회절 도면([그림 O.3])에서는 단면을 가져와 침식과 균열을 일으키는 힘을 찾는다. 침식과 균열이 교회 외관을 위협하고 있다. 물은 교회에 독특한 질감을 부여하는 섬세한 끌을 사용하여 수공예로 작업한 층 아래로 침투한다. 대기 중 바람과 비로 인해 돌이 서서히 침식된다. 또 이끼와 같은 생물학적 유기체의 영향도 작용한다. 이끼는 다공성 응회암을 뚫고 들어가 속을 비우고 광물의 강도를 약화시킨다. 이 모든 과정에서 보존 전문가와 석공들은 생물체를 스펀지로 제거하려고 노력하지만, 생물체는 다시 돌아온다. 보존 작업은 계속 진행 중이며, 이 과정에서 바위와 인간, 그리고 인간-이상의 생명체가 얽혀 있는 관계를 끊임없이 이어가고 있다.

회절 도면을 더 회절시켜 보면, [그림 O.4]는 [그림 O.2] 및 [그림 O.3]과 축척이 다르다. 회절 도면은 하나의 도면이 스냅샷과 같기 때문에 두 개 이상의 도면이 가장 좋다는 것을 알게 되었다. 회절 도면은 여러 장으로 작업할 때 가장 효과적이지만, 결코 완전하거나 최종적인 설명을 제공하지는 않는다. 이제 이 점을 염두에 두고 교회에 영향을 미치는 추가적인 힘의 우발성을 포착하기 위해 도면을 그린다. 보존론자들은 사람의 왕래로부터 땅을 보호하기 위해 산책로를 따라 추가된 포장재를 '희생의 돌'이라고 부른다. 랄리벨라 교회에는 관광객과 순례자 등 많은 사람이 방문한다. 지역 신앙 공동체는 의식과 기도를 위해 교회를 사용한다. 사람들의 움직임으로 인해 교회 표면에는 움푹 팬 곳과 시각적 흔적이 남는

[그림 0.4] 어필드의 회절 도면 #3. **몸의 이동력**(아디스아바바대학교 도시 및 건축유산보존 위원장 외, 2016, 7쪽 (기본 지도) 및 도면에 대한 추가 기술 정보 전체 보고서).

다. 일부는 의식의 일부로 침식된 돌에서 나오는 먼지를 섭취하여 교회에 영향을 미치는 또 다른 변수를 추가한다.

비-재현적인 것을 인식하는 것은 랄리벨라의 바위를 깎아 만든 교회와 같은 프로젝트 현장을 읽는 방법을 넓혀주기 때문에 정

오렌지장

치적이다. 특히 지역 신앙 공동체가 통제할 수 없는 상황에 처했을 때, 그 악화가 지역 신앙 공동체를 어떻게 괴롭혔는지 공감할 수 있으며, 이는 신앙 공동체가 더 쉽게 인식할 수 있는 부분이다. 지역 주민들은 균열을 보고 탄식한다. 그들에게 균열은 단순히 바위 표면이 갈라진 것 이상의 의미가 있기 때문이다. 그리고 그들은 교회에 일어난 모든 일에 대해 알고 싶어 한다. 우리는 기오르기와 배틀과의 대화를 통해 이를 잘 알고 있다.

여기서 회절은 차이의 정치이며, 드로잉도 마찬가지다. 바위를 깎아 만든 교회는 보존의 모범 사례에 대한 사례 연구일 뿐만 아니라 실천가는 눈에 보이는 것과 보이지 않는 것에 반응하여 상황에 응답할 책임이 있다. 바위는 공간, 시간, 물질을 넘나들며 말을 한다. 대화상대인 우리에게 회절적 드로잉은 대지와 건물을 추적하는 것이 아니라 내부-관계를 매핑한다. 우리의 회절적 드로잉은 우리가 바라드에게 '되-돌아가는 것'에 대해 물었을 때를 상기시키는데, 그는 "관계를 두껍게 하는 것"이 윤리적 자세라고 답했다. 이는 우리가 회절적 드로잉에서 선을 그려 사회적·물질적 관계를 매핑하는 것이 본질적으로 정치적임을 의미한다.

포스트스크립트

우리는 회절적 드로잉이 제도적 건축이 구축한 것을 해체할 수 있다고 주장한다. 회절적으로 그리지 않더라도, 그리는 것 자체가 다른 이론을 체화하는 방법이 될 수 있다. 상황적 지식이라는 방식으로 회절적으로 그리는 것은 데리다의 텍스트가 스스로에게 하는 것에 의존하지 않는다. 바라드는 무엇이 해체될 수 있는지, 그리고 어떻게 해체될 수 있는지를 제한하면서 이를 데리다적인 텍스트를 염두에 두고 수행하지만, 구체적인 실천으로서의 드로잉, 특히 회절적 드로잉이 할 수 있는 것에 대한 인식을 갖고 있지 않다. 회절적 드로잉은 '텍스트'가 할 수 있는 것과 텍스트적인 것을 대폭 확장시킨다. 이 과정에서 회절적 드로잉은 제도적 건축을 재배치하는 것이 아니라, 제도적 건축이 부정했던 방식으로 건축을 재배치한다.

감사의 글

이 장과 곧 출간될 책(2022)에서 랄리벨라의 암석교회들에 대한 더 포괄적인 해석을 제공하는 작업에 도움을 주신 것에 대해 우리의 디자인 연구 실습Afield에서 인턴으로 활동한 리스 밥콕Reese Babcock에게 감사드린다.

오렌지장

배경천을 통해 바느질하기/읽기Th/reading

: 패션 이론 강좌를 함께-따로 절단하기

나이키 로마노

서론

2017년 케이프타운의 몽키밸리에서 열린 캐런 바라드와의 주말 세미나에 운 좋게도 참석할 수 있었다. 마침 나는 예술 작품과의 공동 정동적 만남을 통해 미술사 커리큘럼을 재구성하는 방법을 탐구하는 박사 과정에 등록한 상태였다. 시각예술을 전공하고 학계에 들어온 나는 철학과 과학이 내 예술 교육의 일부가 아니었기 때문에 워크숍이 다소 버겁게 느껴졌다. 그러나 나는 항상 세계에 대한 경이로움에 이끌렸기 때문에 더 많은 것을 배울 수 있겠다는 기대감이 컸다. 워크숍에서 바라드는 우리의 연구 실천에 중요한 질문을 던지고, 우리의 유산을 존중하며, '우리'가 세계 속에 있는 것이 아니라 세계에 속해 있다는 것을 이해하도록 독려했다. 또 양자장 이론에는 중첩이 존재하며, 현상 외부에는 시간이 존재하지 않으며, 연구를 시작하기 전에 이미 주어진 것으로 가정할 수 없는 시공간 또는 시공간 물질성에 대해 설명했다. 나는 양자적 사고로의 도약을 갈망하며 고군분투하면서 데카르트적 사고에 길들여진 나의 뇌가 이 '놀랍고' 불가능해 보이는 추상적 개념을 이해하고 처리하기 위해 얼마나 힘겨워했는지 기억한다. 양자장 이론을 이해하는 것이 얼마나 어려웠는지는 바라드의 가르침의 '본질'을 포착하기 위해 무작위로 단어와 낙서, 긁기, 스케치 등으로 뒤섞인 내 노트를 보면 분명히 알 수 있다. 그러나 나는 개념이 묘사하고 표현하고 포착하는 것이 아니라 "세계의 구체적인 물질적 행위 또는 제정"이라는 것을 아직 이해하지 못했다(Barad & Gandorfer, 2021, 26쪽).

이 장에서는 워크숍에서 시작된 바라드의 가르침이 동료들과의 독서 그룹 및 혼자만의 슬로우 리딩 등을 통해 어떻게 발전해왔는지를 다루며, 시공간을 관통하는 얽힌 가닥을 추적한다(Bozalek, 2022).[1] 나는 바라드가 제안한 사고 실험을 물질적-담론적 문제로서, 즉 사고가 해체되고 체현되는 동시에 인간-이상의 활동으로 나

---

[1] 나에게 슬로 리딩 연습이란 텍스트를 소리 내어 읽고 이를 휴대전화에 녹음한 내용을 들으며 '만들기'를 하는 것이다. 듣는 동안 나는 바느질, 낙서, 메모와 같은 만들기 활동에 참여한다. 이에 대한 자세한 내용은 Romano(2022)를 참조하라.

[그림 I.1, I.2] 2017년 바라드 세미나에서 내가 작성한 일지에서 발췌함.

타나는 사고 실험에 초점을 맞추고자 한다.[2] 나는 꿰매기, 바느질, 실꿰기 등의 제작 과정이 어떻게 개념적 실천으로 여겨질 수 있는지를 탐구하며, 이를 통해 도나 해러웨이(2016)의 '함께-되기'[3]라는 지식 개념을 '물질적 물질되기'로 이해하는 교육적 만남을 활성화하는 방법을 고찰한다.[4] 또 케이프타운의 한 공과대학에서 2, 3학년 패션학과 학생들을 위한 패션 역사와 이론 과정을 재구성하면서 이러한 개념이 교육적 실천에 어떻게 적용될 수 있는지를 살펴본다. 이 장에서는 대나무 자수 고리에 단단히 고정된 바늘, 면, 느슨하게 짠 모슬린 조각을 사용하여 내가 생각하는 과정을 추적한다. 이러한 재료의 물성과 그 가르침에 주의를 기울이기 때문에 작업은 개방적이다. 특정 결과를 염두에 두지 않지만, 얽힌 실은 아이디어, 개념, 질문, 배움을 너무 제거되거나 추상화되지 않은 방식으로 구체화해 내가 파악할 수 있도록 한다. 다시 말해, 나는 이론화에 필수적인 것으로 이해되는 방식으로 실타래의 물질적 조건이 어떻게 재구성될 수 있는지를 살펴본다. 바느질로 되-돌아가는 이 반복적 과정을 통해 나타난 중요한 도구는 패션 역사와 실천의 직물과 그에 수반되는 페미니즘 및 식민지 역사에 행위적 절

2 물질적-담론적 사이의 하이픈은 행위적 실재론의 존재론 내에서 "물질성이나 담론성 중 어느 쪽에도 우선순위가 주어지지 않으며, 어느 쪽도 다른 쪽과 분리되지 않는다"는 것을 나타낸다(Barad, 2007, 177쪽).

3 도나 해러웨이는 "되기가 아니라 함께-되기가 핵심"이라고 주장한다. 해러웨이는 뱅시안 데스프레(Vinciane Despret)와 함께 생각하면서, 파트너가 서로의 능력을 발휘하는 방식이 함께-되기라고 자세히 설명한다(Haraway, 2016, 12쪽).

4 물질되기에 대한 나의 이해는 물질과 의미의 분리 불가능성을 내포하는 물질과 의미에 대한 바라드의 이중적 의미 읽기를 통해 형성되었다(Barad & Gandorfer, 2021, 25-26쪽 참조).

단을 가하는 관행인 th/reading(바느질하기/읽기)이다. th/reading은 바라드의 독서와 가르침을 통해 "생각의 밑바닥으로 들어가서 생각에 대해 다르게 생각하는"(Barad & Gandorfer, 2021, 17쪽) 방식으로 바느질의 회절적 과정을 구현하기 때문에 나에게 의미가 있다. 보어의 양자 이해를 바탕으로 구축된 바라드의 행위적 실재론 틀의 핵심은 회절 과정이다. 이는 물질의 불확정성을 강조하고 인과관계, 행위성, 공간, 시간, 물질에 대한 개념을 재구성한다(Barad, 2007, 179쪽). 이는 물질과 의미가 어떻게 상호 연결되는지를 드러내는 내부-작용적인 물질-담론적 만남을 통해 시간성과 공간성이 반복적으로 재구성되는 방식을 보여주기 때문에 내 작업에서 매우 중요하다(Barad, 2003, 82쪽). 즉 과거를 고정시키려는 선형적이고 연대기적인 역사에 대한 뉴턴적 접근과 달리 과거, 현재, 미래는 항상 이미 얽혀 있으며 과거는 단절될 수 없다는 것이다.

바라드는 이론화가 물질적-담론적 만남을 통해 생성되며, 장치가 이론화의 필수적이고 구성적인 부분으로 이해되어야 한다고 주장한다(Barad, 2007). 그렇다면 기존 관념으로서의 생각을 어떻게 읽어낼 수 있을까? 또 바늘, 천, 실과 함께 th/reading은 어떻게 "누가/무엇이 생각하고 있으며, 무엇과 누구에게 생각이 일어나고 있는지"를 못/이해하는 데 도움이 되는 이론화의 조건을 열어주는가?(Barad & Gandorfer, 2021, 27쪽). 따라서 의미 만들기는 반복적이고 협력적인 실천이 되며, 이는 인간-이상의, 담론적-물질적인, 내부-작용적인 얽힘을 통해 이루어진다. 바라드는 "(아무 방향으로나) 그냥 파생하는 것은 이론화도 아니고 실행 가능하지도 않다. 왜냐하면 그것은 실을 잃고, 함께-따로 되면서 얽힌 존재들과 접촉을 잃기 때문이다"(Barad & Gandorfer, 2021, 16쪽)라고 경고한다. 나는 바라드의 '함께-따로'라는 구성을 바느질하며(읽으며) 이해하려고 한다. 이는 절대적 분리가 아니라 단절을 제정하는 것과는 달리, 단번의 움직임으로 물질적-담론적 만남을 통해 함께-따로 절단되는 행위적 절단을 의미한다(Barad, 2014, 168쪽). 그렇게 함으로써 각 땀은 지속적인 반복적 얽힘을 물질화해 관심물의 분리 불가능성을 드러내고, 각 땀이 이미 다른 땀과 어떻게 얽혀 있는지를 보여준다. 이러한 이해를 통해, th/reading은 서로를 통해 th/reading을 활성화하고 드러내는 회절적 읽기가 된다. 개념[5]이 행위라면, th/reading은 어떻게 개념화될 수 있을까? th/reading이 읽기, 쓰기, 바느질 실천을 더 많은 표현을 열어주는 확장된 방식으로 얽이는 과정은 어떤 방식으로 이루어질 수 있을까?

배경천 되기의 개념으로 생각하다 보면, 생각이 손이 물 위에 떠 있는 것처럼 느리고 반복적인 동작으로 뒤집히며 파도가 밀려오듯 오르락내리락하는 것을 상상할 수 있다. 바늘이 짜인 격자무늬를 위아래로, 날실과 씨실 사이로 지나가면서, 파도와 같은 움직임이 고점과 저점, 이랑과 고랑을 따라 손의 물결치는 움직임이 상승과 하강을 반복한다. 행위적 실재론은 지식과 존재, 윤리가 분리될 수 없음을 강조하며, 존재론을 "지속적인 재-개"로 제시한다

---

5 바라드는 "개념은 구체적인 물질적 배열이다. 개념은 관찰 행위성에서 실체화/내재화된다. 개념은 수행적이다. 우리가 의미를 부여하는 방법과 분리할 수 있는 물질의 결정적인 상태는 없다"(Barad & Gandorfer, 2021, 24쪽)라고 설명한다.

(Barad & Gandorfer, 2021, 16쪽). 때때로 면실은 모슬린을 함께 묶어 날실과 씨실을 함께-따로 잡아당긴다. 각 땀은 메시의 어떤 영역은 서로 가깝게 모으고, 다른 가닥은 더 멀리 떨어뜨리는 행위적 절단을 시행한다. 반복적인 고정 바늘땀은 각각이 이전 것을 변화시키며 함께-되기의 역동적 과정을 나타낸다. 다시 말해 함께-따로 절단(바라드)에서 각 바느질은 특정 관심물 또는 th/reading에 초점을 맞춘다. 다음에서는 이러한 th/reading 중 몇 가지를 추적하여, 생각과 만들기가 어떻게 결합되어 있는지, 그리고 실천으로서 th/reading이 어떻게 관심사로 이끄는지를 보여주겠다.

1: 내면으로부터의 th/reading

바늘과 실이 배경천의 열린 직조를 통과할 때, 장력이 수직인 날실과 씨실 격자를 정렬에서 벗어나게 한다. 직각이었던 직선은 불규칙한 곡선과 파도 같은 선으로 변하여 흥미로운 구불구불한 위상학과 새로운 생각의 울림을 만들어내는 표식 및 활성 요소가 된다([그림 I.3] 참조). 이 고르지 않은 선들은 내가 2021년 7월에 참석했던 온라인 세미나에서 바라드가 공유한 이미지와 묘한 공명을 불러일으킨다. 코넬대학교 비평이론대학에서 주최한 이 세미나는 '무한, 무無, 자아의 해체/실천'이라는 제목으로 진행되었다. 웨비나에 참가하는 동안 나는 바라드 뒤에 표시된 흑백 이미지에 매료되었다. 검은색 단색 배경에 수학적 형태의 도표가 흰색으로 새겨

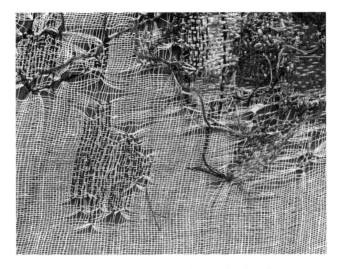

[그림 I.3] 배경천의 직선 그리드가 어떻게 정렬에서 벗어나는지 보여주는 th/reading의 세부 정보(이미지 제공: 필자).

져 있었고, 그 아래에는 점선이 왼쪽에서 오른쪽으로 수평으로 움 직이고 있었다. 그러나 흰색 점들은 일부 영역에서 궤도를 벗어나 위쪽으로 떠 있는 것처럼 혼란스럽고 불확정적이었다. 나는 그 점 들이 뭔가 중요한 것, 신비로운 양자를 의미한다고 느꼈다. 웨비나 가 진행되면서 내 시선은 그 호기심 어린 이미지로 돌아왔고, 그것 은 매혹적이면서도 혼란스러웠다. 나는 이 이미지가 무엇을 의미 하는지, 왜 바라드가 이 이미지를 전시하기로 결정했는지 알고 싶 었다([그림 I.4] 참조).

나의 학문이 비-전통적 지식의 양식을 탐구하는 학문이라는 점을 고려할 때, 바라드의 이미지는 학문 분야와 담론에 내재된 고 유한 권력관계에 대한 중요한 의문을 불러일으켰다. '무한, 무無,

무지갯빛 장

[그림 I.4] '무한, 무無, 자아의 해체/실천' 세미나 스크린샷. 2021년 7월 코넬대학교 주최 (이미지 제공: 필자).

자아의 해체/실천'이라는 제목의 기조연설에서 이 질문이 쉽게 느껴질 수 있다는 우려가 있었지만, 이미지와 텍스트, 예술과 과학 사이의 위계와 이분법을 영속화하는 위험을 무릅쓰고 용기를 내어 질문을 던지기로 결심했다. 나는 이미지에 흥미를 느꼈다고 설명하며 바라드에게 이 이미지가 무엇을 묘사하는지 물어보았다. 바라드는 다음과 같이 답변했다.

> 이 배경이 정확히 무엇인지 잘 모르겠습니다. 개인적으로 파동함수와 양자역학을 매우 환기[6]시키기 때문에 아주 마음에 듭니다. 파동함수는 다양한 확률로 일어나는 일에 대한 감각을 제공하며, 이 이미지에서 일어나는 다양한 일들과 파형의 변화가 정

6 내가 이해하는 환기적(evocative)이라는 용어는 내면에서 불러낸다는 뜻의 라틴어 *evocere*의 어원적 뿌리와 일치한다.

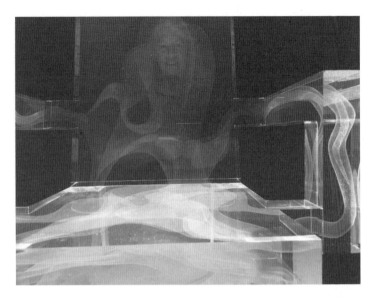

[그림 I.5] 2017년 암스테르담의 스테델릭박물관에서 스튜디오 드리프트의 퀸 체어를 들여다보는 비비안 보잘렉(이미지 제공: 필자).

말 흥미롭습니다. 그래서 이것은 단지 제 뒤에 파형이 있을 뿐만 아니라 양자역학의 특정 문제를 완전히 해결하지 못하는 방식으로, 그 자체로 양자역학을 충분히 다루지 못할 수도 있지만, 제게는 멋지고 흥미로운 신호를 보내는 것 같습니다. 그렇다면 이 이미지가 당신에게 어떤 신호를 보내나요?

나는 이 이미지가 연상적이라는 데 동의하며, 흩어져 있는 "여기(저기)에서 일어나고 있는 일들"이 바라드의 신체 모양을 '반영'[7]

---

7 나는 '거울'이라는 용어가 재현주의적 사고를 강화하며 '회절'이 더 적절한 용어였을 것이라는 점을 인정해야 한다고 느낀다.

무지갯빛 장

한다고 설명했다. 이는 바라드의 정신이 바쁘다는 느낌과 함께 이상한 유령 같은 존재감을 불러일으킨다고 설명했다. 이 유령 같은 흔적은 또 다른 이미지, 즉 지도교수인 비비안 보잘렉 교수의 사진을 떠올리게 했다. 이미지가 내면에서 어떻게 환기되는지, 그리고 이미지가 서로에게 어떻게 말을 걸고 서로를 통해 말하는지에 대해 생각하다 보니, 이는 다음 th/read로 이어졌다.

2: 유령 같은 th/read

2018년 8월, 네덜란드에서 공동 지도교수인 캐서린 틸레 Kathrine Thiele와 함께 공동 지도 세션을 진행하는 동안, 비비안 보잘렉과 나는 암스테르담의 스테델릭박물관에서 열린 스튜디오 드리프트의 전시회 '코딩된 자연'Coded Nature [8]을 방문했다. 어두운 방에서 우리는 킹스 체어, 퀸즈 체어, 의자, 스툴로 구성된 스튜디오 드리프트의 의자 시리즈를 만났다. 이 작품들은 의자의 신체에 인간이 남긴 흔적을 표현하고 표시하며, 불평등한 권력관계가 인간의 신체를 어떻게 다르게 표시하는지에 대해 언급한다.

나는 스튜디오 드리프트의 고스트 컬렉션 의자 [9] 중 하나를 들

---

[8] 이번 전시는 인간, 자연, 기술 간의 변화하는 관계에 초점을 맞추고 있으며, 이는 스튜디오 드리프트의 작업에서 반복되는 주제다.

[9] 고스트 컬렉션은 킹스 체어, 퀸즈 체어, 체어, 스툴로 구성되어 있다. 고스트 컬렉션은 의자 모양이 사회적 지위를 상징하던 시대를 반영한다. 왕과 왕비는 팔걸이가 있는 커다란 왕좌를 사용했고, 손님은 더 단순한 디자인의 의자에 앉았다.

여다보는 비비안 보잘렉의 사진을 찍었다([그림 I.5] 참조). 투명한 아크릴로 제작된 퀸즈 체어의 날카로운 선은 인간 형상을 연상시키는 유동적이고 유기적인 형태와 대조를 이룬다. 빛의 각도와 보는 사람의 눈의 위치에 따라 형태가 미묘하게 변화한다.

바라드의 파동함수 다이어그램처럼, 유령의 형태는 의자의 일부가 되는 방식으로 비비안 보잘렉의 신체를 감싸는 것처럼 보인다. [그림 I.2]와 [그림 I.3]의 유령 같은 존재는 내 학문과 관련된 세 가지 얽힌 th/read를 활성화한다. 첫 번째는 내 학문을 형성하고 계속 발전시켜온 바라드와 보잘렉이 지지하는 페미니즘 이론의 반복적 되-돌아감을 나타낸다. 이로부터 이어진 두 번째 th/read는 의자의 딱딱하고 날카로운 모서리를 통해 표현된 학계 내 고착화된 위계질서에 대해 경고하고, 학계 내 불평등한 권력관계가 신체를 어떻게 다르게 표시하는지 상기시킨다. 이는 박사 후보생에서 박사가 되어 학계 테이블에 앉게 된 과정에서 나에게 매우 중요한 문제다. 마지막으로, 이러한 양면성을 인식하는 나는 바라드와 비브의 주변 공간에 스며든 형태 변환적 촉수 표식에 주목하고, 이 표식이 나에게 다른 교육 방법, 즉 중요한 패션 역사를 새롭고 의미 있게 가르치는 방법을 찾도록 이끌어줄 수 있을지 궁금해진다.

3: 역사를 통해 패션을 th/read하다

나는 패션 디자인 배경은 없지만 항상 뜨개질, 코바늘 뜨개질,

퀼트, 바느질, 직조를 해왔다. 손가락과 바늘, 섬유에 생각이 닿을 때 촉각으로 느끼는 시공간물질되기를 통해 의미를 만들어낸다. 이런 느린 과정은 시간이 걸리고 생각이 다르게 나타나는 시간을 만든다. 나는 "모든 이론화, 모든 구체화, 모든 문제는 정치적"이라는 바라드의 주장이 패션학 교육자가 교실에서 다루어야 할 중요한 윤리적 문제의 우선순위를 정하려는 패션 역사의 교육적 실천에 대한 나의 접근 방식과 어떤 관련이 있는지 생각해본다(Barad & Gandorfer, 2021, 19쪽). Th/reading은 패션 역사를 가르치는 전통적인 연대기적·선형적 접근 방식을 방해한다. 이는 주어진 입자가 어떻게 여러 공간과 시간에 존재할 수 있는 중첩 상태에 있을 수 있는지를 밝히는 에너지-시간 비결정성 원리에 기반한 바라드의 시간 회절 이론을 체화하기 때문이다. 이런 방식으로 이해하면 과거, 현재, 미래가 서로 꿰어지며 두꺼운 현재에 여러 시간성에 걸쳐 얽힌 역사를 불러일으킨다(Barad, 2007, 2017).

나에게 th/reading은 미래, 과거, 현재를 한데 모아 패션 산업의 퇴적되고 잊힌 역사를 조명하는 데 있어 우리의 책임을 강조한다. 과거, 미래, 현재를 아우르는 지그재그 실타래를 따라가면서 나는 특히 남아프리카에서 반식민 패션 이론 강좌를 가르치기 위한 회절적 실천으로서 th/reading의 윤리적 파급 효과에 대해 생각해보았다. 케이프타운 공과대학의 패션 연구와 관련된 관심사를 강조하는 방식으로 이러한 유령 같은 존재들은 교육적 관행, 커리큘럼 연구 및 역사에서 어떻게 부각할 수 있을까? 그리고 "무엇이 중요하고 무엇이 중요하지 않은지, 즉 정의의 문제"로서 학생과 나의 응답-능력을 우선시하는 방식으로 어떻게 할 수 있을까?(Barad & Gandorfer, 2021, 31쪽).

　　Th/reading은 한 땀에 집중하는 것이 다른 땀들을 배제하는 것과 어떻게 관련되어 있는지 알게 해주었다. 하지만 나는 또한 th/reading 조각이 모든 땀과 풀리지 않은 실타래, 그리고 아직 드러나지 않은 th/reading의 가능성으로 구성되어 있음을 알 수 있다. 다시 말해, 각 땀은 복잡하게 얽힌 그물망 속에서 함께 분리된 행위적 절단으로, 그 안에서 반복적인 되-돌아감이 이전의 것에 기반하여, 그것에 반응하여 축적되는 과정이다. 땀은 고립된 상태로 존재하지 않으며 독립적으로 존재하지도 않는다. 대신 땀은 반복적으로 전개되는 사건의 일부이며 사건을 만들어낸다. 예를 들어, 내가 가르치는 대학은 케이프타운 중심부의 유령이 출몰하는 지역인 6지구에 위치하고 있는데, 이곳은 인근 의류 및 섬유 산업 공장에서 일하는 대부분의 의류 노동자들이 거주하던 곳이다. 6지구는 1950년 아파르트헤이트 정부의 집단지구법에 따라 '백인 거주 지구'로 지정되었고, 1966년 6만 명의 유색인종이 케이프타운 외곽 지역으로 강제이주당했다. 그들의 집은 철거되었다. 한때 번화했던 이 마을은 이제 패션학과 학생들을 가르치는 테이블 마운틴의 경사면에 상흔으로 남았다. 이 과정을 통해 우리는 이 유령 같은 존재들을 어떻게 연결하여 중요한 차이를 만들 수 있을까?

　　배경천의 직선 구조를 풀어내는 것뿐만 아니라, th/reading이 배경천을 당기고 뒤틀어 실을 강제로 끌어당겨 깔끔한 그리드를 불안정하게 만들고 흐트러뜨리는 방식에 놀랐다. 일부 영역에서

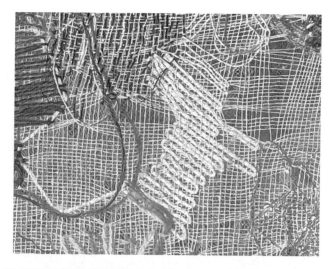

[그림 I.6] 배경천의 직선 직조를 가로지르는 횡단적 th/read를 보여주는 세부사항.

는 서로 연결된 배경천이 단단히 묶여 매듭을 짓고 얽히며, 천에 구멍이 나타나는 공간을 만들어 x 및 y 매개 변수의 수직 및 수평 순서를 위반하여 다른 영역에 영향을 미친다. 모슬린의 직선적인 직조가 깨지면서 결을 거스르고 다른 방향으로 확장되는 움직임으로 횡단성을 향해 나아간다. "내가 평행한 수평 및 수직 축을 따르기보다는 그리드와 대각선으로 상호작용하면 어떤 일이 발생할까?" 평행한 가로축과 세로축을 따르지 않고 대각선으로 그리드를 따라 움직이면 원단의 결이 45도 각도로 비스듬히 재단되어 원단이 열리면서 더 많은 여유와 널찍하며 유연한 형태의 흐름이 만들어진다([그림 I.6] 참조). 횡방향 th/reading은 차이를 열어주는 방식으로 사회적 편견과 편견에 맞서고자 하는 열망과 공명한다. 예를 들어, 패션 수업에서 편견을 무너뜨릴 방법을 상상하는 데 도움이 된다. 또 캐논과 아카데미 내에서 위계질서를 비/해체할 방법을 상상하는 데도 도움이 된다.

물질을 '역사성'으로 구성하면서 바라드는 물질이 어떻게 그것의 기억 re-membering 속에서 안정화되고 불안정해지는 "세계를 재구성하는 반복적인 재구성"(Barad & Gandorfer, 2021, 29쪽)을 제정하는지를 보여준다. '퇴적된 역사성'이라는 개념은 인간 이상의 협력적 참여를 수반하는 물질/되기의 얽힌 퇴적/되기의 역사성을 추적하는 방법을 열어줌으로써 중요한 역사에 참여하는 새로운 방법을 장려하기 때문에 교육적 가능성이 풍부하다. 현대 기후 위기와 서구 식민주의의 인간 생명과 자연환경에 대한 폭력적 착취 사이의 연관성을 탐구한 아미타브 고시(Amitav Gosh, 2021)의 연구에서 영감을 받아, 모슬린 배경천을 통해 함께 읽는 물질적 실천은 스튜디오 드리프트의 퀸즈 체어를 왕좌로, 당시 왕비에게 부적절한 복장으로 여겨지던 헐렁한 옷으로 스캔들을 일으킨 마리 앙투아네트의 모슬린 로브 드 골robe de gaulle[10]과의 내부-작용적 만남을 열어준다([그림 I.7] 참조[11]).

대중문화에 막대한 영향력을 행사하는 현대의 유명인들과 마

---

10 골(gaulle)은 마리 앙투아네트가 통치 기간에 대중화시킨 가벼운 모슬린 드레스다.

11 1783년 아카데미에서 전시되었을 때 이 그림은 왕비가 속옷을 입었다는 이유로 비난을 받는 등 논란을 일으켰다. 웨버(Weber, 2006)는 평범한 복장을 한 왕비의 초상화가 프랑스 왕실의 특권과 권력을 무너뜨리는 "명확하게 확립된 사회적 경계의 쇠퇴"를 의미한다고 주장한다. 이 초상화는 왕족 이미지에 더 잘 어울리는 다른 초상화로 빠르게 교체되었다.

찬가지로,[12] 마리 앙투아네트는 문화에 미치는 영향력을 과소평가할 수 없는 강력한 패션 아이콘이었다.[13] 모슬린 배경천[14]을 통해 함께/따로 왕비의 윗옷을 구성하는 퇴적된 유령의 가닥을 함께/분할하여 th/reading하면서, 나는 패션이 어떻게 "사회-정치-경제적 힘 등을 통해 그 핵심까지 관통"(Barad & Gandorfer, 2021, p. 21)하는지 이해하게 되었다. 캐롤라인 런던Caroline London은 "노예무역을 촉발한 마리 앙투아네트 드레스"(2018)라는 제목의 글에서 이 드레스가 세계를 바꿨다고 주장한다. 당시 프랑스 실크 제조 산업은 왕실에 의존하고 있었고, 마리 앙투아네트가 평소 즐겨 입던 화려하고 보석으로 장식된 프랑스 실크 가운에서 벗어나 영국산 면 모슬린으로 만든 로브 드 골이 있었기 때문이다. 고급 프랑스 실크 대신 영국산 면 모슬린과 리넨을 선택함으로써 앙투아네트는 비애국적일 뿐만 아니라 1780년대 프랑스 실크가 유행에서 멀어지면서 일자리를 잃은 리옹의 방직공들에게 반역자로 여겨졌다(Weber, 2006). 캐롤라인 런던에 따르면, 이 드레스는 오늘날까지도 우리를 괴롭히는 광범위한 영향을 미쳤다. 면은 인도에서 재배되어 영국 직물로 여겨

---

12   페미니스트 패션 아이콘으로서의 마리 앙투아네트에 대한 자세한 내용은 페리스와 영(Ferriss & Young, 2010)을 참조하라.

13   웨버는 왕비가 "자신의 유명세를 적극적이고 열성적으로 조작"했으며, 그녀의 관객은 "그녀의 이단적이고 흥미진진한 이미지에 대한 열렬한 시장"이라는 것을 발견했다고 지적한다(2006, 110쪽).

14   이 th/reading의 추가적인 실타래는 모슬린 소비와 생산의 물질적 조건이 모슬린 섬유의 구조에 어떻게 내재되어 있는지에 관한 것이다. 예를 들어, 제국주의 확장을 추진하면서 인도 아대륙에서 영국 직물의 시장을 확보하기 위해 현지 직공들에게 비싼 대가를 치르고 인도산 모슬린 생산을 금지했다. 이에 대한 자세한 내용은 볼츠(Bolts, 1772)를 참조하라.

[그림 I.7] 엘리자베트 비제 르 브룅의 마리 앙투아네트 초상화 "모슬린 로브 드 골을 입은 왕비"는 1783년 루브르박물관에 전시되었다(도판: 위키백과).

졌지만, 왕비의 드레스는 미국 남부의 면화 농장 산업에 급진적인 영향을 미치는 열풍을 일으켰다. 이는 목화 재배를 위한 미국의 토지 수요 증가와 목화밭에서 일할 노예 노동력 수요 증가에서 분명하게 드러난다.[15] 이 현상은 영국 섬유 산업의 호황, 경작지와 노예 노동자를 구입할 자본을 제공한 런던과 뉴욕의 은행 및 해운 산업, 제국의 성장 등에 지속적인 영향을 미쳤다.

4: 내 손으로 직접 th/reading

이 th/read에서는 유령의 역사와 특권적 계보에 대한 깊이 있는 성찰을 통해 패션 교육에서의 책임과 윤리적 고민을 다룬다. 나 자신이 백인 중산층 학자-교사로서 이러한 역사와 어떻게 마주할 수 있는지, 그리고 교실에서 이런 역사적 얽힘을 어떻게 다루며 새로운 윤리적 실천을 가능하게 할 수 있는지를 성찰한다. 단순히 나 자신을 정착민 후손으로 지칭하는 것 이상의 문제를 탐구하며, 나는 교실에서 반복되는 위험과 피해를 직면하는 방법을 고민한다.[16] 바라드의 주장에 따르면, "우리 각자는 응답-능력으로 구성되며… (그리고)… 우리 각자는 타자로서 타자에 대한 책임으로 구성된다"(Barad, 2012, 215쪽). 이런 관점에서 나는 손이 유령 같은 역사에 닿을 때 바라드가 언급한 "응답-능력으로 응축"으로서 물질을 형상화하는 방식과 연결된다. 바라드는 전통적인 역사서술에서 시공

---

15   해러웨이 등(Haraway 외, 2016)은 추출의 전제 조건으로 지구상에서 생멸하는 물질의 역사적 이동에 주목한다.

16   이 문제에 대한 내 관심을 명확히 하고 생각을 깊게 할 수 있도록 도와준 익명의 검토자에게 감사드린다.

간을 여행하며 "죽은 자들과 아직 태어나지 않은 자들에 대한 헌신적인 응답-능력의 일부로서 자아를 위험에 빠뜨리면서 자신의 신체로 여러 역사를 추적"하는 "뜀뛰기 탐방하는 기록자"로 전환한다고 강조한다(Barad, 2017, 82쪽). 이런 사고방식은 내 개인적 성찰을 넘어, 패션 디자이너가 되고자 하는 학생들에게도 중요하다. 나는 th/reading이 어떻게 패션 산업의 유행을 넘어서, "어떤 형태나 모습 느낌을 앵무새처럼 흉내 내고 그것을 매력적이고 욕망하게 만드는" 패션 산업의 의존성에 반하는 윤리적 의식을 어떻게 활성화할 수 있을지를 탐구한다(Wang, 2018, 221쪽). 이 과정에서 패션 디자인 교육이 단순히 과거 유행을 반복하거나 모방하는 것을 넘어, 윤리적 실천과 사회적 책임을 통합하는 방향으로 나아가야 한다는 것을 상기시킨다.

5: 느슨한 Th/read

이 장을 함께 읽으면서 전통적인 읽기 및 쓰기 방식에 문제를 제기하려고 했다. 그리고 느슨한 끝을 묶는 결론을 써야 한다는 압박에 저항했다. 반짝이는 색을 활성화하는 무지갯빛의 간섭 효과에서 영감을 받아, 고정된 틀[17] 안에서 발견한 내용에 초점을 맞추

---

17 카린과 비브가 이 책에 우리를 초대했을 때, 그들은 다음과 같은 '재미있는 질문'을 던졌다. "장에 색을 입힐 수 있다면 무엇으로 할 것인가?" 시간이 지나면서 나는 이 장의 색상을 무지갯빛으로 (불)확정하게 되었다. 무지갯빛은 불확실한 공간에서 반짝이며 색의 고정성을 방해하고 가시 스펙트럼의 생동감을 드러내는 회절 효과에 매료되었기 때문이

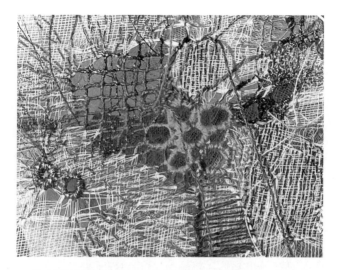

[그림 I.8] 무지갯빛의 실을 보여주는 th/reading의 세부 정보(이미지 제공: 필자).

는 규범적인 학술 글쓰기 관행에 반기를 들었다. 깔끔한 가장자리나 솔기와는 달리, 열린-결말의 th/reading 궤적은 하나로 꿰어지기를 거부한다. 가장자리가 날것 그대로다. 보이지 않는 수선 시도를 거부한다. 대신 원단에 구멍이 뚫린 채로 노출된다. 해결되지 않은 실타래와 찢어진 부분들은 패션 산업이 지구를 오염시키고, 대서양 횡단에서 살아남아 "고국의 목화밭에서 일하고 싶어하는"[18] 아프리카 노예의 신체를 통해 태어났으며, 오늘날에도 여전히 전 세계적 아동노동 착취산업임을 상기시킨다.

다. 무지갯빛에 대한 자세한 내용은 바라드(Barad, 2007, 80쪽)를 참조하라.

18 이 구절은 "Cotton Fields"(The Cotton Song 또는 In Them Old Cotton Fields Back Home으로도 알려짐)에서 가져온 것으로 이 노래는 미국 블루스 음악가 허디 레드베터(Huddie Ledbetter), 즉 리드 벨리(Lead Belly)로도 알려진 사람이 작사했다. 많은 음악가가 이 곡을 커버했지만, 이 노래는 1940년에 처음 녹음되었다.

Th/reading은 나에게 다르게 생각하는 것에 관한 생각을 표현할 수 있는 언어를 제공하는 회절적인 함께/따로 바느질의 실천을 수행한다. 대나무 틀은 2017년 바라드 세미나에서 수면 위로 떠오른 (그리고 표면을 간섭했던) 불안한 질문들로 반복적으로 되-돌아가게 하는 포털이 되었다. 모슬린 배경천을 통해 th/reading함으로써 연구 실천에 중요한 질문들이 이해되기 시작한다. 또 독서는 우리의 유산을 존중하고 '우리'가 세계 속에 있는 것이 아니라 세계에 속해 있다는 것을 이해하기 시작하는 실천으로 구체화된다. 반복적인 관심물을 발견할 때, 함께-따로 행위적 절단은 "단번에 끝나는 총체성, 결정 또는 절단은 없다"는 것을 나에게 확인시킨다(Barad & Gandorfer, 2021, 30쪽).

감사의 글

마리 앙투아네트의 드레스에 관한 캐롤라인 런던의 기사를 알려준 동료 미셸 반 위크에게 고마움을 전한다. 또 "무한, 무, 그리고 자아의 비/수행" 세미나 영상을 공유해준 코넬대학교 비평및이론 학교 프로그램 코디네이터 칼라 리슁에게 감사한다. 이 글은 남아 프리카공화국 국립연구재단의 지원을 받은(보조금번호 120845) 연구를 기반으로 한다.

레인보우 정동/효과Æffect

: 회절 색상과 미래 팔레트

비비안 보잘렉, 카린 머리스

이 책에 실린 생생한 장들을 요약해 편집자의 '마치는 말'로 제출하는 것은 불가능하고 부적절하다. 우리는 각 장의 '본질'을 개별적으로 '파악'하고 싶은 유혹을 뿌리친다. 인식론적 거리에서 다른 학문 분야에 대한 중요성을 평가하기보다는 이미 존재론적으로 서로 연관되어 있다고 본다. 각 장은 거의 동시에 집필되었다. 그러나 필자들은 책 제안서의 요약을 통해 각 장의 주요 내용을 잘 알고 있었지만, 서로의 실제 글에 대해서는 잘 알지 못했다. 하지만 2017년 몽키밸리 컨퍼런스센터에서 열린 '퀴어이론에서 양자물리학까지, 차이의 질문으로' 세미나에서 다시 만나면서 '다른'(그리고 다른 시간들) 글쓰기의 '지금'에 이미 얽혀 있었다. 이 행사에서 첫 번째 논문을 발표한 캐런 바라드는 양자 얽힘으로서 "매 순간은 무한한 다양체"(Barad, 2014, 169쪽)라고 말한다. 다시 돌아가는 매 순간은 반복되는 세계가 퇴적되고 각 장과 저자 간의 관계가 두터워지는 것이다. 윤리적 관점에서 볼 때, 이 책은 장들의 집합이 아니라 각 장이 다른 장 안에 있는 '이상한 위상학'이다(Barad & Gandorfer, 2021, 22-23쪽). 행위적 실재론은 텍스트가 '맥락' 및 '다른' 텍스트와 분리된 정확한 '가장자리'와 '경계'를 가진 독립적으로 존재하는 주체로서의 존재론에 문제를 제기한다.

물론 편집자로서 우리는 이 장들의 '외부'에 있는 것이 아니라 이 장들과 연루되어 있다. 글에서 숫자를 사용하는 단선성과 연대기성을 깨고, 필자들에게 각 장에 색을 '부여'해 달라고 요청했다. 우리는 이 색을 통해 얽힌 관계를 추적하고 그것이 글쓰기에 어떤 영향을 미치는지 여기와 서문에서 표현했다. 이 중첩 또는 간섭 패턴은 색상을 혼합하는 것이 아니라 서로 회절시키는 것이다.

회절과 색상

양자물리학의 회절은 파동이 두 가지 주요 구별 특성, 즉 진폭(교란의 높이 또는 크기, 광파의 경우 강도 또는 밝기)과 파장(파문 사이의 거리)을 가졌다고 가르친다(Barad, 2007). 구성 파동의 상대 위상은 함께 정렬할 때 서로 '위상'이 일치하게 된다(Barad, 2007).

회절을 사용해 색상 장에 관여하는 것은 이러한 색상을 혼합

끝(은아니다)

하는 것과는 다르다. 길거리의 기름 웅덩이, 빗해파리류 또는 컴팩트 디스크에서 무지갯빛을 관찰하는 것과 비슷하며, "디지털 정보를 담고 있는 홈의 동심원 고리가 백색광(햇빛)을 다양한 색의 스펙트럼으로 퍼뜨리는 회절 격자 역할을 한다"(Barad, 2007, 80쪽). 바라드는 저서 《우주와 중간에서 만나기》(2007)에서 색 염료를 반죽에 한 방울 떨어뜨리면 색이 서로 다른 얽힘 선으로 퍼져나가는 현상에 대해 썼다.

결합된 장은 색상을 혼합하지 않지만, 각 장의 회절 격자에 의해 생성된 파장은 진폭에 따라 증폭되거나 중화될 수 있다. 각 장의 문장 조합과 독자가 각 장에 가져오는 특정 윤리-존재-인식론에 따라, 파형으로서 동일한 위상을 갖거나 서로 다른 위상을 가질 수 있다. 독자의 정치-윤리-존재-인식론적 입장과 다른 텍스트, 작품, 철학, 실천을 통해 어떤 장을 읽느냐에 따라 장의 색상은 서로 다른 패턴으로 교차할 수 있다.

양자물리학 관점에서 보면, 전자가 더 높은 에너지 준위에서 더 낮은 에너지 준위로 도약할 때 빛의 입자, 즉 색깔이 있는 광자를 방출한다. 이 양자 도약은 시간, 공간, 인과관계에 대한 개념을 뒤흔들며, 전자의 스펙트럼 특성은 불연속성과 비결정성의 개념을 이해하는 데 도움을 준다. 전자는 처음에 E2라는 더 높은 에너지 준위에 있다가 도약을 통해 더 낮은 에너지 준위인 E1에 나타난다. 이 과정에서 광자는 어디에서 방출될까? 에너지 상태(E2 또는 E1)에서 광자를 방출할 수 없기 때문에, 에너지의 변화가 있어야 한다. 그러나 문제는 전자가 E2와 E1 사이의 어느 곳에도 존재하지 않는다는 점이다. 전자는 여기/지금도 아니고 저기/그때에도 없는 이 불안정한 상태가 양자 불연속성 또는 비결정성을 설명한다. 불연속성은 불연속성과 반대거나 동일한 것이 아니라, 어떤 것이 불연속적인지 아닌지에 대한 사실 자체가 존재하지 않는다는 것을 의미한다. 이 상태는 원인과 결과의 개념을 안정시킬 수 있는 이전이나 이후가 없기 때문에 원인과 결과의 개념을 혼란스럽게 한다.

장에서 색상이 작동하는 방식

모든 필자는 장에 번호를 매기는 대신 색상을 '부여'해 달라는 요청을 받았다. 필자들이 선택한 색상은 각 장 제목에 나타난다. 여기에서는 먼저 필자들이 표현한 대로 색상을 나열한 다음, 색상을 회절시켜 다양한 미래에 대한 상상력을 만들어내는 방식으로 색상 팔레트로 다시 돌아간다.

검은 피가 중요하다의 필자는 '검은 피'라는 색이 적절하게 표현되었다고 썼다. 마른 피의 검은색은 캐런과의 대화에서 떠오르는 흑인 노예들의 고통과 아픔을 고통스럽게 되새기게 한다. 월터, 로즈-앤, 카린에게 검은색은 단순히 상징적이고 담론적인 의미를 넘어서 중요하다. 피는 중요하고, 검은 피는 그 중에서도 특별히 중요하다.

로즈-앤은 주저 없이 장의 색상을 붉은색으로 선택했다. 그녀가 **붉은색** 장에서 살펴본 사진에는 신발의 빨간색, 사다리, 그리고 뒤에 주차된 푸조 차량 등 다양한 색조의 빨간색이 등장한다. 공책 사진에도 빨간 체크가 보이는데, 이는 아파르트헤이트 정부가 빨간색으로 표시하라고 지시한 교사의 권위를 상징한다고 그녀는 설명한다. 그러나 로즈-앤은 여동생과 사촌, 그리고 자신이 입고 있는 교복에는 빨간색이 없는 것을 발견하고, 타우시그(Taussig, 2009)처럼 '신성한 색은 무엇일까'라는 질문을 던진다. '성스러운' 빨강에 충격을 받은 그녀는 다양한 모양과 형태로 반복적으로 빨간색으로 돌아가는 '타자 포함'의 개념을 통해 아동기의 경험을 성스러운 실천으로 다시 기억하는 과정을 구체화한다.

청록색 장에서 조안은 '그녀의' 색이 무한한 글쓰기가 되는 것과 같이 여러 색의 결합과 혼합이라고 말한다. 그녀는 연구를 진행하면서 많은 학술적 글쓰기 틀의 경계를 넘어서기를 거부하고, 중요한 각주를 많이 사용하며 단어와 이미지의 이분법을 무너뜨리는 지우기를 통해 '내부'에서부터 변화를 실험한다. 학술적 글쓰기는 물처럼 다공성이다.

나이키 로마노는 결론에서 자신의 장을 함께 읽으면서 익숙한 학문적 읽기 및 쓰기 관행에 문제를 제기한다. 바라드(2007, 80쪽)에서 영감을 받은 그녀는 '무지갯빛'을 자신의 색상으로 정한다. 연구 결과에 초점을 맞추어 '느슨한 끝을 매듭짓기'의 요구에 저항하며, 무지갯빛의 간섭 효과가 어떻게 반짝이는 색을 활성화하는지를 설명한다. 무지갯빛은 불확실한 공간에서 반짝이며 색의 고정성을 방해하고, 가시 스펙트럼의 생동감을 드러낸다.

붉은 황토색은 테레사가 쓴 장의 색이다. 대지의 색을 참조한 이 장은 시간, 공간, 물질에 걸쳐 얽혀 있는 얽힌 관계를 인간 이상의 존재와 대지의 존재가 결합한 것으로 가장 잘 표현한다. 수면과 죽음(해체와 파괴)은 나무, 아동, 교실, 그림, 감옥, 공원, 미술관, 기록 보관소 등의 생생한 내부-작용을 생략한다.

울트라마린 장에서 애드리엔 반 이든-워튼은 이 색과 그 색이 자신에게 주는 의미에 대해 광범위하게 서술한다. 울트라마린은 깊고 어두운 파란색으로, 아프가니스탄에서 수입한 청금석을 갈아 만든 안료로 르네상스와 바로크 예술가들 사이에서 가장 귀하게 여겨졌던 물감이다. 그녀는 바다에 대한 자신의 글에 집중하며, 울트라마린의 어원적 뿌리를 추적하면서 바다(마린)의 색을 '울트라' 그 이상으로 시적으로 주장한다. 울트라마린은 시야 너머에 있을 뿐만 아니라 항상 동시에 헤아릴 수 없는 해저 깊이를 불러일으킨다. '울트라'는 우리의 가시광선 스펙트럼을 넘어서는 파장인 자외선을 의미하기도 하지만, 보이지 않는 바다의 색이기도 하다. 신비한 울트라마린은 우리가 상상하는, 균질하고 사람의 손길이 닿지 않은 바다의 색으로, 무궁무진하고 깨끗한 자원이지만 이상하게도 비물질적이고 먼 곳이다. 건너고 정복해야 할 광활한 빈 표면, 잉여와 과잉물, 노폐물을 던져버릴 수 있는 심연, 언제나 기꺼이 우리 죄를 씻어줄 수 있는 곳이다. 감상적인 표현 없이 울트라마린은 바다의 변화와 바다에 있다는 것, 침수, 포화, 익사 등을 상징하는 색이기도 하다. 울트라마린은 뱃멀미를 연상시키며, 갈망의 색이자 멀미를 느끼게 하고 숨을 가쁘게 하는 바다의 색이며, 자신도

끝(은 아니다)

물의 일부라는 것을 상기시키는 본능적인 반발의 색이기도 하다.

카이와 패트릭이 **오렌지**, 특히 사프란을 선택한 이유는 불교와 관련이 깊기 때문이다. 사프란색은 역동적이고 지속적으로 깨달음을 추구하는 의미를 내포하고 있다.

반면 과학의 미래를 내다보는 시디크와 베로니카는 **적갈색**에 매료되었다. 이들은 퀴어이론을 통해 바라드의 양자물리학을 회절시키는 데 영감을 받아, 자신의 학문 분야인 공학과 산과학에서 발생하는 침묵과 폭력이라는 해악을 탐구한다. 그들은 갈색과 빨간색이 대지의 흙과 생명을 주는 태반의 피라는 매우 다른 두 연구 분야를 시각적으로 통합한다고 설명한다.

우리 장에서 **밤하늘** 색은 별★★★의 특정 물질적 구성 요소를 이미지화해 별자리를 다시 상기시킨다. '이미 있었던 것'이 '지금'과 순간적으로 결합하여 별자리를 형성하는 과정에서, 시간 회절을 통해 시간의 단선적 흐름이 붕괴되고, 공간 회절을 통해 다양체의 지형이 재구성된다. 실제로 밤하늘은 바다와 마찬가지로 색깔을 갖고 있지 않다. '그것들'은 어둡지 않다. 예를 들어, 핀란드의 밝은 한여름 밤처럼 육안으로 별을 볼 수 없지만 별은 여전히 거기 '있고', 동시에 '없으며', '지금'과 '지금 아님'이 동시에 존재한다. 이러한 비결정성은 밤하늘과 얽혀 있는 다른 장의 색채를 통해 회절하도록 영감을 준다. 애드리엔 반 이든-워튼은 바다의 '울트라마린'이 색이 아니라 이 선집의 장들처럼 붉은빛을 흡수하기 때문에 푸른빛을 띤다고 말한다. 이 책의 회절 격자의 가는 틈이 붉은색, 오렌지색, 청록색, 울트라마린, 무지갯빛의 밤하늘 색조를 함께/따로 절단한다.

장의 색상을 회절하다

이 장의 색상은 생물 발광성 살프salp(따뜻한 바다에서 발견되는 투명하고 길쭉한 피낭동물 또는 해면동물로, 신체를 통해 물을 배출함)의 폭풍처럼 번쩍이는 섬광을 발산하고 서로를 통해 리드믹한 젤라틴 같은 다채로운 펄스 방식으로 서로의 사이를 헤엄치며 빛을 구부리고 회절시켜 보는 방법과 위치에 따라 무지갯빛의 새로운 프리즘을 만든다([그림 N(E).1] 참조). 살프와 같이 색상을 띤 이 장은 빠르게 성장했고, 필자들은 심사자와 편집자의 의견에 따라 작업하고, 재작업하고, 되-돌려보는 반복적인 과정으로 촉박한 마감기한을 맞추었다(살프는 48시간 안에 성숙한다). 살프는 자웅동체와 무성생식 형태 사이를 오가는 퀴어한 생명체로, 배아가 성숙하면 방출되고 어미 집합체는 수컷이 된다. 방출된 배아는 혼자 성숙하여 어린 집합체의 새싹인 '스톨론'을 무성 번식한다(Australian Museum, 2019). 편집자로서, 이 장에 대한 반응이 상상의 나래를 막는 방법이 아니라 번성하고 확장된 사고를 위한 자양분이 되기를 바란다.

해양 수역의 유령과 관련된 조안 피어스와 애드리엔 반 이든-워튼의 장에서 만들어낸 청록색과 울트라마린, 그리고 붉은색(로즈-앤 레이놀즈), 붉은색-검은색(월터, 로즈-앤, 카린), 붉은색-황토색(테레사 지오르자)은 현재와 미래의 두꺼운 현재에서 남아프리카공화국 식

끝(은 아니다)

[그림 N(E).1] 웨스턴케이프 사이먼스타운 윈드밀해변의 살프의 폭풍. 폭풍(사진: 비비안 보잘렉).

민주의와 아파르트헤이트의 정치적 과거가 떠오르는 느낌을 독자에게 전달한다. 무지갯빛(나이키 로마노), 적갈색(시디크 모탈라, 베로니카 미첼), 오렌지색(카이 마, 패트릭 리버스)은 기계화되고 식민적 사고에 젖어 있는 방식에서 벗어나 학문적 경계와 실천을 재구성할 수 있게 해준다. 다른 필자와 상의해서 결정된 색상이 아님에도 불구하고 적갈색, 검붉은색, 붉은 황토색, 붉은색, 오렌지색 등 붉은색의 뉘앙스가 필자들의 글 곳곳에 흐르고 있다. 산호초가 해저로 탄소를 운반하고 여러 어종의 먹이가 되기 때문에 유용한 것처럼, 캐런 바라드의 세미나 안팎에서 시작하는 이 책 각 장의 대화는 남반구와 북반구를 통해 항상 이미 회절적으로 존재하는 정치-윤리-존재-인식론에 생명과 영양을 불어넣는 역할을 한다.

이 책이 속한 시리즈(포스트질적 연구 집단. 웹사이트 https://postqualita-tiveresearch.com/)의 다른 책들과 마찬가지로 이 협력적인 텍스트의 구성에는 많은 인간과 비인간 존재들이 내부-작용했다. 특히 이 현상의 일부로서 이 책을 가능하게 해준 캐런 바라드에게 깊이 감사드린다. 책이 증언하듯이, 그들의 케이프타운 방문은 세미나 참가자들과 그들의 미래에 특히 학문적으로 큰 영향을 미쳤다.

편집자로서 이 책의 프로젝트에 진심으로 헌신해 주고, 최종 마감일을 맞추기 위해 많은 일을 해야 했을 때에도 인내해 주신 기고자들께 감사드린다. 그들과 그들이 속한 인간 및 비인간 관계 없이는 이 책이 가능하지 않았을 것이다. 또 동료들의 장chapter을 검토하는 데 도움을 준 심사자들에게도 감사드린다. 모든 장은 이중맹검 동료 심사를 거쳤으며, 조안나 헤인즈, 힐러리 잭크스, 메간 저지, 쇠를 핀 메닝, 스테파노 올리베리오, 제인 오스굿, 웨일리 자오 등 외부 심사자의 추가적 도움에도 감사드린다.

이 책을 편집해 준 시몬 게슈빈트와 시에라즈 프란시스가 2017년 '유아기 담론의 탈식민화'(DECD) 프로젝트에서 제작한 원본 영화를 팟캐스트로 제작해 준 로마노스 보레인에게 특별히 감사드린다.

또 이 책 시리즈와 이 책에 대한 변함없는 지원과 헌신을 보여준 루트리지의 편집자 한나 세익스피어와 맷 비커튼에게도 감사드린다.

이 책은 남아프리카공화국 국립연구재단(NRF; 보조금번호 98992)으로부터 자금을 지원받아 가능했다. 이 프로젝트는 캐런 바라드가 회원으로 참여한 DECD 프로젝트의 일환이며, 레슬리 그린이 이끄는 환경 인문학 프로젝트에서 세미나 공동 자금을 지원해 주었다. 이 책에서 다루어진 세미나에는 두 프로젝트의 대학원생들과 비브 보잘렉의 다른 NRF 지원 프로젝트 '고등교육의 재구성: 다른 방식으로 학문을 수행하기'(보조금번호 120845)에 참여한 웨스턴케이프대학교 학생들이 참여했다.

카린 머리스, 비비엔 보잘렉

핀란드 오울루와 남아프리카공화국 케이프타운

　　　　　　　　　　　　　　　　　　　　　　　감사의 글

서론

Barad, K. (2007). *Meeting the universe halfway: Quantum physics and the entanglement of matter and meaning.* Duke University Press.

Barad, K. (2010). Quantum entanglements and hauntological relations of inheritance: Dis/continuities, spacetime enfoldings, and justice-to-come. *Derrida Today*, 3 (2), 240–268. https://doi.org/10.3366/drt.2010.0206.

Barad, K. (2014). Diffracting diffraction: Cutting together-apart. *Parallax*, 20 (3), 168–187. https://doi.org/10.1080/13534 645.2014.927 623.

Barad, K. (2017). Troubling time/s and ecologies of nothingness: Re- turning, re-membering, and facing the incalculable. *New Formations*, 92 (93), 56–89. https://doi.org/10.3898/NEWF.

Barad, K. (2018). Troubling time/s and ecologies of nothingness: On the im/possibilities of living and dying in the void. In M. Fritsch, P. Lynes, & D. Wood (Eds.), *Ecodeconstruction: Derrida and Environmental Philosophy* (pp. 206-248). Fordham University Press.

Barad, K. (2019). After the end of the world: Entangled nuclear colonialisms, matters of force, and the material force of justice. Theory & Event, 22 (3), 524–550.

Bozalek, V. & Kuby, C. (2022). Material-discursive. In K. Murris (Ed.) *A glossary for doing postqualitative, new materialist and critical posthumanist research across disciplines* (pp. 82-83). Routledge.

Hamilton, J. A., & Neimanis, A. (2018). Composting feminisms and environmental humanities. *Environmental Humanities*, 10 (2), 501–527.

Haraway, D. (2016). *Staying with the trouble: Making kin in the Chthulucene*. Duke University Press.

Juelskjær, M., Plauborg, H., & Adrian, S. W. (2021). Dialogues *on agential realism*: Engaging in *worldings through research practice*. Routledge.

Malaguzzi, L. (1998) History, ideas, and basic philosophy: An interview with Lella Gandini. In C. Edwards, L. Gandini, & G. Forman (Eds), *The hundred languages of children: The Reggio Emilia approach advanced reflections*, 2nd edn. Ablex Publishing.

Murris, K. (Ed.). (2022). *A glossary of doing postqualitative, new materialist and critical posthumanist research across disciplines*. Routledge.

Murris, K., & Bozalek, V. (2019). Diffraction and response-able reading of texts: The relational ontologies of Barad and Deleuze. *International Journal for Qualitative Studies in Education, 32* (7), 872-886.

Rollins Gregory, M., Haynes, J., & Murris, K. (Eds). (2017). *The Routledge international handbook of philosophy for children*. Routledge.

밤하늘 장

Barad, K. (2007). *Meeting the universe halfway: Quantum physics and the entanglement of matter and meaning*. Duke University Press.

Barad, K. (2010). Quantum entanglements and hauntological relations of inheritance: Dis/continuities, spacetime enfoldings, and justice-to-come. *Derrida Today, 3* (2), 240-268. https://doi.org/10.3366/drt.2010.0206.

Barad, K. (2012). Nature's queer performativity (the authorized version). *Kvinder, Kon & Forskning/Women, Gender and Research*, (1-2), 25-53.

Barad, K. (2014a). Diffracting diffraction: Cutting together-apart, ⟨Parallax, 20 (3), 168-187. https://doi.org/10.1080/13534 645.2014.927 623.

Barad, K. (2014b). On touching–The inhuman that therefore I am (v1.1). In S. Witzgall & K. Stakemeier (Eds), *Power of material/politics of materiality* (pp. 153-164). diaphanes.

Barad, K. (2015). Transmaterialities: Trans*/Matter/realities and queer political imaginings. *GLQ: A Journal of Lesbian and Gay Studies, 21* (2-3), 387–422.

Barad, K. (2017a). No small matter: Mushroom clouds, ecologies of nothingness, and strange topologies of spacetimemattering. In A. Lowenhaupt, H. Tsing, A. Swanson, E. Gan, & N. Bubandt (Eds), *Arts of living on a damaged planet: Ghosts and monsters of the Anthropocene* (pp. G103-120). University of Minnesota Press.

Barad, K. (2017b). What flashes up: Theological-political-scientific fragments. In C. Keller & M.-J. Rubenstein (Eds), *Entangled worlds: Religion, science, and new materialisms* (pp. 21-88). Fordham University Press.

Barad, K. (2018). Troubling time/s and ecologies of nothingness: Re-turning, re-membering, and facing the incalculable. In M. Fritsch, P. Lynes, & D. Wood (Eds), ⟨Eco-Deconstruction: Derrida and environmental philosophy (pp. 206-249). Fordham University Press.

Barad, K., & Gandorfer, D. (2021). Political desirings: Yearnings for mattering (,) differently. *Theory & Event, 24* (1), 14–66.

Bozalek, V. (2017). Slow scholarship in writing retreats: A diffractive methodology for response-able pedagogies. *South African Journal of Higher Education, 31* (2), 40–57.

Bozalek, V. (2018). Higher Education hauntologies: Spacetimemattering, temporal diffraction and justice-to-come. HECU 9. Contemporary Higher Education Close Up Research in Times of Change. 15-16 November 2018, Cape Town South Africa.

Bozalek, V. (2021). Slow scholarship: Propositions for the extended curriculum programme. *Education as Change, 25*, 1-21. https://doi.org/10.25159/1947-9417/9049.

Bozalek, V. (2022). Doing academia differently: Creative reading/writing-with posthuman philosophers. *Qualitative Inquiry, 28* (5), 552–561. https://doi.org/10.1177/10778004211064939.

Bozalek, V., Bayat, A., Collett, K., Cupido, X., Levine, S., & Mboweni, M. (2018a). Timespacemattering: *An invitation to create a manifesto for higher education.* HECU 9. Contemporary Higher Education Close Up Research in Times of Change.

15-16 November 2018, Cape Town, South Africa.

Bozalek, V., Bayat, A., Motala, S., Mitchell, V., & Gachago, D. (2016a). Diffracting socially just pedagogies through stained glass. *South African Journal of Higher Education, 30* (3), 201-218.

Bozalek, V., & Hlscher, D. (2021). Higher education hauntologies and spacetimemattering: Response-ability and non-innocence in times of pandemic. In V. Bozalek, M. Zembylas, S. Motala, & D. Hlscher (Eds), *Higher education hauntologies: Living with ghosts for a justice-to-come* (pp. 171-187). Routledge.

Bozalek, V., & Hlscher, D. (2022). From imperialism to radical hospitality: Propositions for reconfiguring social work towards a justice-to-come. *Southern African Journal of Social Work and Social Development, 34* (1), 1-20.

Bozalek, V., Mitchell, V., Bayat, A, Gachago, D., & Romano, N. (2018b) *Re/ turning as Slow onto-methodology: Affective reading and writing together/apart in the turbulent south.* Paper presented at Capacious: Affect, Inquiry/Making Space. 8-11 August 2018. Millersville University's Ware Center, Lancaster, PA.

Bozalek, V., Mitchell, V., Dison, A., & Alperstein, M. (2016b). A Diffractive reading of dialogical feedback through the political ethics of care. *Teaching in Higher Education, 21* (7), 825-838.

Bozalek, V., & Newfield, D. (2019) A Tebuwa Hauntology. South African Visual Arts Historians Conference: *Hauntology, memory, nostalgia and other ways of engaging with past/present/future*, 11-13 September 2019, Cape Peninsula University of Technology, Cape Town.

Bozalek, V., Newfield, D., Romano, N., Carette, L. Naidu, K. Mitchell, V., & Noble, A. (2021a). Touching matters: Affective entanglements in coronatime. *Qualitative Inquiry, 27* (7), 844-852. https://doi.org/10.1177/10778 0042 0960 167.

Bozalek, V., Newfield, D., Romano, N., Carette, L. Naidu, K. Mitchell, V., & Noble, A. (2021b). Touching matters: Affective entanglements in coronatime. Presentation at 3rd Biennial *SOTL in the South Conference*, 22-26 November 2021.

Bozalek, V., & Pease, B. (Eds). (2021). *Post- Anthropocentric social work: Critical posthuman and new materialist perspectives*. Routledge. https://doi.org/10.4324/978042

9329 982.

Bozalek, V., & Zembylas, M. (2017). Towards a response-able pedagogy across higher education institutions in post-apartheid South Africa: An ethico-political analysis. *Education as Change*, 21 (2), 62–85.

Bozalek, V., & Zembylas, M. (2018). Diffraction or reflection? In V. Bozalek, R. Braidotti, M. Zembylas & T. Shefer (Eds), *Socially just pedagogies in higher education: Critical posthumanist and new feminist materialist perspectives* (pp. 47-62). Bloomsbury.

Bozalek, V., Zembylas, M. Motala, S., & Hlscher, D. (2021c). Introduction. In V. Bozalek, M. Zembylas, S. Motala, & D. Hlscher (Eds), *Higher education hauntologies: Living with ghosts for a justice-to-come* (pp. 1-11). Routledge.

Chambers, L. (2021). Off the beaten track: Democratic practices and pathways to the teaching of reading in a South African school. Masters dissertation, University of Cape Town.

Crowther, J. (2021). Undergoing as posthuman literacy research in an in/formal settlement primary school in South Africa. PhD thesis, University of Cape Town.

Derrida, J. (2019). From Helene Cixous and Jacques Derrida, 'On Deconstruction and Childhood', trans. P. Kamuf, *The Oxford Literary Review, 41* (2), 149-159.

Franke, A. (2018). Animism. In R. Braidotti & M. Hlavajova (Eds), *Posthuman Glossary* (pp. 39-41). Bloomsbury Academic.

Giorza, T. M. (2018). Making kin and taking care: Intra-active learning with space, time and matter in a Johannesburg preschool, PhD thesis, University of Cape Town.

Giorza, T., & Murris, K. (2021). Seeing with/ in the world: Becoming-little. *Childhood & Philosophy, 17*, 1-23. https://doi.org/10.12957/chi ldph ilo.2021.53695.

Haynes, J., & Murris, K. (2019). Taking age out of play: Children's animistic philosophizing through a picturebook. *The Oxford Literary Review, 41* (2), 290-309. https://doi.org/10.3366/ olr.2019.0284.

Haynes, J., & Murris, K. (2021). Right under our noses: The postponement of children's political equality and the NOW. *Childhood & Philosophy, 17*, 1-21. https://doi.org/10.12957/chi ldph ilo.2021.5506.

Hoosain, S., & Bozalek, V. (2019). Hauntology, history and heritage: Intergenerational trauma in South African displaced families. Paper presented at the 10th Annual New Materialisms Conference: *New Materialist Reconfigurations of Higher Education*, 2–4 December 2019, University of the Western Cape, Cape Town.

Hoosain, S., & Bozalek, V. (2021). Hauntology, history and heritage: Intergenerational trauma in South African displaced families. In V. Bozalek & B. Pease (Eds), *Post-Anthropocentric social work: Critical posthuman and new materialist perspectives* (pp. 210–222). Routledge.

Jokinen, P., & Murris, K. (2020). Inhuman hands and missing child: Touching a literacy event in a Finnish primary school. *The Journal of Early Childhood Literacy, 20* (1), 44–68. https://doi.org/10.1177/14687 9842 0904 115.

Juelskjær M., & Schwennesen N. (2012). Intra-active entanglements: An interview with Karen Barad. *Kvinder, Koen og Forskning, 21* (1-2), 10–23.

Meiring, R. (2018). Com-post-humanism: Implications for foundation phase environmental education in South Africa, PhD thesis, University of Cape Town.

Menning, S. F., Murris, K., & Wargo, J. (2021). Reanimating video and sound in research practices. In K. Murris (Ed.), *Navigating the postqualitative, new materialist and critical posthumanist terrain across disciplines: An introductory guide* (pp. 150-169). Routledge.

Motala, S., & Bozalek, V. (2022). Haunted walks of District Six: Propositions for countersurveying. *Qualitative Inquiry*, 28 (2), 244–256. https://doi.org/10.1177/107780042110423.

Murris, K. (2017). Reconfiguring educational relationality in education: The educator as pregnant stingray. *Journal of Education, 69*, 117–138.

Murris, K. (2018). Posthuman child and the diffractive teacher: Decolonizing the nature/culture binary. In A. Cutter-Mackenzie, K. Malone, & E. Barratt Hacking (Eds), *Research handbook on childhoodnature: Assemblages of childhood and nature research* (pp.1-25). Springer International Handbooks of Education. https://doi.org/10.1007/978-3-319-51949-4_7-2.

Murris, K. (2019). Children's Development, Capability Approaches and Postdevelopmental Child: The Birth to Four Curriculum in South Africa. *Global Studies of Childhood, 9* (1),1-16. doi.org/10.1177/ 2043610619832894.

Murris, K. (2020a). Posthuman child: De(con)structing Western notions of child agency. In W. Kohan & W. Weber (Eds), *On childhood, thinking and time: Educating responsibly* (pp. 161-179). Lexington Books: Rowman & Littlefield.

Murris, K. (2020b). Posthuman de/colonising teacher education in South Africa: Animals, Anthropomorphism and Picturebook Art. In Burnard, P. & Colucci-Gray, L. *Why Science and Art Creativities Matter: STEAM (re-)Configurings for Future-making Education* (pp. 52-78). Leiden: Brill Publishers. https://brill.com/view/title/54614.

Murris, K. (2021a). Making kin: Postqualitative, New materialist and critical posthumanist research. In K. Murris (Ed.), *Navigating the postqualitative, new materialist and critical posthumanist terrain across disciplines: An introductory guide* (pp. 1-22). Routledge.

Murris, K. (2021b). The 'Missing Peoples' of critical posthumanism and new materialism. In K. Murris (Ed.), *Navigating the postqualitative, new materialist and critical posthumanist terrain across disciplines: An introductory guide* (pp. 62-85). Routledge.

Murris, K. (Ed.). (2021c). *Navigating the postqualitative, new materialist and critical posthumanist terrain across disciplines: An introductory guide.* Routledge.

Murris, K. (2022). *Karen Barad as educator: Agential realism and education.* Springer.

Murris, K., & Babamia, S. (2018) Bodies with legs: 'fidgeting' and how recording practices matter. In K. Murris & J. Haynes (Eds), *Literacies, literature and learning: Reading classrooms differently* (pp. 110-121). Research Monographs Series. Routledge.

Murris, K., & Borcherds, C. (2019). Body as transformer: 'Teaching without Teaching' in a teacher education course. In C. Taylor & A. Bayley (Eds), *Posthumanism and higher education: Reimagining pedagogy, practice and research* (pp. 255-277). Palgrave MacMillan.

Murris, K., & Bozalek, V. (2019a). *Diffracting diffractive readings of texts as methodology: Some propositions.* Paper presented at the Leveraging Education Research in a Post-Truth Era: Multimodal Narratives to Democratize Evidence. American Education Research Association (AERA) Conference, 5-9 April 2019, Toronto, Canada.

Murris, K., & Bozalek, V. (2019b). Diffraction and response-able reading of texts: The relational ontologies of Barad and Deleuze. *International Journal for Qualitative Studies in Education, 32* (7), 872-886. https://doi.org/10.1080/09518 398.2019.1609 122.

Murris, K., & Haynes, J. (Eds) (2018). *Literacies, literature and learning: Reading classrooms differently.* Research Monographs Series. Routledge.

Murris, K., & Kohan, W. (2020). Troubling troubled school times: Posthuman multiple temporalities. *International Journal of Qualitative Studies in Education, 34* (7), 581-597. https://doi.org/10.1080/09518398.2020.1771461.

Murris, K., & Menning, S. F. (2019). Videography and decolonizing education. *Video Journal of Education and Pedagogy, 4,* 1-8. https://brill.com/view/journ als/ vjep/4/1/vjep.4.issue-1.xml.

Murris, K., & Muller, K. (2018). Finding child beyond 'Child': A posthuman orientation to foundation phase teacher education in South Africa. In V. Bozalek, R. Braidotti, M. Zembylas, & T. Shefer (Eds), *Socially just pedagogies: Posthumanist, feminist and materialist perspectives in higher education* (pp. 151- 171). Palgrave MacMillan.

Murris, K., & Osgood, J. (Eds) (2022). Risking erasure? Posthumanist research practices and figurations of (the) child. *Contemporary Issues in Early Childhood, 23* (3), Special Issue.

Murris, K., & Reynolds, B. (2018). *A manifesto posthuman child: De/colonising childhood through reconfiguring the human* [Video]. YouTube. www.youtube.com/watch?v=i-kNLGhBawQ.

Murris, K., & Somerville, M. (2021). Planetary literacies in the Anthropocene. In J.Z. Pandya, R. A. Mora, J. Alford, N. A. Golden, & R. S. De Roock (Eds), *Routledge Handbook of critical literacies* (pp. 335- 344). Routledge.

Murris, K., Bozalek, V., & Babamia, S. (2019). Propositions for encountering place: Contesting coloniality in early childhood education. Paper presented at the Leveraging Education Research in a Post-Truth Era: *Multimodal Narratives to Democratize Evidence.* American Education Research Association (AERA) Conference, 5-9 April 2019, Toronto, Canada.

Murris, K., Crowther, J. with Stanley, S. (2018). Digging and diving for treasure: Erasures, silences and secrets. In K. Murris & J. Haynes (Eds), *Literacies, literature and learning: Reading classrooms differently* (pp. 149-173). Research Monographs Series. Routledge.

Murris, K., Peers, J., & Woodward, N. (2022). Learning at a snail's pace: What if and what else is happening in a South African primary classroom? In P. Burnard & M. Loughrey (Eds), *Sculpting New Creativities in Primary Education* (pp. 182-203). Routledge. https://doi.org/10.4324/9781003129714.

Murris, K., Reynolds, R., & Peers, J. (2018). Reggio Emilia inspired philosophical teacher education in the Anthropocene: Posthuman child and the family (tree). *Journal of Childhood Studies, 43* (1), 15-29.

Murris, K., Smalley, K., & Allan, B. (2020). Postdevelopmental conceptions of child and childhood in education. In *Oxford research encyclopedia of education*. Oxford University Press. http://dx.doi.org/10.1093/acrefore/9780190264093.013.1425.

Murris, K., Reynolds, R-A., da Silva, H., & de Souza, L. A. (2021). Untidying child development with a picturebook: Disrupting colonizing binary logic in teacher education. In N. J. Yelland, L. Peters, M. Tesar, & M. S. Perez (Eds), *The SAGE handbook of global childhoods* (pp. 397-410). SAGE.

Newfield, D., & Bozalek, V. (2016). Looking diffractively at literacy in a Soweto classroom through multimodal and posthumanist eyes. Paper presented at the 4th South African Education Research Association (SAERA) conference. *Re-imagining education: Poetics, practices and pedagogies*, 23-26 October 2016, Cape Town.

Newfield, D., & Bozalek, V. (2018). A Thebuwa hauntology, from silence to speech: Reconfiguring literacy practices. In C. R. Kuby, K. Spector, & J. J. Thiel (Eds), *Posthumanism and literacy education* (pp. 37-54). Routledge.

Nixon, R. (2011). *Slow violence and the environmentalism of the poor*. Harvard University Press.

Peers, J. (2018). Reconceptualising quality through pedagogical documentation in early years education in South Africa. MA dissertation, University of Cape Town. https://open.uct.ac.za/handle/11427/29843.

Reynolds, R-A. (2021). Reconfiguring the un/ boundary spaces of philosophy with children in a primary school in Cape Town, South Africa. PhD thesis, University of Cape Town.

Rollo, T. (2018). Feral children: Settler colonialism, progress, and the figure of the child. *Settler Colonial Studies, 8* (1), 60-71. http://dx.doi.org/10.1080/220147 3X.2016.1199826.

Romano, N., Bozalek, V., & Mitchell, V. (2019). Why walking the Common is more than a walk in the park. *Journal of Public Pedagogies, 4*, 235-240. https://doi. org/10.15209/jpp.1194.

Romano, N., Shefer, T., & Bozalek, V. (2021). Oceanic swimming-writing-thinking for justice-to-come scholarship. Presentation at Hydrofeminism and wild engagements with ocean/s: Towards a justice-to-come in South African contexts, 19 February 2021, Simonstown Cape Town. https://youtu.be/6n9OX7qT89s.

Schrader, A. (2012). Haunted measurements: Demonic work and time in experimentation. *Differences: A Journal of Feminist Cultural Studies, 23* (3), 119-160.

Shefer, T., & Bozalek, V. (2022). Wild swimming methodologies for decolonial feminist justice-to-come scholarship. *Feminist Review, 130*, 26-43.

Thompson, R. (2020). Teaching intra-active comprehension with picturebooks in a grade three South African classroom. PhD thesis, University of Cape Town.

Zembylas, M., Bozalek, V., & Motala, S. (2019). Decolonising the curriculum in higher education: A hauntological exploration. Paper presented at the 10th Annual New Materialisms Conference. New Materialist Reconfigurations of Higher Education, 2-4 December 2019, University of the Western Cape, Cape Town.

Zembylas, M., Bozalek, V., & Motala, S. (2021). A pedagogy of hauntology: Decolonizing the curriculum with GIS. In V. Bozalek, M. Zembylas, S. Motala, & D. Hlscher (Eds), *Higher education hauntologies: Living with ghosts for a justice-to-come* (pp. 11-29). Routledge.

Barad, K. (2007). *Meeting the universe halfway: Quantum physics and the entanglement of matter and meaning*. Duke University Press.

Barad, K. (2017a). Troubling time/s and ecologies of nothingness: On the im/possibilities of living and dying in the void. *New Formations: A Journal of Culture/Theory/Politics*, (92), 56-88.

Barad, K. (2017b). What flashes up: Theological-political-scientific fragments. In C. Keller & M.-J. Rubenstein (Eds), *Entangled worlds: Religion, science, and new materialisms* (pp. 21-88). Fordham University Press.

Barad, K. (2019). After the end of the world: Entangled nuclear colonialisms, matters of force, and the material force of justice. *Theory & Event, 22* (3), 524-550.

Cixous, H., & Derrida, J. (2019). On deconstruction and childhood. *The Oxford Literary Review, 41* (2), 149-159.

Freire, P. (2005). *Pedagogy of the Oppressed*, 30th Anniversary edn, trans. M. Bergman Ramos. Continuum.

Haynes, J., & Kohan (2018). Facilitating and difficultating: The cultivation of teacher ignorance and inventiveness. In K. Murris & J. Haynes (Eds), *Literacies, literature and learning* (pp. 204-220). Routledge.

Juelskjær, M., Plauborg, H., & Adrian, S. W. (2021). *Dialogues on agential realism: Engaging in worldings through research practice*. Routledge.

Kleinman, A. (2012). 'Intra-actions' (Interview of Karen Barad by Adam Kleinman). *Mousse, 34*, 76-81.

Marcovich, M. (1967). *Heraclitus*. Greek Text with a short commentary. Editio Maior. Los Andes University Press.

Murris, K. (2016). *The posthuman child: Educational transformation through philosophy with picturebooks*. Routledge.

Murris, K. (2022). *Karen Barad as educator: Agential realism and education*. Springer.

Reynolds, R. (2019). Making a circle: Building a community of philosophical enquiry in a post-apartheid, government school in South Africa. *Childhood and Philosophy, 15*,

203-221.

Serres, M. (1997). *The troubador of knowledge*. University of Michigan Press.

붉은색 장

Adhikari, M. (2010). A total extinction confidently hoped for: The destruction of Cape San society under Dutch colonial rule, 1700-1795. *Journal of Genocide Research, 12* (1-2), 19-44. https://doi.org/10.1080/14623528.2010.508274.

Barad, K. (2007). *Meeting the universe halfway: Quantum mechanics and the entanglement of matter and meaning*. Duke University Press.

Barad, K. (2014). Diffracting diffraction: cutting together-apart. *Parallax, 20* (3), 168-187.

Barad, K. (2017). Troubling time/s and ecologies of nothingness: Re-turning re-membering, and facing the incalculable. *New Formations*: A Journal of Culture/Theory/Politics, (92), 56-88. http://dx.doi.org.ezproxy.uct.ac.za/10.3898/NEWF:92.05.2017.

Christie, P. (2009). *The right to learn: The struggle for education in South Africa*. (2nd ed.). Sached Trust/Ravan Press Publication.

De Freitas, E., & Sinclair, N. (2014). *Mathematics and the body*. Cambridge University Press.

De Freitas, E., & Sinclair, N. (2017). Concepts as generative devices. In E. De Freitas, N, Sinclair, & A. Coles (Eds), *What is a mathematical concept?* (pp. 76-79). Cambridge University Press.

Ingold, T. (2007). *Lines: A brief history*. Routledge.

Janks, H. (2010). *Literacy and power*. Routledge.

Janks, H. (2012). The importance of critical literacy. *English teaching: Practice And Critique, 11* (1), 150-163.

Juelskjær, M., Plauborg, H., & Adrian, S. W. (2021). *Dialogues on agential realism: Engaging in worldings through research practice*. Routledge.

Kohan, W. O. (2014). *Philosophy and childhood: Critical perspectives and affirmative practices*. Palgrave Macmillan.

Kohan, W. O. (2015). *Childhood education and philosophy: New ideas for an old relationship*. Routledge.

O'Connell, S. (2019). *Impossible return: Cape Town's forced removals*. Kwela Books.

Reynolds, R. (2021). A posthuman reconfiguring of philosophy with children in a government primary school in South Africa. Unpublished PhD thesis, University of Cape Town.

Silova, I., Piattoeva, N., & Millei, Z. (2018). *Childhood and schooling in (post) socialist societies: Memories of Everyday Life*. Palgrave Macmillan.

South Africa History Online. (2021). Ashley James Kriel. www.sahistory.org.za/people/ashley-james-kriel.

Taussig, M. (2009). *What colour is the sacred?* University of Chicago Press.

붉은 황토색 장

Anzalda, G. (1987). *Borderlands/La Frontera: The new mestiza*, 2nd edn. Aunt Lute Books.

Barad, K. (2007). *Meeting the universe halfway: Quantum physics and the entanglement of matter and meaning*. Durham University Press.

Barad, K. (2010). Quantum entanglements and hauntological relations of inheritance: Dis/continuities, spacetime enfoldings, and justice-to-come. *Derrida Today, 3* (2), 240–268. https://doi.org/10.3366/drt.2010.0206.

Barad, K. (2011). Nature's queer performativity. *Qui Parle, 19* (2), 25–53.

Barad, K. (2014). Diffracting diffraction: Cutting together-apart. *Parallax*, 20 (3), 168–187. https://doi.org/10.1080/13534645.2014.927623.

Barad, K. (2017). Troubling times/s and ecologies of nothingness: Re-turning, remembering, and facing the incalculable. *New Formations*, 92 (93), 56–89. https://doi.org/10.3898/ NEWF.

Barcan, R. (1992). *Nudity: A cultural anatomy (dress, body, culture)*. Berg.

Barnes, M. E. (2014). Ernst Haeckel's Biogenetic Law (1866). *Embryo Project Encyclopedia*. http://embryo.asu.edu/handle/10776/7825.

Callinicos, L. (1993). Labour history and worker education in South Africa. *Labour History*, (65), 162–178.

Christie, P., & Collins, C. (1982). Bantu education: Apartheid ideology or labour reproduction?. *Comparative Education, 18* (1), 59–75.

Clarke, K. (1954). *The nude: A study in ideal form*. Princeton University Press.

Degler, C. N. (1991). *In search of human nature: The decline and revival of Darwinism in American social thought*. Oxford University Press.

Derrida, J. (1994). *Specters of Marx: The state of the debt, the work of mourning and the new international*. Routledge.

Dixon, K. (2011). *Literacy, power, and the schooled body: Learning in time and space*. Routledge.

Elkins, J. (1996). *The object stares back*. Simon and Shuster.

Gillespie, K. (2015). Tausa: The making of a prison photograph and its public. In T. Kurgan and T. Murinik (Eds), *Wide angle: Photography as participatory practice* (pp. 34-41). Fourth Wall. http://four thwa llbooks.com/wp-content/uploads/2015/08/Wide-Angle_Final.pdf.

Giorza, T. M. (2021). *Learning with damaged colonial places: Posthumanist pedagogies from a Joburg preschool*. Springer.

Giorza, T., & Murris, K. (2021). Seeing with/in the world: Becoming-little. *Children and Philosophy, 17*, 1–23. https://doi.org/10.12957/childphilo.2021.53695.

Haraway, D. (2016). *Staying with the trouble: Making kin in the Chthulucene*. Duke University Press.

Haynes, J., & Murris, K. (2019). Taking age out of play: Children's animistic philosophising through a picturebook. *Oxford Literary Review, 41* (2), 290–309.

Henry Moore Foundation. (n.d.). *Timeline 1941*. www.henry-moore.org/about-henry-moore/timeline#1941.

Heywood, M. (2022, February 6). How much time have we really got–Five years? *Maver-*

ick Citizen. https://tinyurl.com/yckhm9xz.

Irwin, R. L. (2013) Becoming a/r/tography. *Studies in Art Education, 54* (3), 198–215. https://doi.org/10.1080/00393541.2013.11518894.

Kyoko, H. (2010). *From trinity to trinity*, trans. K. Selden, The Asia-Pacific Journal, 3.

Levine, P. (2008). States of undress: Nakedness and the colonial imagination. *Victorian Studies, 50* (2), 189–219.

Liebel, M. (2020). *Decolonizing childhoods: From exclusion to dignity.* Policy Press.

Malone, K. (2019). Walking-with children on blasted landscapes. *Journal of Public Pedagogies*, (4). https://doi.org/10.15209/jpp.1184.

Murris, K. (2016). *The posthuman child: Educational transformation through philosophy with picturebooks.* Routledge.

Murris, K., & Kohan, W. (2021). Troubling troubled school time: Posthuman multiple temporalities. *International Journal of Qualitative Studies in Education, 34* (7), 581–597.

Nead, L. (1992). *The female nude: Art, obscenity and sexuality.* Routledge.

Nodjimbadem, K. (2015, October 15). A look back at South Africa under apartheid, twentyfive years after its repeal. *Smithsonian Magazine.* www.smithsonianmag.com/history/what-did-apartheid-south-africa-look-180956 945/.

Nxumalo, F. (2019). *Decolonizing place in early childhood education.* Routledge.

Pearce, R., & Hausfather, Z. (2018, September, 26) *Mapped: How every part of the world has warmed and could continue to warm.* Carbon Brief. www.carbonbrief.org/mapped-howevery-part-of-the-world-has-warmed-and-could-continue-to-warm.

Plaatje, S. (1920). *Native Life in South Africa, Before and since the European War and the Boer Rebellion.* First published in 1916. Accessed at South African History online, www.sahistory.org.za/sites/default/files/Native%20Life%20in%20South%20Africa_0.pdf.

Qureshi, S. (2004). Displaying Sara Baartman, the 'Hottentot Venus'. *History of Science, 42* (136), 233–257.

Springgay, S., Irwin, R. L., & Kind, S. W. (2005). *A/r/tography as living inquiry through art and text. Qualitative inquiry, 11* (6), 897–912.

Taylor, C. A., & Franklin-Phipps, A. (2022). *Sleep and sleeping*. In K. Murris (Ed.), *A glossary for doing postqualitative, new materialist and critical posthumanist research across disciplines*. Routledge.

Tuck, E. and Yang, K. W. (2014). Unbecoming claims: Pedagogies of refusal in qualitative research. *Qualitative Inquiry, 20* (6), 811–818. https://doi.org/10.1177/1077800414530265.

UN Climate Change Report. (2021, October 26). Updated climate commitments ahead of COP 26 summit fall far short but net zero pledges provide hope. https://unfccc.int/news/updated-climate-commitments-ahead-of-cop26-summit-fall-far-short-but-netzero pledges-provide-hope.

von Holdt, K. (2013). South Africa: The transition to violent democracy. *Review of African Political Economy, 40* (138), 589–604. https://doi.org/10.1080/03056244.2013.854040.

Wood, D. (2006). On being haunted by the future. *Research in Phenomenology, 36* (1), 274–298.

청록색 장

Barad, K. (2007). *Meeting the universe halfway: Quantum physics and the entanglement of matter and meaning*, 1st edn. Duke University Press.

Barad, K. (2014). Diffracting diffraction: Cutting together-apart. *Parallax, 20* (3), 168–187.

Barad, K. (2017a). Troubling time/s and ecologies of nothingness: Re-turning, re-membering, and facing the incalculable. *New Formations*, 92 (93), 56–89. https://doi.org/10.3898/NEWF.

Barad, K. (2017b). *Troubling time/s and ecologies of nothingness* [Seminar transcript]. Monkey Valley Resort.

Barad, K., & Gandorfer, D. (2021). Political desirings: Yearnings for mattering (.) differently. *Theory & Event*, 24 (1), 14–66.

Deleuze, G., & Guattari, F. (2014). *A thousand plateaus*, trans. and a foreword by B. Massumi. Bloomsbury.

Derrida, J. (1994). *Specters of Marx: The state of the debt, the work of mourning and the new international*. Routledge.

Haraway, D. (1997). Modest_Witness@Second_Millennium.FemaleMan_Meets_Onco-Mouse: Feminism and *technoscience*. Routledge.

Haraway, D. (2000). *How LIKE A LEAF: An interview with Thyrza Nichols Goodeve*. Routledge.

Haraway, D. (2008). *When species meet*. University of Minnesota Press.

Haraway, D. (2016). *Staying with the trouble: Making kin in the Chthulucene*, 1st edn (pp. 1-132). Duke University Press.

Holy Bible. (1973). New International Version.

Ingold, T. (2007). *Lines: A brief history*. Routledge.

Ingold, T. (2011). *Being alive: Essays on movement, knowledge and description*. Taylor & Francis.

Ingold, T. (2015). *Life of lines*. Routledge.

McKittrick, K. (2021). *Dear science and other stories*. Errantries. Duke University Press.

Neimanis, A. (2017). *Bodies of water: Posthuman feminist phenomenology*. Bloomsbury Academic.

Neimanis, A. (2020). We are all at sea: Practice, ethics, and poetics of 'hydrocommons'. RIBOCA2-2nd Riga International Biennial of Contemporary Art 2020. *Mousse Magazine*.

Paulson, S. (2019, December 6). *Making kin: An interview with Donna Haraway*. To the Best of Our Knowledge. Wisconsin Public Radio. PRX. www.ttbook.org/interview/makingkin-interview-donna-haraway.

Schrader, A. (2012). Haunted measurements: Demonic Work and time in experimentation. *Differences*, 23 (3), 119-160.

Sharpe, C. (2016). *In the wake: On blackness and being*. Duke University Press.

Truman, S. E. (2022). *Feminist speculations and the practice of research-creation: Writing pedagogies and intertextual affects*. Routledge.

Zembylas, M., Bozalek, V., and Motala, S. (2020). A pedagogy of hauntology: Decolonizing the curriculum with GIS. *Capacious: Journal for Emerging Affect Inquiry, 2* (1-2), 26–48.

울트라마린 장

Baer, U. (2002). *Spectral evidence: The photography of trauma.* The MIT Press.

Barad, K. (2007). *Meeting the universe halfway: Quantum physics and the entanglement of matter and meaning.* Duke University Press.

Barad, K. (2010). Quantum entanglements and hauntological relations of inheritance: Dis/continuities, spacetime enfoldings, and justice-to-come. *Derrida Today, 3* (2), 240–268. https://doi.org/10.3366/E1754850010000813.

Barad, K. (2014). Diffracting diffraction: Cutting together-apart. *Parallax, 20* (3), 168–187. https://doi.org/10.1080/13534645.2014.927623.

Barad, K. (2017a). Troubling time/s and ecologies of nothingness: Re-turning, re-membering, and facing the incalculable. *New Formations, 92* (1), 56–86. https://doi.org/10.3898/NewF:92.05.2017.

Barad, K. (2017b). What flashes up: Theological-political-scientific fragments. In C. Keller & M.-J. Rubenstein (Eds), *Entangled worlds: Religion, science, and new materialisms* (pp. 21-88). Fordham University Press. https://doi.org/10.5422/fordham/9780823276219.003.0002.

Barad, K. (2019). After the end of the world: Entangled nuclear colonialisms, matters of force, and the material force of justice. *Theory & Event, 22* (3), 524–550. www.muse.jhu.edu/article/729449.

Benjamin, W. (2006). *Selected writings: Vol. 4, 1938–1940*, trans. E. Jephcott, H. Zohn, H. Eiland, & M. Jennings. Harvard University Press.

Brett, D. (2016). *Photography and place: Seeing and not seeing Germany after 1945.* Routledge.

Brewster, A. (2009). Beachcombing: A fossicker's guide to whiteness and indigenous sovereignty. In H. Smith & R. Dean (Eds), ⟨Practice-led research, research-led practice in the creative arts (pp. 126-149). Edinburgh University Press.

Butler, J. (2004). *Precarious life: The powers of mourning and violence*. Verso.

Butler, J. (2009). *Frames of war: When is life grievable?* Verso.

Derrida, J. (1994). *Specters of Marx: the state of debt, the work of mourning, and the new international*, trans. P. Kamuf. Routledge.

Derrida, J. (2008). *The animal that therefore I am*, ed. M.-L. Mallet, trans. D. Wills. Fordham University Press.

Dolphijn, R., & Van der Tuin, I. (2012). *New materialism: Interviews & cartographies*. Open Humanities Press.

Ettinger, B. L. (2001). Wit(h)nessing trauma and the matrixial gaze: From phantasm to trauma, from phallic structure to matrixial sphere. *Parallax, 7* (4), 89-114. https://doi.org/10.1080/13534640110089276.

Ettinger, B. L. (2006). *The matrixial borderspace*, ed. B. Massumi. University of Minnesota Press.

Gillespie, K. (2016). Witnessing animal others: Bearing witness, grief, and the political function of emotion. *Hypatia: A Journal of Feminist Philosophy, 31* (3), 572-588. https://doi.org/10.1111/hypa.12261.

Haraway, D. (1988). Situated knowledges: The science question in feminism and the privilege of partial perspective. *Feminist Studies, 14* (3), 575-599.

Haraway, D. (1992). The promises of monsters: A regenerative politics for inappropriate/d others. In L. Grossberg, C. Nelson, & P. Treichler (Eds), *Cultural Studies* (pp. 295-336). Routledge.

Haraway, D. (1997). *Modest_Witness@Second_Millennium.FemaleMan©_Meets_OncoMouse TM: Feminism and technoscience*. Routledge.

Haraway, D. (2008). *When species meet*. University of Minnesota Press.

Hofmeyr, I. (2022). *Dockside reading: Hydrocolonialism and the custom house*. Duke University Press.

Juelskjær, M., Plauborg, H., & Adrian, S. (2021). *Dialogues on agential realism: Engaging in worldings through research practice*. Routledge.

Kleinman, A. (2012). Intra-actions. *Mousse, 34* (1), 76–81.

Merriam-Webster English Dictionary. (n.d.). www.merriam-webster.com.

Merriam-Webster English Thesaurus. (n.d.). www.merriam-webster.com/thesaurus.

Neimanis, A. (2013). Feminist subjectivity, watered. *Feminist Review, 103* (1), 23–41. https://doi.org/10.1057/fr.2012.25.

Neimanis, A. (2017). *Bodies of water: Posthuman feminist phenomenology.* Bloomsbury Academic.

Nixon, R. (2011). *Slow violence and the environmentalism of the poor.* Harvard University Press. *Online Etymology Dictionary.* (n.d.). www.etymonline.com/.

Plumwood, V. (2008). Shadow places and the politics of dwelling. *Australian Humanities Review, 44* (1), 139–150. http://australianhumanitiesreview.org/2008/03/01/shadow-places-and-the-politics-of-dwelling/.

Pollock, G. (2013). *After-affects/after-images: Trauma and aesthetic transformation in the virtual feminist museum.* Manchester University Press.

Pratt, M. L. (2008). *Imperial eyes: Travel writing and transculturation.* Routledge.

Price, E. K., & van Eeden-Wharton, A. (2022). Spiderly sympoiesis: Tensegral tentacularity and speculative clews. 〈Qualitative Inquiry. On-line first. https://doi.org//10.1177/10778004221099566.

Richter, G. (2011). *Afterness: Figures of following in modern thought and aesthetics.* Columbia University Press.

Rose, D. B. (2012). Multispecies knots of ethical time. *Environmental Philosophy, 9* (1), 127–140. https://doi.org/10.5840/envirophil2012918.

Rose, D. B. (2013). In the shadow of all this death. In J. Johnston & F. Probyn-Rapsey (Eds), *Animal death* (pp. 1–20). Sydney University Press.

Samuelson, M., & Lavery, C. (2019). The oceanic South. *English Language Notes, 57* (1), 37–50. https://doi.org/10.1215/00138282-7309666.

Schuppli, S. (2016). Dirty pictures. In M. Belina & A. Altena (Eds), *Living earth: Field notes from the Dark Ecology Project 2014–2016* (pp. 189–210). Sonic Acts.

van Dooren, T. (2014). *Flight ways: Life and loss and the edge of extinction.* Columbia University Press.

참고문헌

van Eeden-Wharton, A. (2020). Salt-water-bodies: From an atlas of loss. PhD dissertation, Stellenbosch University. http://hdl.handle.net/10019.1/108209.

Yusoff, K. (2012). Aesthetics of loss: Biodiversity, banal violence and biotic subjects. *Transactions of the Institute of British Geographers, 37* (4), 578–592. www.jstor.org/stable/41678656.

Zylinska, J. (2016). Photomediations: An introduction. In K. Kuc & J. Zylinska (Eds), *Photomediations: A Reader* (pp. 7-17). Open Humanities Press.

적갈색 장

Barad, K. (2007). *Meeting the universe halfway: Quantum Physics and the entanglement of matter and meaning*. Duke University Press.

Barad, K. (2010). Quantum entanglements and hauntological relations of inheritance: Dis/continuities, spacetime enfoldings, and justice-to-come. *Derrida Today, 3* (2), 240-268.

Barad, K. (2011). Nature's queer performativity. *Qui Parle, 19* (2), 121-158.

Barad, K. (2012). What is the measure of nothingness? Infinity, virtuality, justice. *Documenta, 13* (99), 4-17.

Barad, K. (2014). Diffracting diffraction: Cutting together-apart. *Parallax, 20* (3), 168–187.

Barad, K. (2017). Troubling time/s and ecologies of nothingness: Re-turning, re-membering, and facing the incalculable. *New Formations, 92*, 56-86.

Bohren, M.A., Vogel, J. P., Hunter, E. C., Lutsiv, O., Makh, S. K., Souza, J. P., Aguiar, C., Coneglian, F. S., Diniz, A. L. A., Tunçalp, Ö., Javadi, D., Oladapo, O. T., Khosla, R., Hindin, M. J., & mezoglu, A. M. (2015). The mistreatment of women during childbirth in health facilities globally: A mixed-methods systematic review. *PLOS Medicine, 12* (6), e1001847.

Bozalek, V., Zembylas, M., Motala, S., & Hlscher, D. (2021). Introduction. In V. Bozalek, M. Zembylas, S. Motala, & D. Hlscher (Eds), *Higher education hauntologies:*

Living with ghosts for a justice-to-come (pp. 1-10). Routledge.

Bozalek, V., Bayat, A., Gachago, D., Motala, S., & Mitchell, V. (2018). A pedagogy of responseability. In V. Bozalek, R. Braidotti, M. Zembylas, & T. Shefer (Eds), *Socially just pedagogies in higher education: Critical posthumanist and new feminist materialist perspectives* (pp. 97-112). Bloomsbury.

Braidotti, R. (2006). *Transpositions: On nomadic ethics.* Polity Press.

Braidotti, R. (2013). *The posthuman.* Polity Press.

Chadwick, R. (2017). Ambiguous subjects: Obstetric violence, assemblage and South African birth narratives. *Feminism & Psychology, 27* (4), 489-509.

Cohen-Shabat, S. (2021). 'You are Not Qualified—Leave it to us': Obstetric violence as testimonial injustice. *Human Studies, 44* (4), 635-653. https://doi-org.ezproxy.uct.ac.za/10.1007/s10746-021-09596-1.

Deleuze, G., & Guattari, F. (1987). A thousand plateaus: Capitalism and schizophrenia, trans. B. Massumi. University of Minnesota Press.

Farrell, E., & Pattinson, R. C. (2004). Out of the mouths of babes-innocent reporting of harmful labour ward practices. *South African Medical Journal, 94* (11), 896-897.

Fataar, A., & Subreenduth, S. (2016). The search for ecologies of knowledge in the encounter with African epistemicide in South African education. *South African Journal of Higher Education, 29* (2), 106-121.

Gordon, C. (2016). Intimate partner violence is everyone's problem, but how should we approach it in a clinical setting? *South African Medical Journal, 106* (10), 962-965.

Harley, J. (1989). Deconstructing the map. *Cartographica, 26* (2), 1-20.

Jewkes, R, Abrahams, N., & Mvo, Z. (1998) Why do nurses abuse patients? Reflections from South African obstetric services. *Social Science & Medicine, 47* (11), 1781-1795.

MacLure, M. (2013). The wonder of data. *Cultural Studies ↔ Critical Methodologies*, 13 (4), 228-232.

Marchant, T, Boerma, T., Diaz, T., Huicho, L., Kyobutungi, C., Mershon, C- H., Schellenberg, J., Somers, K., & Waiswa, P. (2020). Measurement and accountability for maternal, newborn and child health: fit for 2030? BMJ Global Health, 5, e002697. https://doi.org/10.1136/bmjgh-2020-002697.

Mitchell, V. (2017). Diffracting reflection: A move beyond reflective practice. *Education as Change, 21* (2), 165–186.

Mitchell, V. (2019). Medical students' response-ability to unjust practices in obstetrics: A relational perspective. PhD dissertation, University of Western Cape. https://etd.uwc.ac.za/handle/11394/6946.

Motala, S. (2017). In/between science and art: Posthumanist ruminations on Geomatics education. *Proceedings of the Fourth Biennial Conference of the South African Society for Engineering Education*, 194–204.

Motala, S. (2020). A place-based response to Fikile Nxumalo. *Critical Studies in Teaching and Learning, 8* (Special Issue). https://doi.org/10.14426/cristal.v8iSI.273.

Motala, S., & Bozalek, V. (2022). Haunted walks of District Six: Propositions for countersurveying. *Qualitative Inquiry*, 28 (2), 244–256.

Motala, S., & Musungu, K. (2013). Once upon a place: Storytelling in GIS education. *Proceedings of the 13th SGEM GeoConference on Informatics, Geoinformatics And Remote Sensing, 1*, 821–828.

Motala, S., & Stewart, K. D. (2021). Hauntings across the divide: Transdisciplinary activism, dualisms, and the ghosts of racism in engineering and humanities education. *Canadian Journal of Science, Mathematics and Technology Education, 21*, 273–289.

Spivak, G. (1993). *Outside in the teaching machine*. Routledge.

Tronto, J. C. (1993). *Moral boundaries: A political argument for an ethic of care*. Routledge.

Van der Waal, R., Mitchell, V., van Nistelrooij, I., & Bozalek, V. (2021). Obstetric violence as students' rite of passage: The reproduction of the obstetric subject and its racialized (m) other. *Agenda, 35* (3), 36–53.

Zembylas, M., Bozalek, V., & Motala, S. (2021). A pedagogy of hauntology: Decolonising the curriculum with GIS. In V. Bozalek, M. Zembylas, S. Motala, & D. Hlscher (Eds), *Higher education hauntologies: Living with ghosts for a justice-to-come* (pp. 11–28). Routledge.

오렌지 장

오렌지 장

Addis Ababa University Chair of Conservation of Urban and Architectural Heritage, Ethiopian Institute of Architecture, Building Construction, and City Development & Columbia University Graduate School of Architecture, Planning, and Preservation. (2016). Heritage, tourism, and urbanisation: Understanding the landscape and development of Lalibela preliminary report. https://d37vpt3xizf75m.cloudfront.net/api/file/2dQRm5YMTWigVnC4wUUa.

Barad, K. (2007). *Meeting the universe halfway: Quantum physics and the entanglement of matter and meaning*. Duke University Press.

Barad, K. (2014). Diffracting diffraction: Cutting together-apart. *Parallax, 20* (3), 168-187.

Barnes, N., & Netolicky, D. M. (2019). Cutting apart together: A diffracted spatial history of an online scholarly relationship. *International Journal of Qualitative Studies in Education, 32* (4), 380-393.

Battle, S. (2016). *Preservation at the rock-hewn churches of Lalibela, Ethiopia fund report*. World Monuments Fund.

Bergsdttir, A. (2016). Museums and feminist matters: Considerations of a feminist museology. *NORA: Nordic Journal of Women's Studies, 24* (2), 126-139.

Bhabha, H. K. (1985). Sly civility. *Öctober, 34* (Autumn), 71-80.

Brice, J. E., & Thorpe, H. (2021). New materialisms, material methods, and the research process: A creative experiment in cutting together-apart. *Leisure Sciences*, 1-22. https://doi.org/10.1080/01490400.2021.1981504.

Butler, J. (1990). *Gender trouble: Feminism and the subversion of identity*. Routledge.

Butler, J. (1993). *Bodies that matter: On the discursive limits of 'sex'*. Routledge.

Cisneros, R., & Lawrence, K. (2020). Diffraction and 'in-visible light': A case study of vertical dance. *Performance Research, 25* (5), 71-76.

Clark, M., & Thorpe, H. (2020). Towards diffractive ways of knowing women's moving bodies: A Baradian experiment with the Fitbit-motherhood entanglement. *Sociology of Sport Journal, 37* (1), 12-26.

Deleuze, G., & Guattari, F. (1987). *A thousand plateaus: Capitalism and schizophrenia*. (Trans. B. Massumi). University of Minnesota Press. (Original work published 1980).

Deleuze, G. (1992). *Expressionism in philosophy: Spinoza*. Zone Books.

Hollin, G., Forsyth, I., Giraud, E., & Potts, T. (2017). (Dis)entangling Barad: Materialisms and ethics. *Social Studies of Science, 47* (6), 918-941.

Jenkins, N., Ritchie, L., & Quinn, S. (2021). From reflection to diffraction: Exploring the use of vignettes within post-humanist and multi-species research. *Qualitative Research, 21* (6), 975-989.

Kara, H. (2017). Identity and power in co- produced activist research. *Qualitative Research, 17* (3), 289-301.

Lorde, A. (1983). The master's tools will never dismantle the master's house. In C. Moraga & G. Anzalda (Eds), *This bridge called my back: Writings by radical women of color* (pp. 25-28). Kitchen Table Press.

Mah, K. W., & Rivers, P. L. (2022). *Situated practices in architecture & politics*. Dalhousie Architectural Press.

Murris, K., & Bozalek, V. (2019). Diffraction and response-able reading of texts: The relational ontologies of Barad and Deleuze. *International Journal of Qualitative Studies in Education, 32* (7), 872-886.

Ottersland Myhre, C. (2021). LEGO intermezzo: Exploring territories of playfulness in kindergarten. *Contemporary Issues in Early Childhood, 22* (3), 207-220.

Pienaar, K., Moore, D., Fraser, S., Kokanovic, R., Treloar, C., & Dilkes-Frayne, E. (2017). Diffracting addicting binaries: An analysis of personal accounts of alcohol and other drug 'addiction'. *Health: An Interdisciplinary Journal for the Social Study of Health, Illness & Medicine, 21* (5), 519-537.

Putnam, E. L. (2020). Entangled gestures and technical objects: Illuminating embodiment and digital experience through diffraction in performance. *Performance Research, 25* (5), 49-55.

Rice, C., Bailey, K. A., & Cook, K. (2021). Mobilizing interference as methodology and metaphor in disability arts inquiry. *Qualitative Research, 28* (3-4), 287-299.

Rotas, N. (2018). Debugging robotic machines in transdisciplinary spaces. *Canadian*

Journal of Science, Mathematics & Technology Education, 18 (3), 232-241.

Sani, F., Moratti, G., Coli, M., Laureano, P., Rovero, L., Tonietti, U., & Coli, N. (2012). Integrated geological-architectural pilot study of the Biet Gabriel-Rufael rock hewn church in Lalibela, northern Ethiopia. *Italian Journal of Geosciences, 131* (2), 171-186.

Seghal, M. (2014). Diffractive propositions: Reading Alfred North Whitehead with Donna Harraway and Karen Barad. *Parallax, 20* (3), 188-201.

Taylor, C. A. (2016). Close encounters of a critical kind: A diffractive musing in/between new material feminism and object-oriented ontology. *Cultural Studies/Critical Methodologies, 16* (2), 202-212.

Whalley, J. (2020). The diffraction of cells: Places to (mis)carry. *Performance Research, 25* (5), 39-44.

Yuniasih, R., Bone, J., & Quiones, G. (2020). Encounters with stones: Diffracting traditional games. *Contemporary Issues in Early Childhood.* https://doi.org/10.1177/1463949120982959.

무지갯빛 장

Barad, K. (2003). Posthumanist Performativity: Toward an Understanding of How Matter Comes to Matter. *Signs, 28* (3), 801-831.

Barad, K. (2007). *Meeting the universe halfway: Quantum physics and the entanglement of matter and meaning.* Duke University Press.

Barad, K. (2012). On touching—The inhuman that therefore I am. differences: *A Journal of Feminist Cultural Studies, 23* (3), 206-223.

Barad, K. (2014). Diffracting diffraction: Cutting together-apart. *Parallax, 20* (3), 168-187.

Barad, K. (2017). Troubling time/ s and ecologies of nothingness: Re-turning, re-membering, and facing the incalculable. *New Formations, 92*, 56-86.

Barad, K., & Gandorfer, D. (2021). Political desirings: Yearnings for mattering (.) differently. *Theory & Event, 24* (1), 14-66.

Bolts, W. (1772). *Considerations on India affairs: Particularly respecting the present State of Bengal and its dependencies.* J. Almon.

Bozalek, V. (2022). Slow scholarship: Propositions for the extended curriculum programme. *Education As Change*, 25 (January). https://doi.org/10.25159/1947-9417/9049.

Ferriss, S., & Young, M. (2010). 'Marie Antoinette': Fashion, Third-wave feminism, and chick culture. *Literature/Film Quarterly, 38* (2), 98-116.

Gosh, A. (2021). *The nutmeg's curse: Parables for a planet in crisis.* John Murray Publishers.

Haraway, D. (2016). *Staying with the trouble: Making kin in the Chthulucene.* Duke University Press.

Haraway, D., Ishikawa, N., Gilbert, S. F., Olwig, K., Tsing, A. L., & Bubandt, N. (2016). Anthropologists are talking-About the Anthropocene. *Ethnos, 81* (3), 535-564.

Romano, N. (2022). Touching text: Feeling my way through research-creation. *Qualitative Inquiry.* https://doi.org/10.1177/10778004221099565.

Wang, C. (2018). Is Wokeness in fashion just another illusion? In F. Granata (Ed.), *Fashion Criticism: An Anthology* (pp. 21-221). Bloomsbury.

Weber, C. 2006. *Queen of fashion: What Marie Antoinette wore to the revolution.* Henry Holt and Company.

끝(은 아니다)

Australian Museum. (2019, November 27). Salps. https://australian.museum/learn/animals/sea-squirts/what-is-a-salp/.

Barad, K. (2007). *Meeting the universe halfway: Quantum physics and the entanglement of matter and meaning.* Duke University Press.

Barad, K. (2010). Quantum entanglements and hauntological relations of inheritance: Dis/continuities, spacetime enfoldings, and justice-to-come. *Derrida Today, 3* (2),

240–268.

Barad, K. (2011). Nature's queer performativity. *Qui Parle, 19* (2), 121–158.

Barad, K. (2014). Diffracting diffractions: Cutting together-apart. *Parallax, 20* (3), 168–187.

Barad, K., & Gandorfer, D. (2021). Political desirings: Yearnings for mattering (.) differently. *Theory & Event, 24* (1), 14–66.

Taussig, M. (2009). *What colour is the sacred?* University of Chicago Press.